Karl Friedrich Schinkel
Führer zu seinen Bauten

Berlin, Juni 2006
Anke Falivala

Carl Begas: Karl Friedrich Schinkel, Gemälde von 1826

Karl Friedrich Schinkel
Führer zu seinen Bauten

Band II: Von Aachen bis Sankt Petersburg

Herausgegeben
für das Haus der Brandenburgisch-Preußischen Geschichte
von Andreas Bernhard

Deutscher Kunstverlag

Autorenkürzel

AB   Andreas Bernhard
GS   Gert Streidt

Bibliografische Information Der Deutschen Bibliothek

Die Deutsche Bibliothek verzeichnet diese Publikation in der
Deutschen Nationalbibliografie;
detaillierte bibliografische Daten sind im Internet über
http://dnb.ddb.de abrufbar.

Copyright © 2006 by Deutscher Kunstverlag München · Berlin

Alle Rechte, insbesondere das Recht der Vervielfältigung und
Verbreitung sowie der Übersetzung, vorbehalten.
Kein Teil des Werkes darf in irgendeiner Form durch Fotokopie, Mikrofilm, CD-ROM usw. ohne schriftliche Genehmigung
des Verlages reproduziert oder unter Verwendung elektronischer Systeme verarbeitet, vervielfältigt oder verbreitet werden.
Bezüglich Fotokopien verweisen wir nachdrücklich
auf §§ 53, 54 UrhG.

Gedruckt auf säurefreiem Papier, das die US-ANSI-NORM
über Haltbarkeit erfüllt.

Lektorat: Hans Georg Hiller von Gaertringen
Redaktion: Monika Hingst
Layout: M&S Hawemann
Druck und Verarbeitung: Druckerei zu Altenburg, Altenburg

Printed in Germany
ISBN 3-422-06616-0 (Gesamtausgabe)
ISBN 978-3-422-06616-8 (Gesamtausgabe)
ISBN 3-422-06651-9 (Band II)
ISBN 978-3-422-06651-9 (Band II)

Inhaltsverzeichnis

Einführung 7

BRANDENBURG 9
Gransee, Denkmal für Königin Luise 14
Letschin, Kirchturm 16
Neuhardenberg, Kirche und Grabmal Hardenberg 19
Neuhardenberg, Schloss 23
Bärwinkel und Behlendorf, Gutshöfe 26
Müncheberg, Kirchturm 28
Straupitz, Kirche 30
Teltow, Kirchturm 34
Großbeeren, Kirche 36
Dennewitz, Großbeeren, Denkmäler 39
Gölsdorf, Grabmal 41
Petzow, Kirche 43

SACHSEN-ANHALT 45
Wittenberg, Baldachin 50
Lützen, Denkmal Gustav Adolf 52
Zeitz, Grabmal 54
Bad Lauchstädt, Kursaal 56
Sommerschenburg, Denkmal 58
Magdeburg, Nicolaikirche 60

MECKLENBURG-VORPOMMERN 63
Kap Arkona, Leuchtturm 65

WOIWODSCHAFT ZACHODNIO-POMORSKIE (WESTPOMMERN) 67
Pyrzyce, Ottobrunnen 68
Czaplinek, Kirche 71
Kołobrzeg, Rathaus 74

WOIWODSCHAFTEN KUJAWSKO-POMORSKIE UND POMORSKIE (KUJAWIEN-POMMERN UND POMMERN) 77
Toruń, Kirche 81
Gdańsk, Gymnasium 83

WOIWODSCHAFT WARMIŃSKO-MAZURSKIE (ERMLAND-MASUREN) 85
Wielbark, Kirche 88
Dobre Miasto, Kirche 91
Lidzbark Warmiński, Kirche 94
Braniewo, Kirche 96

KALININGRADER GEBIET 99
Tschernjachowsk, Denkmal 100

RUSSLAND 103
Peterhof, Kapelle 105

WOIWODSCHAFT WIELKOPOLSKI (GROSSPOLEN) 109
Międzychod, Kirche 111
Złotow, Kirche 114
Owińska, Schloss 116
Gniezno, Kirche 119
Antonin, Schloss 121
Kórnik, Schloss 124
Śmigiel, Kirche 128
Buk, Kirche 131
Wolsztyn, Kirche 134

WOIWODSCHAFT LUBUSKIE (LEBUSER LAND) 137
Słońsk, Kirchturm 139
Glisno, Kirche 141
Międzyrzecz, Kirche 144

SCHLESISCHE WOIWODSCHAFTEN UND KLEINPOLEN 147
Bolesławiec, Denkmal 149
Mysłakowice, Kirche 151
Bystrzyca Kłodzka, Kirche 154
Kamieniec Ząbkowicki, Schloss 156
Wojcice, Kirche 159
Ozimek, Kirche 162
Racibórz, Gericht 164
Krzeszowice, Kirche 166

SACHSEN 169
Leipzig, Portal des Augusteums 172
Dresden, Altstädtische Wache 174
Zittau, Johanniskirche 177

THÜRINGEN 179
Weimar, Goethezimmer 181
Wöhlsdorf, Denkmal 183

SÜDDEUTSCHLAND 185
Coburg, Ehrenburg 188

SAARLAND 191
Bischmisheim, Kirche 192
Mettlach, Brunnen 195

RHEINLAND-PFALZ 197
Kastel, Klause 200
Koblenz, Stolzenfels 204

NORDRHEIN-WESTFALEN 207
Bonn, Grabmal 210
Aachen, Elisenbrunnen 213
Aachen, Kongressdenkmal 217
Wesel, Denkmal 220
Wesel-Büderich, Kirchen 223

NORDDEUTSCHLAND 227

Ortsregister 233
Bildnachweis 237
Literatur 239

Inhaltsverzeichnis

Einführung

Während es in den Residenzstädten Berlin, Charlottenburg und Potsdam, abgesehen von einigen zumeist nicht erhaltenen Militärbauten, klar ist, welche Bauten von Schinkel entworfen wurden, ist dies für alle übrigen Gebiete weitgehend Interpretationssache. Denn Schinkel arbeitete selten als freischaffender Architekt, sondern war ein Beamter bei der Oberbaudeputation, der in dieser Funktion nichts zu entwerfen hatte, sondern Bauanträge begutachten und mit seinen Kollegen abstimmen sollte.

Somit sollte der vorliegende Band für die außerhalb Berlins und Potsdams liegenden Gebiete zum einen Vorschläge machen, was als von Schinkel selbst entworfenes Bauwerk bzw. Denkmal bezeichnet werden könnte, zum anderen die sonst im »Lebenswerk« behandelten Bauten, aber auch die Verweise, die Zuschreibungen oder nur vermeintliche »Schinkelbauten« kurz erwähnen.

Die Oberbaudeputation (OBD) war eine Revisionsbehörde aus Fachleuten, die nur konsultative Rechte besaß. Alle in die Kompetenz des Staates fallenden Bauten – beispielsweise Kirchen, Schulen, Regierungsbauten – die dem Neubaumeldepflichtgesetz unterlagen, d. h. ein Finanzvolumen von 500 Talern überstiegen, wurden von der OBD begutachtet hinsichtlich ihrer ökonomischen Anlage, der statischen Gegebenheiten und der Ästhetik. Schinkel hatte unter den fünf leitenden Beamten die Sparte der Ästhetik abzudecken, die bis zu seiner Einstellung im Jahre 1810 nicht besetzt gewesen war. Er konnte entsprechend sein Arbeitsfeld selbst definieren und tat dies im Hinblick auf seinen Drang, stilbildend zu wirken.

Die Bauvorhaben, die im Lande geplant waren, wurden von dem jeweils zuständigen Baumeister entworfen und bei der Regierung (seines Regierungsbezirks) eingereicht. Letztere sandte die Pläne an die OBD, wo sie begutachtet wurden. Grundsätzlich mussten nur schriftliche Stellungnahmen abgegeben werden, doch erwies es sich – namentlich für Schinkel – bei besonders unbefriedigenden Entwürfen als einfacher, gleich Gegenentwürfe zu verfassen. Zunächst zeichnete Schinkel seine Korrekturen und Gegenentwürfe selbst, später ließ er zeichnen. Auch wenn unter den subalternen Beamten der OBD eine relativ große Fluktuation vermutet werden kann, so sollte man den Einfluss, den Schinkel auf seine Mitarbeiter ausübte, nicht unterschätzen. Vermutlich genügte oft eine mündliche Instruktion und der Zeichner wusste, wie sich Schinkel die Bearbeitung des Entwurfs wünschte. Somit stellen sich die Grenzen der Schinkelschen Entwurfstätigkeit innerhalb seiner Beamtentätigkeit als fließend dar.

Ein noch größeres Problem bei der Definition eines »Schinkelbaus« besteht in der so genannten »Normalkirche«. Schinkel hatte 1819 bei der OBD-Revision der Planung des Kirchleins für Naklo (Nakel) im Großherzogtum Posen einen Gegenentwurf verfasst. Dieser Entwurf wurde bis 1824 für etwa 4.000 Taler ausgeführt und im Januar 1827 von Friedrich Wilhelm III. besichtigt. Bereits am 11. Juli 1827 wurde der später so genannte Normalkirchenerlass verfasst und legte nun fest, dass »die Zeichnung davon als Muster für den Bau aller kleineren evangelischen Kirchen in Meinen Staaten, welche ganz oder zum Teil auf königliche Kosten erbaut werden« dienen solle. Schinkel bearbeitete den Nakeler Plan zum Vorlageblatt der turmlosen »Normalkirche«. Diese Zeichnung wurde im Stich veröffentlicht. Um den Leser nicht durch eine Vielzahl von »Normalkirchen« und deren Variationen zu verwirren, wurden diese Bauten im vorliegenden Band lediglich in den Einführungstexten zu den jeweiligen Regionen erwähnt.

Der Fokus wird im vorliegenden Band also auf Schinkels Entwurfstätigkeit gelegt, um möglichst viele Facetten von Schinkels Architekturprinzipien zu betrachten. Vermutlich hatte Schinkel selbst eine solche Vorgehensweise als befremdlich eingeschätzt, denn er unterschied bei seiner Beamtentätigkeit nicht zwischen einem eigenen Entwurf und einem der OBD. Hier ging es ihm um Veredelung des staatlichen Bauens, Vermittlung von Stil, was Schinkel als die konsequente Anwendung eines tektonischen Prinzips verstand. Insofern war Schinkel sicher stolz auf seine Wirkung und die Menge positiv beeinflusster Bauvorhaben.

Als Grundlage der Auswahl und Bearbeitung wurden neben der wenig umfangreichen monographischen Literatur grundsätzlich drei kunsthistorische Werke herangezogen, das »Karl Friedrich Schinkel-Lebenswerk«, der »Dehio« und »Das architektonische Werk heute«.

Seit 1931 wird Schinkels Schaffen in dem mehrteiligen und mehrbändigen »Lebenswerk« erarbeitet. Das »Lebenswerk« hat zum Ziel, so umfassend wie möglich Schinkels gesamtes Schaffen darzustellen. Es ist daher Grundlage jeder Betrachtung seines Werkes. Für den Bereich der Architektur stehen noch das Erscheinen der Bände über die Provinz Sachsen und das deutsche Ausland aus. Martina Abri, die das von Hans Junecke seit den 1930er Jahren erarbeitete Material von ihm übertragen bekommen hat, stand mir in vorliegendem Band für Fragen jederzeit zur Verfügung. Der hohe wissenschaftliche Anspruch und der daraus resultierende Umfang der Lebenswerkbände – der zuletzt erschienene Architektur-Band über die preußischen Provinzen und das Großherzogtum Posen umfasst gut 700 Seiten – machen ihre Nutzung für den nur allgemein interessierten Leser schwer handhabbar.

Im »Georg Dehio Handbuch der deutschen Kunstdenkmäler« werden alle heute als denkmalrelevant angesehenen Bauten und Anlagen in möglichst kurzer Form verzeichnet und gewürdigt. Als eine Art halbamtliches Inventar haben seine Formulierungen eine große Wirkung im öffentlichen Bewusstsein vom Wert erhaltener Baudenkmäler. Der Dehio ist in der präzisen Benennung und Formulierung in der Würdigung unerreicht und wurde für die vorliegende Arbeit immer einbezogen.

Das von dem Fotografen Hillert Ibbeken und Elke Blauert herausgegebene Werk »Karl Friedrich Schinkel. Das architektonische Werk heute« ist ein Kunstfotografiebuch. Der Fotograf und die Autoren versuchten erstmals, Schinkels gesamtes architektonisches Œuvre zu formulieren, welche Werke dem Architekten zuzuordnen sind und welche als bloße Zuschreibung oder aufgrund späterer Überformung des Schinkelschen Bestandes unberücksichtigt bleiben müssen.

Die Texte sind schematisiert nach Standort, Baugeschichte, Baubeschreibung, Nutzungsgeschichte und Würdigung. Im Sinn der Benutzung eines Reiseführers sind außer dem »Lebenswerk« und Ibbeken/Blauert als Literaturhinweise nur monographische Arbeiten angegeben.

Andreas Bernhard

BRANDENBURG

Brandenburg war Schinkels Heimatprovinz. Seine Kindheit verbrachte er in der Landstadt Neuruppin, also fernab der drei Residenzstädte Berlin, Potsdam und Charlottenburg. Ähnlich wie Oberschlesien und das Rhein-Ruhr-Gebiet hat sich Brandenburg durch die Industrialisierung grundlegend verändert. Schinkel lebte in einem Brandenburg, dessen Bevölkerung noch (außer im Südosten) Plattdeutsch sprach, in dessen Dörfern noch so gut wie keine Massivbauten standen und die Reetdeckung vorherrschte.

Brandenburg war aber auch die zentrale Provinz des Staates, durch die alle Verkehrsadern von der Hauptstadt Berlin führten – also ein Land, in dem verschiedene Neuerungen zuerst eingeführt wurden, wobei dem modernen Ausbau der Verkehrswege eine wichtige Rolle zukam. Schinkel erlebte auch noch den Bau der Eisenbahn von Berlin nach Potsdam.

Nur in Brandenburg hat Schinkel in seinen frühen Jahren als Architekt auch tatsächlich planen und bauen können. Diese erste Schaffensphase umfasst die Jahre 1800 bis zum 1. Mai 1803, an dem er zu seiner ersten, fast zweijährigen Italienreise aufbrach, und die Jahre 1805 bis 1810, als er seine Stelle als Beamter antrat. Somit ist nur in Brandenburg der direkte Vergleich zwischen Bauten der einzelnen Schaffensphasen möglich.

In Brandenburg errichtete Schinkel viele Herrenhäuser und Schlösser. Zentrum ist dabei die unter Schinkel für das 19. Jahr-

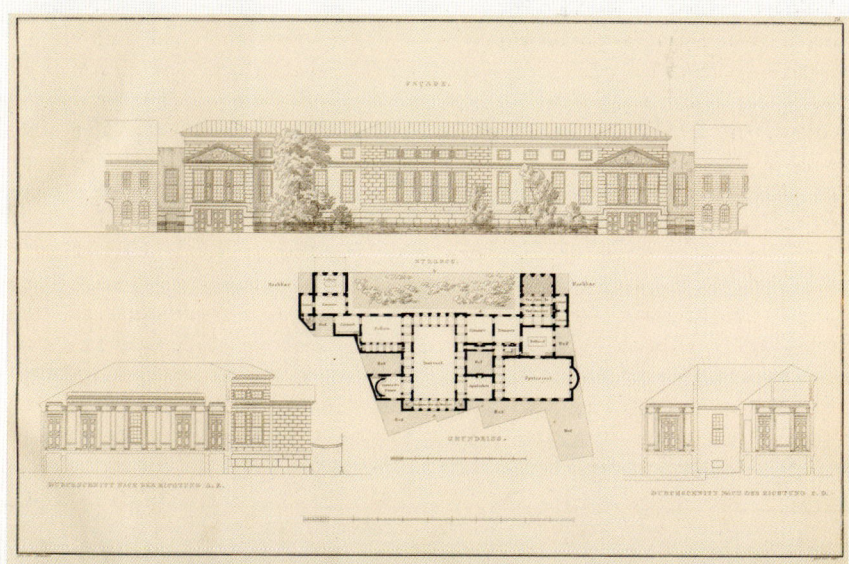

Potsdam, Zivilcasino: Aufriss, Schnitte, Grundriss, 1818–24
(Sammlung Architektonischer Entwürfe, 1828)

Bei Potsdam, Lusthaus an der Havel, um 1825 (Sammlung Architektonischer Entwürfe, 1826)

hundert ausformulierte Potsdamer Kulturlandschaft. Hier schuf er Bauten auf der Pfaueninsel, in Glienicke, Charlottenhof und Babelsberg. Nördlich davon in Tegel und im östlichen Brandenburg in Neuhardenberg, in Buckow und Friedersdorf konnte er weitere bedeutende Herrenhäuser verwirklichen. Das Herrenhaus Friedersdorf, das 1828 von ihm tiefgreifend umgebaut wurde, ist 1945 zerstört worden. Der größte Verlust aber unter den Schinkelbauten Brandenburgs betraf das Herrenhaus (»Schloss«) derer v. Flemming in Buckow in der Märkischen Schweiz. Es war ursprünglich ein Barockbau des späten 17. Jahrhunderts, den Schinkel 1803 auf geschickte und erstaunlich souveräne Weise zu einem klassizistischen Bau umgestaltete. Der Bau wurde im Krieg vergleichsweise gering beschädigt und 1948 abgetragen. Schinkel baute noch weitere Landhäuser, so für den Arzt Carl Ferdinand von Graefe den so genannten »Finkenherd« vor den Toren Berlins, in Charlottenburg das Landhaus Behrend und den Neuen Pavillon und für seinen Freund Christian Peter Wilhelm Beuth das sehr bescheidene Sommerhaus in Niederschönhausen. Sie sind zumeist bereits im 19. Jahrhundert wieder verschwunden. – Gemessen an anderen Provinzen ist das Volumen des Kirchenbaus von Schinkel in Brandenburg eher bescheiden.

Denkmalpflegerisch war Schinkel erst relativ spät in Brandenburg tätig. Nur für Chorin machte er bereits seit 1817 Planungen, die aber nicht umgesetzt wurden. Bei der 1834–36 erfolgten Sicherung des Doms von Brandenburg war Schinkel beratend tätig. Die damals eingebaute neugotische Trennwand zwischen Turmhalle und Schiff und die Emporen gehen auf seinen Entwurf zurück. Bei der Frankfurter Marienkirche, deren Südturm eingestürzt war, wurde er weitergehend aktiv, indem er neben der Sicherung des Turmsockels die Ausschmückung der Bündelpfeiler des Kircheninneren mit Stuckkapitellen festlegte (1828–30, aufgrund von Kriegszerstörung nicht erhalten). Eine Tendenz zur Ausschmückung zeigte Schinkel auch bei den Plänen zur Instandsetzung der Berliner Klosterkirche, bei der Ferdinand v. Quast mit tätig war. Auch bei der Restaurierung der Beeskower Marienkirche 1835/36 wirkte Schinkel beratend mit. In seiner Geburtsstadt Neuruppin machte er für die Restaurierung der gotischen Dominikanerkirche die Vorgaben, die Carl Wilhelm Redtel dann bei der Restaurierung 1836–41 umsetzte.

Das Schul- und Bethaus von **Alt-Langsow** im Oderbruch stammt von 1832 und ist typologisch überaus interessant. Es fasst einen an der Normalkirche orientierten dreischiffigen Kirchenraum mit Tonnenwölbung im Mittelschiff und einen profanen Bereich mit Schulzimmer und Lehrerwohnung in einem einheitlich gestalteten Fachwerk-Baukörper zusammen.

Die Kirche in **Annenwalde** in der Uckermark, ein auch im Innern schön gestalteter Bau, basiert Elke Blauert zufolge auf dem Normalkirchenentwurf ohne Turm, laut Dehio aber wurden die Baupläne von Schinkel lediglich überarbeitet. Die Kirche wurde 1830–33 nach Entwurf von Bauinspektor Heinrich Hermann aus Zehdenick von Baukonduktor Pflughaupt ausgeführt und ist unabhängig von der Urheberschaft Schinkels unbedingt einen Besuch wert.

Die Dorfkirche in **Basdorf**, nördlich von Berlin gelegen, besitzt eine kleine Südvorhalle, die laut Dehio »1860 nach Entwurf von Schinkel«, also posthum, entstand.

Der Spremberger Turm in **Cottbus** besitzt einen 1823–25 aufgemauerten Zinnenkranz, dessen Entwurf von Schinkel genehmigt wurde.

Auf dem Kirchhof von **Dedelow** bei Prenzlau befindet sich ein neugotischer Gruftbau, der 1852 von Christian Gottlieb Cantian erbaut wurde. Sollte Schinkel die Pläne geliefert haben, wie zuweilen vermutet wurde, dann wäre der Bau posthum entstanden.

Ein besonders auffälliger Bau ist die kleine Kirche in **Feldheim** südwestlich von Treuenbrietzen. Der Putzbau von 1:3-Achsen unter Walmdach mit Dachreiter erinnert eher an ein süddeutsches Kleinstadtrathaus als an eine Dorfkirche. Die Pläne wurden 1828 eingereicht und in der Oberbaudeputation völlig umgearbeitet, bereits 1829 wurde die Kirche geweiht. Das schlichte Innere wirkt mit der u-förmigen Empore auf kannelierten toskanischen Säulen sehr gefällig.

Bei der 1826 erbauten Kirche von **Garlitz**, nördlich der Stadt Brandenburg gelegen, wurden Pläne durch die Oberbaudeputation teilweise geändert, eine Beteiligung Schinkels liegt nahe.

Zur kleinen oktogonalen Dorfkirche von **Glienicke** bei Wittstock hat sich eine Zeichnung aus dem ehemaligen Schinkelmuseum in der Bauakademie mit Aufriss, Grundriss, Schnitt und Schinkels handschriftlichen Vermerken zur Detailgestaltung erhalten. Inwieweit der Entwurf auf ihn zurückgeht oder nur eine Korrektur darstellt, wird im »Lebenswerk« nicht formuliert. Der 1815 errichtete Putzbau besitzt einen Dachturm, im Innern eine fünfseitige Empore und eine flache Decke.

Die neugotische Dorfkirche in **Großmutz** wurde 1814/15 von Bauinspektor Carl Ludwig Schmidt errichtet, »angeblich nach Vorgaben von Schinkel« (Dehio).

Die Kirche von **Joachimsthal** wurde laut Dehio »1817–20 unter Mitwirkung von Schinkel in neugotischen Formen erneuert«. Typologisch interessant ist der Bau, weil hier wegen fehlender Gelder statt eines Turmes ein Giebel turmartig ausgebildet wurde, zu letzterem fertigte Schinkel eine nicht überlieferte Zeichnung.

Die Kirche in **Krangen** bei Neuruppin wurde 1836/37 von Friedrich Wilhelm Ferdinand Hermann (vgl. Liebenwalde, Wuthenow) und Bernhard Wilhelm Julius Pfeffer nach dem Vorbild von Schinkels Normalkirchenentwurf erbaut.

Auf dem Friedhof von **Kunersdorf** am Rand des Oderbruchs befindet sich die von Carl Gotthard Langhans entworfene Grabanlage der gräflichen Familie von Itzen-

Rüdersdorf-Kalkberge, Portal des Heinitz-Kanals

platz mit halbrunden Nischen zur Aufnahme der Grabmonumente. Bemerkenswert darunter ist die klassizistische Marmorstele für die 1831 gestorbene Marianne von Itzenplitz. Das Relief von Friedrich Tieck zeigt die Verstorbene als Mutter, die durch den Engel des Todes ihren beiden Kindern entführt wird. Ob das Grabmal im Entwurf von Schinkel stammt oder allein von Tieck ist umstritten.

Die Stadtpfarrkirche in **Liebenwalde** ist ein Putzbau im Rundbogenstil, innen flach gedeckt mit Emporen, eingestellter Apsis und ursprünglich frei stehendem Turm (1875 erneuert und mit Vorhalle angeschlossen). Sie wurde 1833–35 von Friedrich Wilhelm Ferdinand Hermann aus Zehdenick (vgl. Krangen, Wuthenow) errichtet, zeigt aber deutlich Schinkels Einfluss.

Das Gutshaus in **Lögow** entstand 1811, die erfolgte häufig zu findende Zuschreibung an Schinkel ist aber wohl nicht haltbar.

Der Architekt, der für den Lehnschulzen Karl Friedrich August Kähne in **Petzow** das Schloss (um 1825) und seine Nebenbauten (Fischerhaus 1818, Waschhaus 1819) entwarf, ist nicht bekannt. Da Schinkel aber den Entwurf zur später gebauten Kirche maßgeblich mitprägte, liegt es nahe, ihn auch für die anderen Bauten in Betracht zu ziehen, obwohl er beim Schlossbau als Privatarchitekt, bei der Kirche dagegen als Baubeamter agiert hätte.

Im Industriemuseum **Rüdersdorf, Ortsteil Kalkberge**, haben sich verschiedene Industriebauten aus der Zeit Schinkels erhalten. Anfang des 19. Jahrhunderts wurden Tunnel-Kanäle zwischen den Kalkbrüchen angelegt und deren Einfahrten portalartig gestaltet. Sie sind in ihrer Gestaltung noch der französischen Revolutionsarchitektur verpflichtet. Die nach den Bergbauministern benannten Anlagen des von Reden- und des Heinitzkanals entstanden 1806 nach Schinkels Entwurf, der Bülowkanal 1816 nach Plan Johann Gottlieb Schlötzers. Nachdem sie nicht mehr benötigt wurden, schüttete man die Tunnel wieder zu. Das um 1820 errichtete Bergamtsgebäude wird vom Dehio Schinkel zugeschrieben.

Die 1819 erneuerte Dorfkirche von **Rüthnick** bei Neuruppin ist ein frühes Beispiel des neuromanischen Stils. Ob die Beteiligung Schinkels über einen Vermerk zur Deckung des Turms hinausging ist unklar.

Bei der Dorfkirche von **Schäpe** bei Beelitz ist zwischen dem »Saalbau der Schinkelschule, nach 1825« (Dehio) und dem erst 1861, also posthum erbauten »Westturm nach Entwurf Schinkels« zu unterscheiden.

Ein prägnantes Beispiel für Chausseehäuser hat sich in **Schiffmühle** bei Bad Freienwalde erhalten (vgl. Werftpfuhl). »Ein Kupferstich von Willmore nach Schinkels Zeichnung zum Chausseehaus in Schiffmühle wurde das Titelblatt der ›Anweisung zum Bau und zur Unterhaltung der Kunststraßen 1834‹« (Blauert).

Die Pfarrkirche in **Seelow**, mit etwas sprödem Äußeren, aber einem recht eleganten Innenraum, wurde 1830–32 nach einem durch Schinkel maßgeblich korrigierten Entwurf des Bauinspektors Siedler unter Verwendung von Teilen des gotischen Vorgängerbaus erbaut. Nach schwerer Kriegszerstörung und reduziertem Wiederaufbau wurde sie in den letzten Jahren wieder im ursprünglichen Sinne restauriert und ergänzt.

Die 1834/35 entstandene Wendische Kirche in **Spremberg**, ein einfacher klassizistischer Kastenbau, der ehemals dreischiffig mit Tonnengewölbe im Mittelschiff unterteilt war, geht möglicherweise auf einen Entwurf Schinkels zurück.

Die Dorfkirche von **Vettin** in der Prignitz, 1828–31 nach einem Gegenentwurf der Oberbaudeputation erbaut, ist ein schlichter Fachwerkbau mit Dachreiter. Bemerkenswert ist der klassizistische dreischiffige Innenraum. Drei dem Rhythmus der Fenster folgende und weiß gestrichene hölzerne Säulenpaare dorischer Ordnung tragen die mächtigen, architravartigen Unterzüge der Balkendecke.

Das Chausseehaus von **Werftpfuhl** bei Werneuchen (vgl. Schiffmühle) ist laut Dehio um 1825/30 »dem von Schinkel entworfenen Typus entsprechend« gestaltet worden.

Die Dorfkirche von **Wuthenow** bei Neuruppin, ein Putzbau mit Turm, innen flach gedeckt mit hölzernen Emporen, wurde 1836/37 erbaut. Der von der Oberbaudeputation bearbeitete Entwurf stammte von Friedrich Wilhelm Ferdinand Hermann (vgl. Krangen, Liebenwalde), hierfür waren laut Dehio »vorbildlich Schinkels Musterentwürfe für kleine Landkirchen«. AB

Gransee
Denkmal für Königin Luise

Entwurf · wohl 1810
Ausführung · 1811

Auf dem alten Marktplatz – heute Schinkelplatz – erhebt sich allseitig freistehend das Denkmal, das an die Aufbahrung Königin Luises auf dem Wege nach Berlin in der Nacht vom 25. auf den 26. Juli 1810 erinnert. Am 19. Juli war die erst 34-jährige Königin Luise in ihrem Vaterhaus in Hohenzieritz bei Neustrelitz an Typhus gestorben.

Bereits wenige Tage nach der provisorischen Beisetzung der Königin Luise im Berliner Dom wurde eine Abordnung der Bürgerschaft von Gransee beim König mit der Bitte vorstellig, ein Denkmal an der Aufbahrungsstelle in Gransee errichten zu dürfen. Der König beschied dieses Begehren positiv, legte aber fest, dass keine öffentlichen Gelder dafür eingesetzt werden dürften und die Finanzierung durch Sammlungen oder ähnliche Aktionen zu erfolgen hätte. Der Landrat des Kreises Ruppin, v. Ziethen, nahm sich der Sache an und gewann zur Unterstützung auch den Landrat der benachbarten Prignitz. Somit wurden die erforderlichen 2.000 Taler von der Bürgerschaft Gransees und den Ständen von Ruppin und der Prignitz aufgebracht. Vermutlich entstand der Kontakt zu Schinkel durch die königliche Eisengießerei, mit der Ziethen in Verhandlung stand. Schinkel reichte dem König einen Plan ein, der zur Ausführung bestimmt wurde. In der Eisengießerei wurden die eisernen Teile gegossen und bearbeitet und nach der Aufstellung am 19. Oktober 1811 eingeweiht.

Das Denkmal besteht aus einer eingefriedeten Rechteckfläche, auf der sich ein Steinsockel erhebt. Dieser trägt einen Eisenbaldachin, in dem ein mit preußischer Krone geschmückter Eisensarg steht. Bei seinem Entwurf ging Schinkel von einem Ziegelsockel aus, jedoch wurde ein zu den Gusseisenteilen noch kontrastreicherer Sockel aus grob gefügten Feldsteinen ausgeführt. Die eiserne Architektur ist ein Baldachin von drei Spitzbogenarkaden an den Längsseiten und einer an den Schmalseiten. Letztere sind etwas weiter und ent-

Luisen-Denkmal

sprechend höher. Darüber entwickeln sich steile Dreiecksgiebel, die das Satteldach verdecken. Die acht Stützen gehen zwischen den Bögen bis zum Dachansatz durch, sind aber optisch durch Gesimse an den Bogenansätzen wie Bündelpfeiler mit Kapitellzone gleichsam abgeschlossen. Zwischen Traufe und Bögen bzw. Giebelschräge befindet sich ein gitterartiges Stabwerk. Oben sind zwischen die Stäbe dreipassähnliche Maßwerkelemente gestellt. In die Giebelzone ist ein Lorbeerkranz mit Wappen und Krone gestellt. Während die Giebelschrägen mit Krabben besetzt sind, läuft auf den Trauflinien und der Firstlinie zinnenartig ein Lilienfries entlang. Lilienmotive als Symbol der Reinheit stellen denn auch alle Eckbekrönungen dar, sowohl auf dem Baldachin als auch auf dem Sarkophag und auf den Eisenpfosten der Einfriedung. Rosenpflanzungen innerhalb der Einfriedung ergänzten diese Blütensymbolik. Die Inschriften befinden sich auf den Seiten des Sarkophages.

Das Denkmal erfreute sich zu allen Zeiten einer gewissen Popularität, somit war es niemals gefährdet und wurde stets instandgehalten.

Mit seiner Denkmalsidee stellte Schinkel eigentlich nur das »Geschehen« nach, dessen gedacht werden sollte: Ein Sarg steht aufgebahrt auf einem Sockel und ist von einem (Stoff-)Baldachin geschützt. Doch diese simple Idee ist grandios umgedacht, indem hier nicht Sockel und Sarg Thema sind – sie sind nur Gedankenstütze –, sondern der Baldachin zur Architektur und zum Ausdrucksträger der Person des Gedächtnisses wird. Hinter der Form des Baldachins steht die Umrisslinie mittelalterlicher Reliquienschreine. Das Umdenken in ein filigranes Gitterwerk ist der eigentlich geniale Schritt, der der Kastenform etwas Transzendentales verleiht. Form, Stil und Material sollen das Wesen der Verstorbenen als zart und rein, aber auch als stark und patriotisch charakterisieren. AB

Literatur
Hans Kania/Hans-Herbert Möller: Mark Brandenburg (Karl Friedrich Schinkel-Lebenswerk, Bd. 10). Berlin/München 1960, S. 75–77.

Letschin
Turm der ehemaligen Dorfkirche

Entwurf (Gegenentwurf)	1815
Überarbeitung	1818
Ausführung	1818/19
Schwere Kriegsschäden an der Kirche	1945
Restaurierung als Baudenkmal	1973/74
(nach Abriss der Kirchenruine)	

Mitten auf dem Dorfanger des kleinen Ortes im Oderbruch steht isoliert der seines Kirchenschiffs beraubte Turm. Durch seine ungewöhnliche Form wirkt er heute eher wie ein Denkmal und nicht mehr wie der Teil eines Sakralbaus.

Die Dorfkirche wurde 1812 als Rechteckbau unter Walmdach in gotisierenden Formen neu gebaut, ein geplanter Turmbau jedoch durch die widrigen Zeitumstände nicht ausgeführt. 1815, nach den Befreiungskriegen, wurde ein Plan zum Turmbau eingereicht. Schinkel machte hierzu einen Gegenentwurf, der sich gegen die Feuergefährlichkeit des offenbar teilweise als Holzbau gedachten Bauplans wandte und darum bis zur Spitze massiv geplant war. Der Turm sollte sich an der nördlichen Längswand des Schiffes auf quadratischem Sockel oberhalb der Traufe des Schiffs als Oktogon erheben und von einem »Obelisken« bekrönt werden. Mit »Obelisk« war ein achtseitiger massiver Helm mit abgestumpfter Spitze gemeint. Die Seiten des Oktogons sollten sich ganz in Maßwerkfenstern öffnen und übergiebelt sein. 1818 wurde dieser Plan überarbeitet und erhielt nun statt des einen großen Maßwerkfensters je Seite vier kleine Fensteröffnungen. Schinkel wies ausdrücklich darauf hin, dass der Turm als Sichtziegelbau »mit ausgesuchten

Ruine der Dorfkirche, 1957

16

Erster Entwurf Schinkels zum Kirchturm, 1817

Steinen ausgeführt werden […], die Glieder, Gesimse und Bögen mit einfachen Steinen herausgekragt vorgelegt und gemauert sein sollen; dieses Mauerwerk der Fassade sollte dann in den Fugen sehr gut und bündig mit den Steinflächen ausgestrichen werden […] und dann in jeder Fuge nach dem Lineal eine vertiefte Linie gezogen werden […]«. Der Turm wurde dann 1818/19 vom Maurermeister Neubart aus Wriezen ausgeführt.

Er hat einen dreiteiligen Grundaufbau aus Sockel, Oktogon und Turmhelm, wobei der ersterer verputzt ist, letztere in Sichtziegelmauerwerk ausgeführt sind. Am Sockel sind sehr schwach vortretende Ecklisenen und ein abschließender Spitzbogenfries die grundsätzlichen Gliederungselemente. Die Eingangsseite ist in dreiteiliger Form reicher gegliedert. Hier wird eine übergiebelte Mittelachse durch eine Portalnische ausgezeichnet, in der sich ein Spitzbogenportal, ein Rosettenfenster und ehemals mit Fischblasenwerk gezierte Putzfelder befinden. Der darüber liegende Sockel des Oktogons hat die Höhe des Giebels und ist abgesehen von einem Rundbogenfries ungegliedert. Das darüber liegende Oktogon verjüngt sich, jede seiner Seiten ist mit Maß- und Stabwerk geschmückt, nur dass dies als Blendwerk ausgeführt ist. Öffnungen bestehen nur in Form von drei Spitzbogenfensterchen und einem durch breite Rahmung betonten Okulus. Die profiliert ge-

Turm der ehemaligen Dorfkirche

rahmten steilen Giebel der Oktogonseiten besitzen kleine fialenähnliche Aufsätze. Gegenüber dem Oktogon ist der Turmhelm ungegliedert und besitzt nur in seiner abgestumpften Spitze ansatzweise einen Schmuck. Der Turm sollte schon im Entwurf nur von einer Kugel statt eines Kreuzes bekrönt werden.

Im April 1945 wurde die Kirche von Letschin durch Brand zerstört. Die Ruine wurde 1973/74 abgerissen, der Turm aber erhalten und als Baudenkmal restauriert.

Der Kirchturm von Letschin hat trotz seiner geringen Dimensionen eine monumentale Wirkung, die auch aus dem Zusammenspiel von sich verjüngendem Oktogon und dem steilen Turmhelm resultiert. Insofern ist das Bauwerk Zeugnis von Schinkels denkmalhaften Entwurfsprinzipien in den 1810er Jahren. Im Œuvre ist er auch wichtig als relativ früher Sichtziegelbau. Darauf bezieht sich wohl auch Schinkels Aktennotiz, mit der er 1821 vermerkte, »dass der bis zur Spitze äußerlich ganz in rohen Mauersteinen ausgeführte Turm sehr schön ausgefallen ist.« AB

Literatur

Hans Kania/Hans-Herbert Möller: Mark Brandenburg (Karl Friedrich Schinkel-Lebenswerk, Bd. 10). Berlin/München 1960, S. 133–135.

Neuhardenberg
Kirche und Grabmal Hardenberg

Kirche
Entwurf   ab 1802
Ausführung   bis 1809, 1814–17
(einschl. innere Umgestaltung)
Restaurierung   seit 1999

Grabmal
Entwurf   1822
Ausführung   1823

Die Kirche von Neuhardenberg steht inmitten des Dorfes frei auf dem Dorfanger in Ost-West-Richtung. Nach Westen richtet sie ihren Turm, seit Anfügung des Mausoleums besitzt sie auch im Osten eine Schauseite.
Der Ort hieß ursprünglich Quilitz und war seit 1763 an den Oberstleutnant v. Prittwitz vergeben. 1811 kaufte der preußische Staat die Quilitzer Güter. Möglicherweise hatte Staatskanzler v. Hardenberg das nach einem Ortsbrand 1801 weitgehend neu gebaute Quilitz für die Arrondierung seiner Landgüter schon ins Auge gefasst, denn zur Sanierung der Staatsfinanzen sollten damals zahlreiche königliche Güter veräußert werden. 1814 wurde v. Hardenberg, der im selben Jahr seine dritte Ehe einging, in den Fürstenstand erhoben. Der König verfügte per Kabinettsordre die Verleihung der Güter Quilitz, Rosenthal und der ehemaligen Kommende Lietzen an Hardenberg als Ehrengeschenk. Sie sollten eine Herrschaft bilden und den Namen Neuhardenberg erhalten, zur Unterscheidung vom Hardenbergschen Stammsitz bei Göttingen. Damit besaß Hardenberg neben seinem Berliner Stadtpalais am Dönhoffplatz, einem Landsitz in Tempelberg bei Müncheberg und fünf Gütern in Brandenburg auch eine Herrschaft und komplettierte seine Besitzungen noch im selben Jahr mit dem Ankauf des Gutes Klein-Glienicke als Sommersitz bei Potsdam.
Nach dem Brand des Dorfes 1801 bekam der 20-jährige Schinkel wohl auf Vermittlung des durch den Tod seines Sohnes Friedrich getroffenen und kränkelnden Architekten David Gilly die Wiederaufbauarbeiten übertragen. Dies war eine einerseits reizvolle, andererseits angesichts der schlechten wirtschaftlichen Lage v. Prittwitz' undankbare Aufgabe, der Schinkel sich aber stellte. Noch 1801 wurden 32 neue Bauten ausgeführt und das Dorf dabei nach Osten erweitert. Die erhaltenen Bauten sind heute sämtlich überformt. Sie sind auch nur bedingt als »Schinkelbauten« zu bezeich-

19

nen, da sie im Wesentlichen durch David Gillys Landbaukunst geprägt wurden. In seiner ursprünglichen Form erhalten ist nur das Pfarrhaus, ein schlichter siebenachsiger Putzbau unter Krüppelwalmdach. Sein Pendant, das Schul- und Kantorhaus, brannte 1867 ab. Die Bauten entstanden meist aus Raseneisenstein, also dem am Ort vorhandenen und verwendbaren Baumaterial, wurden aber im Gegensatz zu den Wirtschaftsbauten der Vorwerke (siehe Bärwinkel) verputzt. Weiterhin hat sich aus dieser Zeit der Rest eines Schinkelbaus im Schlosspark erhalten, das Bleichhaus von 1803, das aber 1957 bis auf die Fassade abgerissen wurde.

Nach dem Brand des Dorfes machten Schinkel und Gilly auch Wiederaufbaupläne für die Kirche, bei denen sich Schinkel mit dem Walmdach gegen Gillys Bohlensparrendach (gewölbte Dachkonstruktion) durchsetzen konnte. Bis 1809 brachte Schinkel auch den Turm in eine neue Form. Obwohl dabei der gotische Altbau nur überformt wurde, war bemerkenswerteweise offenbar kein Bau in »vaterländischen«, also gotischen Stilformen vorgesehen. Der innere Ausbau geschah nur in einfachster Form. Unter Hardenberg wurde daher ein repräsentativer Ausbau der Kirche die vordringlichste Bauaufgabe, die Hardenberg Schinkel übertrug. Die Auftragsvergabe an Schinkel bot sich wegen der Kontakte und Bezüge an, sie war nicht selbstverständlich, wie die Planungsgeschichte des Schlosses zeigt (s. d.). Da es ein Privatauftrag war, stehen heute mangels erhaltenen Planmaterials weniger Informationen zur Verfügung als bei Bauten, die über die Oberbaudeputation revidiert wurden. Die Kirche wurde 1814–17 in rein klassizistischen Formen fertig gebaut.

Die Kirche ist ein Rechteckbau unter im Osten abgewalmtem Satteldach. Im Westen ist ein Turm vorgestellt, der auf querrechteckigem Grundriss bis etwas über die Firstlinie des Schiffes gezogen ist. Er besitzt einen Aufbau, der seitlich jeweils halbrund geschlossen ist. Darauf befindet sich ein einfaches flaches Kegeldach. Der kubische Turmbaukörper besitzt nur zwei Öffnungen: unten ein Rechteckportal und relativ weit oben ein hochelliptisches Fensterchen. Seine Gliederung erfolgt durch eine Putzquaderung, die von den Ecken her jeweils ein Drittel der Wandflächen bedeckt. Diese putzgequaderten Flächen sind oben mit einem eigenen Gesimsstück

Dorfkirche von Westen

abgeschlossen, so dass sie aus der Entfernung den Eindruck von Pilastern erwecken. Durch eine Gebälkzone mit Zahnschnitt am Gesims wird dieser Baukörper abgeschlossen. Der gerundete Baukörper setzt seinen reizvollen Akzent durch die Reihe sehr hoher Rundbogenfenster, die durch Kämpfergesimse gekuppelt sind, und die hohe Wandzone darüber, die allein durch vier vertieft liegende Zifferblätter der Uhr gegliedert ist. Darüber schließt lediglich ein Gesims den Baukörper ab. Das Kirchenschiff hat eine Länge von fünf Fensterachsen, von denen die drei mittleren als Risalit leicht vorgezogen sind. Durch vier zum Teil hinterlegte Pilaster wird diese Dreiteilung der Fassade noch unterstrichen. Die Rundbogenfenster sind sehr steil proportioniert. Das jeweils mittlere ist zur Hälfte von gerahmten Portalen überschnitten. Den Abschluss der Fassaden bildet ein reiches Gesims mit angedeuteter Frieszone. Das Innere ist eine flachgedeckte Emporenhalle mit eingestellter runder Apsis. Die Gliederung ist durchgängig zweigeschossig, was dem Raum einen sehr harmonischen Charakter verleiht. Die Emporen ruhen auf relativ niedrigen kannellierten Pfeilern. Auf diese sind sehr schlanke Pfeiler gestellt, die die Unterzüge der Decke in Form eines antikischen Gebälks tragen. Optisch wirkt der Raum durch diese Gestaltung im oberen Teil dreischiffig. Zum Raumeindruck trägt nachhaltig die Deckengestaltung mit Sternenhimmel bei. Das mittlere Feld der Apsis ist von der Kanzel eingenommen, an den Seiten daneben befinden sich Darstellungen der vier Evangelisten des Potsdamer Malers Josef Bertini. Die gusseiserne Taufe und die Altarleuchter wurden auch nach Schinkels Entwurf gefertigt.

1822 starb Hardenberg. Schinkel reichte bei seinem Erben, dem Grafen v. Hardenberg-Reventlow, einen Entwurf zum Grabmal ein, der zwar nicht ausgeführt wurde, aber doch ein bemerkenswertes Licht auf die Selbsteinschätzung von Schinkels frü-

Inneres der Dorfkirche

heren Bauten wirft. Eine überkuppelte Bogenhalle, an die römische Antike gemahnend, sollte eine Art Baldachin für einen auf einer Stufenpyramide thronenden Sarkophag sein. Dahinter sollte die Kirche in der Größe von 3:9-Achsen neu gebaut werden. Sie ist konsequent im Rundbogenstil entworfen und besitzt die charakteristischen Kämpfergesimse. Schinkel empfand also seinen ausgeführten Bau mittlerweile als unzureichend. Wäre v. Hardenberg-Reventlow auf diese Planung eingegangen, wäre die Nachwelt um einen bedeutenden Schinkelbau ärmer und hätte dafür einen weiteren – wenngleich besonders qualitätvollen – Kirchenbau im Rundbogenstil erhalten. Aber diese Investition wollte der Eigentümer nicht tätigen und so wurde eine ungleich bescheidenere Architektur vor der Ostwand der Kirche errichtet. Sie ist eine Schauwand in Form der Front eines dorischen Antentempels, die gewissermaßen ein Mausoleum vorspiegelt. Tatsächlich liegen die Gräber jedoch davor. Zwei Pfeiler und zwei Säulen tragen ein antik

Grabmal Hardenberg an der Ostwand der Kirche

proportioniertes Gebälk, das im Architrav- und Friesbereich keine Verzierungen besitzt. Die Baulichkeit hat genau die Höhe der Kirche, so dass deren Abschlussgesims ohne Verzierungen auch um die Schauwand gezogen werden konnte. In der Breite nimmt die Schauwand aber nur drei Viertel der Kirche ein. Über dem Gesims liegt eine sehr niedrige Attika, die über den Pfeilern sockelartig erhöht ist und dort je eine Palmette trägt. Schinkel plante, die Rückwand über einem Sockel in mehreren Feldern zu inkrustieren oder entsprechend zu bemalen. Dies sollte den farbigen Hintergrund für eine Marmorstatue des Staatskanzlers bilden. Mit der Statue ergibt sich eine formale Verwandtschaft zum nach 1831 entworfenen Grabmal Gneisenaus in Sommerschenburg. Statue und Farbgestaltung wurden nicht ausgeführt, die Rückwand stattdessen putzgequadert

Die Kirche diente durchgehend ihrer Zweckbestimmung und wurde seit 1999 durchgreifend restauriert.

Die Neuhardenberger Kirche ist ein Juwel unter den Schinkelbauten, denn sie vereinigt drei Phasen seines Schaffens in sich. Ihr reizvolles Äußeres wird man nicht als klassisch charakterisieren können, sondern hier klingt noch die Revolutionsarchitektur nach. Das Innere aus der Zeit ab 1815 ist – bei aller Schlichtheit und geringen Dimensionierung – einer der schönsten Kirchenräume in Schinkels Œuvre. Das Hardenbergsche Grabmal aus der Mitte der 1820er Jahre gehört zu den »klassischen« Bauten Schinkels, bei denen die knappe architektonische Formulierung und die Abstraktion antiker Vorbilder besticht. Den Typus des Kirchenraums hat Schinkel 1826 beim Bau der Kirche in Smigiel (Schmiegel) stark variiert nochmals verwendet. AB

Literatur

Hans Kania/Hans-Herbert Möller: Mark Brandenburg (Karl Friedrich Schinkel-Lebenswerk, Bd. 10). Berlin/München 1960, S. 124–129.

Sibylle Badstübner-Gröger: Die Schinkel-Kirche in Neuhardenberg. München/Berlin 2003.

Annett Gries/Klaus Peter Hackenberg: Von der gewachsenen Struktur zum gestalteten Ensemble: Quilitz, Marxwalde, Neuhardenberg. Petersberg 1999.

Hillert Ibbeken/Elke Blauert (Hg.): Karl Friedrich Schinkel. Das architektonische Werk heute. Stuttgart/London 2001.

Eckart Rüsch: Die Baugeschichte von Neuhardenberg (Quilitz) 1793 bis 1814. Petersberg 1997.

Ernst Wipprecht: Das klassizistische Denkmalensemble Neuhardenberg. In: Angela Dolgner/Leonhard Helten (Hg.): Von Schinkel bis van de Velde. Dößel 2005, S. 77–98.

Neuhardenberg
Schloss

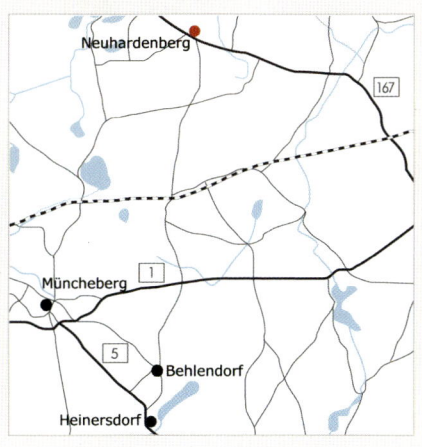

Ursprungsbau	bis 1790
Umgestaltungsentwurf	1820
Ausführung	1821–22
Umbau	1852
Renovierung	1963, 1976–88
Grundsanierung und Ausbau	1998–2002

Das Schloss von Neuhardenberg liegt allseitig freistehend, südlich abgerückt vom in Ost-West-Richtung verlaufenden Dorfanger. Es bildete die zurückgesetzte Mitte eines Ensembles aus Schloss und zwei großen Wirtschaftshöfen.
1814 übernahm Staatskanzler Karl August von Hardenberg das 1790 für v. Prittwitz fertig gestellte Schloss. Es war ein eingeschossiger Dreiflügelbau unter Mansarddach. Das schlichte Gebäude war sehr groß, zumal die im Äußeren kaum auffallende Mansarde nahezu ein Vollgeschoss barg. Von Wilhelm von Humboldt ist überliefert, dass ihm das Anwesen nicht gefiele und er vermutete, dass die Fürstin Hardenberg, die auf Repräsentation Wert legte, es hassen würde. Doch da Neuhardenberg von seinem neuen Besitzer kaum für gesellschaftliche Zwecke genutzt wurde, konnte das Haus zunächst unverändert bleiben und stattdessen die Umbauaktivitäten auf das Stadtpalais in Berlin und Klein-Glienicke konzentriert werden. Erst 1820 plante Hardenberg eine zeitgemäße Umgestaltung des ehemals Quilitzer Herrenhauses. Er beauftragte den Landbaumeister Neubarth aus Wriezen mit der Umgestaltung. Neubarths Entwurf war schlicht und für einen Landbaumeister erstaunlich konsequent. Er versah den gesamten Außenbau mit einer Gliederung in römisch-dorischer Ordnung und beseitigte alle typisch barocken Gliederungselemente wie beispielsweise die Rustizierungen der Risalite. Der zweigeschossige Mittelrisalit erhielt eine Kolossalgliederung und Dreiecksgiebel. Das Mansarddach blieb unverändert. Hardenberg muss sich etwas anderes von dem Entwurf versprochen haben, denn er notierte unter die Zeichnung »geschmacklos«. Nun erst wandte er sich an Schinkel, der ihm Pläne für einen zweigeschossigen Ausbau noch 1820 fertigte. Schinkel stellte damals gerade das Schauspielhaus in Berlin fertig und plante das Landhaus für v. Humboldt in Tegel. Der Umbau Neuhardenbergs erfolgte in den Jahren 1821 und

Hofansicht

1822. Für den Ausbau kann nur das Bedürfnis nach einer repräsentativen Außenerscheinung gelten, denn die Struktur des Inneren blieb fast unverändert. Das ehemalige Mansardgeschoss wurde nicht etwa zu einem piano nobile ausgebaut, sondern blieb das Geschoss für Personal und Gäste. Der Grundriss des 18. Jahrhunderts wurde nur an wenigen Stellen den neuen Bedürfnissen angepasst. So beließ man die wenig repräsentative Haupttreppe im Winkel des rechten Seitenflügels, die ohnehin nicht vom Fürstenpaar genutzt wurde und die offenbar für die Gäste als ausreichend angesehen wurde. Damit unterscheidet sich dieser Umbau grundsätzlich von Schinkels Umbau des Palais des Prinzen Albrecht in Berlin, wo auch der Grundriss des 18. Jahrhunderts erhalten blieb, aber an entscheidenden Stellen stark verändert wurde. Zeitlich parallel schuf Peter Joseph Lenné die Gartenanlagen, wobei der Fürst hier auch durch seinen Schwiegersohn, den Fürsten Pückler, beraten wurde. Gartenanlagen und der innere Ausbau Neuhardenbergs waren noch nicht fertig gestellt, als Hardenberg überraschend am 26. November 1822 in Genua starb. Die Erben wurden sein Sohn Christian Heinrich August Graf Hardenberg-Reventlow und sein Neffe Carl Graf Hardenberg. Die Tochter Lucie Fürstin Pückler war im Hinblick auf die finanzielle Situation ihres Gatten vorsorglich enterbt worden. Somit wurde die Fertigstellung von Schinkel für die neuen Eigner erledigt, die dann auch Auftraggeber der Grabanlage wurden (siehe Kirche Neuhardenberg).

Das Schloss Neuhardenberg ist ein zweigeschossiger Putzbau auf Souterrain unter flachen Walmdächern. Parkseitig ist er 15 Fensterachsen breit, inklusive der Flügel hat er eine Tiefe von neun Fensterachsen. Die Parkseite bildet einen kräftig vorspringenden Mittelrisalit von drei Achsen aus, die schwach vortretenden Seitenrisalite umfassen je zwei Fensterachsen. Die Erdgeschossöffnungen des Mittelrisalits sind als gleichwertige Rundbogentüren ausgebildet. Sie waren gerahmt von z. T. gekuppelten Pilastern, die ein Gebälkstück trugen. Im Ehrenhof ist ein dreiachsiger Mittelrisalit mit Portal über Freitreppe ausgebildet. Das Portal besitzt eine Rahmung aus seitlichen Pilastern, die ein reliefiertes Gebälkstück tragen. Sämtliche Fenster haben einheitliche antikische Putzrahmungen mit Gesimsverdachungen. Die Wandflächen sind putzgequadert. Oben wird der Bau durch eine Gebälkzone mit Zahnschnitt am Gesims abgeschlossen. Darüber lag eine attikaähnliche Brüstung aus Gittern zwischen massiven Pfeilern, die das Dach kaschierte, so dass der Bau wie flach gedeckt erschien. Nur der Mittelrisalit der Hofseite besaß eine richtige Attika, die mit Eisernem Kreuz und den seitlichen Worten »Gratia Regis« dem König huldigte. Auf der Attika stand ursprünglich eine Adlerskulptur, die – einer Skizze Carl Blechens zufolge – eine starke Wirkung als Herrschaftszeichen gehabt haben muss. Im Innern lagen im rechten Seitenflügel die Wirtschaftsräume, im linken die Wohn- und Schlafräume. Der Corps de Logis enthielt die Gesellschaftsräume. Über ein Vestibül erreichte man nur zwei seitliche Vorzimmer, die zu Billard- und Speisezimmer führten, nicht aber geradeaus den Gartensaal. Dieser größte Raum des Hauses wurde über zwei seitliche Gesellschaftszimmer erschlossen.

1852 fand ein kleiner, aber einschneidender Umbau statt: die Attikagitter und der Aufbau auf dem hofseitigen Mittelrisalit wurden beseitigt und über letzterem ein Dreiecksgiebel errichtet. Seit 1946 wurde das Schloss als Schule genutzt, der Ort 1949 in Marxwalde umbenannt. Bis 2002 folgte eine Grundsanierung und der Ausbau zu einem Tagungszentrum.

Schinkels Landschloss(um)bauten sind seine individuellsten Bauten. Hier musste nichts mit Kollegen beraten werden, nicht die Funktionalität in den Vordergrund gestellt werden, nichts normiert werden. Hier konnte und wollte er sich auf die Persönlichkeit des Bauherrn und seine Bedürfnisse einstellen. Entsprechend unterschiedlich fielen die Ergebnisse aus, wenn Schinkel für Wilhelm v. Humboldt ein »griechisches« Haus (Tegel), für Prinz Wilhelm eine Tudorburg (Babelsberg), für den Kronprinzen eine Verquickung von »Siam« und Pliniusvilla (Charlottenhof), für Dzialynski ein polnisch-vaterländisches gotisches Wasserschloss (Kórnik) oder für Prinz Carl eine bildungsbürgerliche antikisierende Villenanlage (Klein-Glienicke) entwarf. Neuhardenberg ist unter all diesen Anlagen die konventionellste und am wenigsten individuelle Anlage. Vergleicht man es mit anderen Bauten, so fällt auf, dass der Charakter des Vorgängerbaus trotz der Aufstockung kaum verändert wurde, während in Charlottenhof, Glienicke oder Tegel der Zustand vor dem Umbau kaum noch erahnt werden kann. Darin drückt sich nicht Schinkels Unvermögen aus, sondern wohl eher der Charakter des Bauherrn. Mit seinem barocken Gestus ist Neuhardenberg daher vielleicht auch der deutlichste bauliche Ausdruck des Zeitalters der Restauration innerhalb von Schinkels Œuvre. AB

Schlossensemble mit Kirche. Luftbild

Literatur

Hartmann Manfred Schärf: Die klassizistischen Landschlossumbauten Karl Friedrich Schinkels (Die Bauwerke und Kunstdenkmäler von Berlin, Beiheft 11). Berlin 1986, S. 64–84.

Hillert Ibbeken/Elke Blauert (Hg.): Karl Friedrich Schinkel. Das architektonische Werk heute, Stuttgart/London 2001.

Hans Kania/Hans-Herbert Möller: Mark Brandenburg (Karl Friedrich Schinkel-Lebenswerk, Bd. 10). Berlin/München 1960, S. 124–129.

Frank Munzig/Dietmar Zimmermann: 10 Jahre Neuhardenberg. Petersberg 2001.

Deutschen Sparkassen- und Giroverband/Stiftung Schloss Neuhardenberg (Hg.): Schloss Neuhardenberg. 2004 (2. Aufl.).

Ernst Wipprecht: Das klassizistische Denkmalensemble Neuhardenberg. In: Angela Dolgner/Leonhard Helten (Hg.): Von Schinkel bis van de Velde. Dößel 2005, S. 77–98.

Bärwinkel / Behlendorf
Wirtschaftshöfe

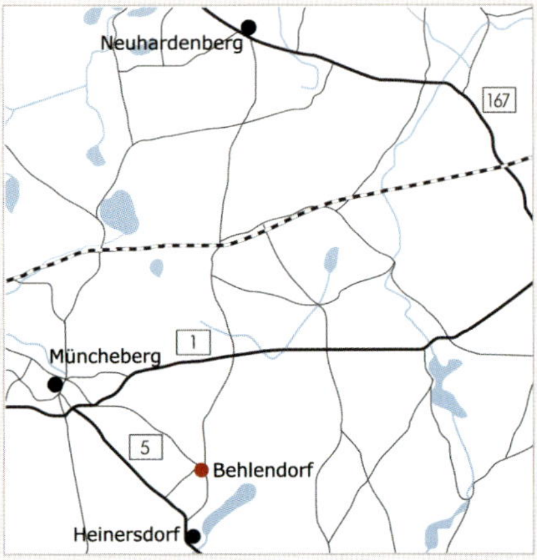

Bärwinkel
Entwurf   1801
Ausführung   1802–03
Sicherung und Instandsetzung   1990–95
(ab Juni 2006 Museum)

Behlendorf
Entwurf   1802
Ausführung   1802–03

Nach dem Tode Friedrich Gillys (1800) führte der 19-jährige Schinkel die von Gilly übernommenen Bauaufgaben fort. Friedrichs Vater David Gilly stand ihm dabei zur Seite und dürfte ihn auch protegiert haben. Schon bald begann sich Schinkel zu emanzipieren, wie sein Eintreten gegen das von Gilly geplante Bohlensparrendach in Quilitz (später Neuhardenberg) zeigt. Von dem relativ umfangreichen Frühwerk, das Schinkel vor seiner Italienreise (1803–05) in Haselberg, Herzhorn, Quappendorf, Quilitz, Behlendorf und Bärwinkel verwirklichen konnte, sind nur das Verwalterhaus von Bärwinkel und einige Wirtschaftsbauten in Behlendorf erkennbar erhalten. Bei aller Bescheidenheit sind sie dennoch sehr wichtige Dokumente der Herkunft Schinkels als Schüler eines Landbaumeisters.

Friedrich Wilhelm Bernhard v. Prittwitz, der Inhaber von Gut Quilitz, machte 1798 Vorplanungen zu einem Vorwerk **Bärwinkel**. War dies zunächst nur einfach geplant und die Hauptarbeiten auf das Trockenlegen des bislang brachliegenden feuchten Geländes konzentriert, so fand bald ein Planwechsel zu einer anspruchsvollen Gesamtanlage statt, die inmitten eines kleinen englischen Landschaftsgartens auch als Sommerfrische dienen sollte. 1800 wurde eine erste Scheune errichtet, 1802 war die gesamte Anlage vermutlich fertiggestellt. Baupläne sind nicht überkommen. Erhalten ist heute nur das Verwalterhaus, für das sich aus der alten Bezeichnung Molkenhaus und Fontanes Benennung des Baus als Basilika der Begriff »Molkenbasilika« eingebürgert hat. Das Gebäude besteht aus ei-

Bärwinkel, Verwalterhaus (»Molkenbasilika«)

Behlendorf, Gutshof

nem hohen übergiebelten Bauteil von geringer Tiefe, hinter dem sich hofwärts ein basilikal gestaffelter Baukörper erstreckt, der ehemals über eine »Apsis« erschlossen wurde. Als Baumaterial diente der am Ort in Form von Feldsteinen vorkommende Raseneisenstein, für die feineren Gliederungen, Gesimse und Fenstergewände wurde Ziegel verwendet. Der Kopfbau hat an seiner Fassade fünf Rundbogenblenden über Lisenen, auch an den Schmalseiten und der Rückseite findet sich solch eine Blende. Das umlaufende Kranzgesims ist über den Ecklisenen verkröpft, unter ihm verläuft ein Terrakotta-Rundbogenfries, der auch unter das Gesims der Giebelschräge gesetzt wurde. Der basilikal gestaffelte Baukörper hat in seinem »Obergaden« Okuli zur Beleuchtung. Die von Fontane beschriebene Anlage um einen sechseckig angelegten Hofraum begann bereits Ende des 19. Jahrhunderts zu verfallen. 1945 wurde das letzte der Wirtschaftsgebäude zerstört. Das erhaltene Verwalterhaus war völlig verbaut. Die letzte und noch nicht ganz abgeschlossene Instandsetzung hat die Sicherung der erhaltenen Substanz zum Ziel. Sie hat ein äußerst originelles Gebäude wiedergewonnen, von dem in Waagens Schinkelbiografie überliefert ist, dass Schinkel unter seinen frühen Werken darin seinen erheblichsten und eigentümlichsten Bau gesehen habe.

1802 erwarb der königliche Amtsrat Karl Friedrich Baath das Gut **Behlendorf** südlich von Neuhardenberg und ließ im folgenden alle Wirtschaftsbauten nach Plänen Schinkels massiv neu erbauen. Auch hier wurden die örtlichen Feldsteinvorkommen als Baumaterial verwendet, an den Wohnbauten ergänzt um Terrakotta-Rundbogenfriese. Schinkel wählte für die Hofanlage die Grundform eines gestreckten Achtecks, das von den Wohn- und Wirtschaftsbauten umstellt ist. Die eindrucksvolle Anlage ist in den Bauten stark überformt, so dass besonders die erhaltenen gewölbten Bohlensparrendächer ins Auge fallen.

Bei den von David Gilly propagierten Bohlensparrendächern handelt es sich um eine Konstruktion, bei der die Sparren nicht aus Vollhölzern bestehen. Vielmehr werden sie kostengünstig aus kurzen Bohlen konstruiert, die versetzt gegeneinander verzapft oder vernagelt werden. Aus statischen Gründen müssen diese Sparren gerundet ausgeführt werden, was in der Ansicht etwas plump wirkt, aber große Spannweiten erlaubt und im Inneren des Dachs mehr Raum schafft. Die größten Bohlensparrendächer ließ Carl Gotthard Langhans über seinen beiden Theaterbauten in Berlin und Potsdam errichten. AB

Literatur

Goerd Peschken: Der Anfang der Backstein-Neuromanik, in: Ernst Badstübner/Uwe Albrecht (Hg.), Backsteinarchitektur in Mitteleuropa, Berlin 2001.

Müncheberg
Kirchturm der Stadtpfarrkirche St. Marien

Entwurf	1819, 1824, 1826/27 (?)
Ausführung	1828/29
Instandsetzung	1835, 1991–96

Inmitten der kleinen Landstadt erhebt sich die Marienkirche und prägt mit ihren großen Dachflächen und dem markanten Turm das Stadtbild, das sonst nur durch schlichte Nachkriegsbauten bestimmt ist, die nach den schweren Kriegszerstörungen 1945 in der historischen Altstadt errichtet wurden. Durch die erhöhte Lage der Stadt wirkt der Turm noch heute weit ins Land.

Die gotische Marienkirche war Anfang des 19. Jahrhunderts baufällig. Aber nur mit Mühe konnten die benötigten Gelder zur Instandsetzung aufgebracht werden, so dass die Renovierungsarbeiten erst 1817 in die Planungsphase eintraten. Der Kirchturm sollte für eine bessere Fernwirkung mit einem Aufbau versehen werden. Schinkel machte hier einen Entwurf mit zwei kleinen seitlichen Aufsätzen und einem großen mittleren oktogonalen Aufsatz, die mit sehr steilen, zinkblechbeschlagenen Helmen abgeschlossen werden sollten. Bis 1822 wurde die Instandsetzung des gotischen Kirchenschiffs mit neuen Emporen durchgeführt, nicht aber der Turmaufbau. Der alte Kirchturm hatte starke Risse und wurde untersucht. Das Gutachten ergab: »Bei der Besichtigung wurden sämtliche Turmfundamente aufgegraben, und es fand sich überall ein schwaches Fundament, dass an dessen Benutzung bei einer neuen Turmanlage gar nicht gedacht werden konnte.« Schinkel entwarf daher 1819 einen neuen Turm, den er separat vor die Kirche zu stellen gedachte, da »es nicht ratsam ist, besonders bei sehr hohen Bauwerken wie bei Türmen, alte Mauern und neugegründete Mauern zu verbinden«. Dieser neue Turm sollte mit einer Bogenhalle zum Kirchengiebel verbunden werden und letzterem das nötige Widerlager bieten. Der ganze Neubau sollte entsprechend des gotischen Altbaus in Sichtziegelmauerwerk entstehen und auch der Turmhelm sollte massiv sein. Dadurch wurde der Turmbau für 20.000 Taler zu teuer und ausgesetzt. Anlässlich eines Besuchs des Königs in Müncheberg 1824 baten ihn Rat und Stadtverordnete um Unterstützung. Der König bewilligte diese, verlangte aber einen neuen Entwurf. Nun wurde in der Oberbaudeputation ein quadratischer Turm mit massiver Spitze direkt vor dem Giebel der Kirche geplant. Inwieweit Schinkel diesen Entwurf mitgetragen hat, ist unbekannt. Als man nämlich den Bau 1826 weitgehend hochgezogen hatte, passierte genau das, was Schinkel mit dem Abrücken des Turmes verhindern wollte – der Giebel der Kirche geriet ins Wanken. Schinkel begab sich nach Mücheberg und erteilte nach seiner Untersuchung Anweisungen zur Sicherung. Nach Beratungen der Oberbaudeputation bearbeitete Schinkel nun seinen zweiten Turmentwurf von 1819, der dann auch 1828/29 ausgeführt wurde.

Der Turm ist dreigeschossig, wobei das untere Geschoss nur einfache Spitzbogenfenster besitzt und bis zur Traufhöhe des Kirchenschiffs reicht, dessen Schmuckfries um den Turm herumgezogen worden ist. Das darüber liegende Geschoss ist ebenfalls architektonisch nur durch vier kleine Spitzbogenfenster gegliedert, erfährt aber seinen Schmuck durch die großen Zifferblätter der Uhren. Demgegenüber ist das oberste Geschoss durch je drei spitzbogige Schallarkaden geschmückt und mit einer Zierbalustrade zwischen Ecktürmchen abgeschlossen. Seine Hauptcharakteristik erfährt der Bau aber durch die Bogenhalle, die ihn mit dem Schiff verbindet. Da das Kirchendach bis zum Turm durchgezogen wurde, befindet sich über dem Bogen ein massives Geschoss, das durch einen Okulus ausgezeichnet ist.

Bereits 1835 wurden durch die mangelhafte Qualität der Ziegel und des Fugenzements Instandsetzungsmaßnahmen am Turmhelm nötig. Dabei wurden die Helmspitzen mit Blech verkleidet und die Zementfugen mit Ölkitt ausgestrichen. Beim Brand der Kirche 1945 nahm der Turm nur

Ansicht der Kirche von Süden

geringen Schaden. 1991–96 wurde die Kirchenruine wieder mit einem Dach versehen und im Inneren mit einem sehenswerten modernen Einbau versehen. Das Äußere mit dem Turm wurde historisch getreu instandgesetzt.

Im Schinkelschen Œuvre ist der Turm von Müncheberg ein bemerkenswert rational entworfener Vertreter seines Typus – wie der zwei Jahrzehnte später entworfene Turm in Petzow. Schinkel neigte sonst zu einer eher denkmalhaften Ausformulierung von Turmarchitekturen. Die Separierung und der Anschluss eines Turmes mit Bogenhalle ans Schiff wurde hier erstmals von Schinkel durchgeführt. Er selbst war mit der Ausführung sehr zufrieden: »Die Ausführung ist am Turm ganz tadellos, und das Werk ist eine Verschönerung der Stadt und der Umgebung geworden«, notierte er, als er auf der Dienstreise durch Schlesien auch Müncheberg besuchte und den Turm offenbar erstmalig fertiggestellt sah.   AB

Literatur
Hans Kania/Hans-Herbert Möller: Mark Brandenburg (Karl Friedrich Schinkel-Lebenswerk, Bd. 10). Berlin/München 1960, S. 175–178.

Straupitz
Evangelische Kirche

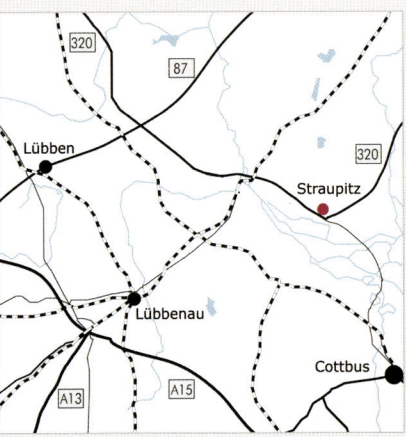

Entwurf	1826
Ausführung	1828–32
Kriegsschäden (Teile des Dachs)	1945
Einsturz von Deckenteilen	1955
Wiederherstellung	1963–68
Umfassende Restaurierung	1992–95

Die Kirche von Straupitz steht konventionell in einer Achse mit dem älteren Gutshaus, doch sprengt sie mit ihrer eigentlich für städtische Belange ausreichenden Größe alle ländlichen Dimensionen und ist daher mit ihrem hohen Turmpaar ein wahrhaft landschaftsprägendes Bauwerk.

Straupitz war seit 1578 eine Standesherrschaft der Niederlausitz, seit 1655 war hier die Familie v. Houwald ansässig und hatte entsprechend das Patronat über die Kirchen der Herrschaft. Karl Heinrich Ferdinand v. Houwald plante für das Kirchspiel, das sechseinhalb Dörfer mit etwa 2.700 Personen umfasste, einen zentralen Kirchbau mit 1.700 Plätzen errichten zu lassen. 1826 bat er Schinkel um einen entsprechenden Entwurf. Es handelte sich um einen reinen Privatauftrag. Diese Aufgabe war einerseits für Schinkel sicher reizvoll, da er sich keinen königlichen Vorgaben unterordnen musste, andererseits hatte er sich auch um die Bauausführung über Mittelsmänner zu kümmern. Er entwarf den Bau mit zwei Türmen in Anlehnung an seinen ersten Entwurf für Schönberg bei Malmedy, der aber nicht ausgeführt werden konnte und von Schinkel idealtypisch in Heft 11 der »Sammlung Architektonischer Entwürfe« 1826 veröffentlicht wurde. Der Baubeginn verzögerte sich jedoch, 1828 empfahl Schinkel Carl Reichardt als ausführenden Architekten. Houwald wünschte sich verschiedene Abänderungen, u. a. die Erhöhung des Daches, um es statt mit Zink als Biberschwanzkronendach einzudecken und die Erhöhung der Türme um ein Geschoss. Indes waren auch nach Vereinfachung der Baupläne die Kosten mit knapp 27.000 Talern für den Patron und die Gemeinde nur schwer aufzubringen. Houwald wandte sich wegen eines Gnadengeschenks an den König, der ihn aber abwies. Erst als sich Schinkel selbst und die Regierung in Frankfurt für eine uneingeschränkte Ausführung der Kirche einsetzten, ließ sich der König zu einem kleinen Gnadengeschenk bewegen. Nachdem Schinkel sich

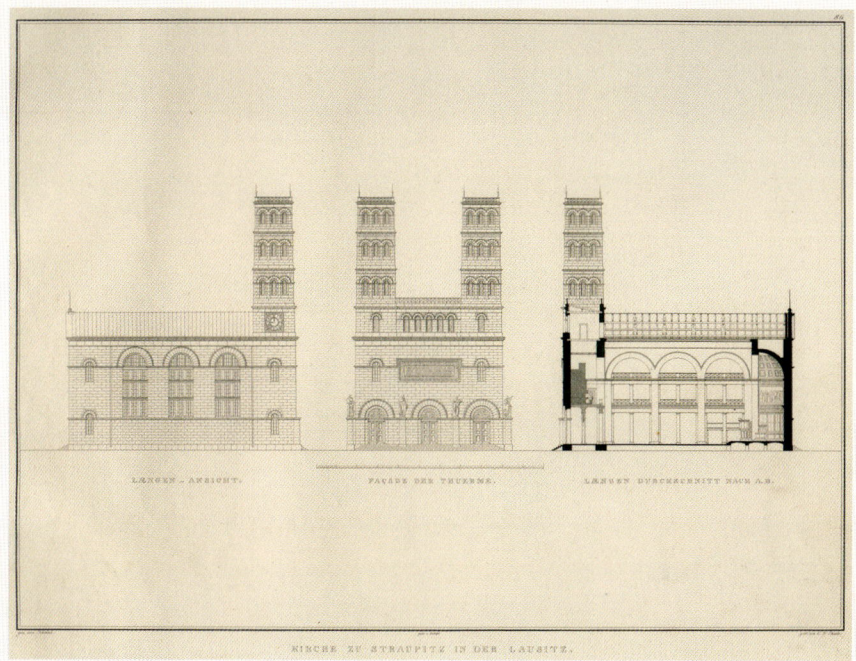

Fassaden und Schnitt (Sammlung Architektonischer Entwürfe, 1829)

damit auch um die Finanzierung des Projektes bemüht hatte, ging eine Beschwerde von Houwald bei ihm ein, dass Reichhardt nicht erschiene und sich nicht melde. Schinkel fand heraus, dass Reichardt schwer krank darniederlag, sich zwar langsam erholte, aber die Bauausführung nicht zu Ende bringen konnte. So empfahl er den Kondukteur v. Robeinsky, der fortan in Straupitz bis zur Einweihung 1832 tätig war.

Die Kirche ist ein rechteckiger Putzbau unter Satteldach von 5:3-Achsen im Rundbogenstil. Typologisch gesehen handelt es sich um eine Emporenhalle zwischen Kopfbauten. Im Osten liegt eine eingestellte Apsis zwischen Anräumen, im Westen eine ähnliche Dreiteilung mit mittlerer Orgelempore, jedoch entwickeln sich die äußeren Achsen zu Türmen mit zwischenliegender Galerie. An den Längsseiten sind die Außenachsen mit kleinen Rundbogenfenstern zweigeschossig gestaltet. Drei große Rundbogenfenster in den mittleren Achsen haben eine vierfache Unterteilung durch eingestellte Pfeiler und Gebälkstücke, eine freie Variation des Thrasyllos-Monument-Motivs, innerhalb des Bogens ergibt sich so ein Thermenfenster-Motiv. An der Eingangsseite befinden sich drei Portale, denen an der Chorseite nur zwei äußere Türen entsprechen. Alle Wände haben eine Putzquaderung, die die klare tektonische Wandgliederung unterstreicht. Sämtliche Bögen sind durch Rahmungen betont. Die Öffnungen sind durch herumgezogene Sohlbank-, Kämpfer- und Traufgesimse zusammengebunden, wobei das Sohlbankgesims der großen Fenster den kleinen Rundbogenfenstern und den Portalen der Schmalseiten als Kämpfergesims dient. Das obere Kämpfergesims ist vorn um eine Inschrifttafel herumgezogen. Rein dekorativ sind die Türme, denn für die Glocken war die Galerie zwischen den Turmsockelgeschossen vorgesehen. Die drei Turmfreigeschosse sind gleich gestaltet und durch Gesimse voneinander geschieden. Hier sind jeweils drei Rundbogenfenster mit einfach abge-

Grundriss, Querschnitt und Einzelheiten für Kanzel, Altar und Taufstein (Sammlung Architektonischer Entwürfe, 1829)

trepptem Gewände durch Kämpfergesimse verbunden.

Das Innere wirkt sehr harmonisch durch Entsprechung der Dimension der drei Längsarkaden mit der von Apsis- und Orgelbogen. Durch die recht massiven Brüstungen der doppelten Emporen wirkt der Raum mehr wie ein Saal mit Anräumen denn als Halle. Die Emporen selbst haben eine amphitheatralische Anlage, was an der Unterseite nicht kaschiert wird, wodurch der Raum gut belichtet wird. In der Apsis sind die Wandinkrustation und die Kassettierung der Kalotte illusionistische Malerei. Dem Schalldeckel der Kanzel entsprach rechts ein gleichartiger, der über der Taufe schwebte.

Die Kirche blieb bis zum Zweiten Weltkrieg unverändert. 1945 wurden Teile des Dachs beschädigt, jedoch nicht repariert, so dass 1955 Teile der Decke einstürzten. Erst 1963–68 wurde die Kirche wiederhergestellt. Eine umfassende Restaurierung mit Wiederherstellung der ursprünglichen Raumfassung erfolgte 1992–95.

Mit Magdeburg, Miedzyrzecz (Meseritz), Wolsztyn (Wollstein) und Zittau gehört die Kirche in Straupitz zu den großen Emporenhallen in Schinkels Œuvre. In dieser Reihe ist die Besonderheit von Straupitz die Lage im Dorf. Schon während des Baus wurde sie daher als einer der bedeutendsten Kirchenbauten auf dem Lande gewürdigt und sie ist auch heute noch einer der eindrucksvollsten und wichtigsten Sakralbauten Schinkels. Der Architekt hat sie 1829 – also vor der Fertigstellung – in Heft 14 der »Sammlung Architektonischer Entwürfe« idealtypisch in zwei Stichen veröffentlicht. Dabei hat er die bei der Ausführung weggelassenen Details wie die skulpturenbekrönten Pfeiler seitlich der Portale mit dargestellt. AB

Literatur

Winfried Hagen/Karin Köhler: Chronik der Evangelischen Dorfkirche Straupitz zur Einweihung nach der Sanierung 1993. Straupitz 1993.

Verena Friedrich: Die Dorfkirche zu Straupitz (Peda-Kunstführer 122). Passau 1994.

Ansicht von Nordwesten

Straupitz | Evangelische Kirche

Teltow
Turm der Andreaskirche

Mittelalterlicher Bau	13. Jahrhundert
Brand	1801
Entwurf	1810/11
Ausführung	1812–15
Brand der Kirche	1910
Wiederaufbau der Kirche	1910/11

Die Andreaskirche markiert mit ihrem Turm den historischen Mittelpunkt des ehemaligen Landstädtchens, das als Verwaltungszentrum einst eine große Bedeutung hatte.
Die Stadtpfarrkirche von Teltow – ein schlichter Feldsteinbau des 13. Jahrhunderts – brannte 1801 ab. Die Grundmauern und der Turmsockel waren erhalten und konnten für einen Wiederaufbau genutzt werden. 1810 wurde ein Plan bei der Oberbaudeputation eingereicht. Das Gutachten – von Kania und Möller im »Lebenswerk« Schinkel selbst zugeschrieben – dürfte eine der ersten amtlichen Tätigkeiten Schinkels gewesen sein, der im Juni des Jahres Mitglied der Oberbaudeputation geworden war. Zum Gutachten gehörte ein Gegenentwurf zum Turm. Auf den rechteckigen Sockel war ein Oktogon von Sockeltiefe gestellt. Zurückspringend sollte ein weiteres Oktogon einen hohen Knickhelm tragen, dessen abgestumpfte Spitze nicht ein Kreuz, sondern eine Krone als Stadtemblem Teltows tragen sollte. Die Front des Sockels war mit dreiteiliger Gliederung vorgesehen. Der Mittelteil sollte übergiebelt und durch ein Rosettenfenster ausgezeichnet sein. Die jeweils vier Fenster der Oktogongeschosse und das Eingangsportal waren in gotischen Stilformen vorgesehen. Sonst waren die Wände nur mit einem gitterartigen Stabwerknetz überzogen und durch reich profilierte Traufgesimse abgeschlossen. Das Gutachten enthält zu dieser Gliederung die betont gelehrte Bemerkung: »Am Turm aber halten wir die Anordnung der an den Ecken den Gegenstand beschließenden runden Glieder, die vom Fundament bis in die Spitze ununterbrochen fortgeführt sind, sowie auch die Anordnung der feinen aufstrebenden Glieder an der Wand, die oben durch Bögen in jedem Teil des Turms vereinigt sind und welche an dem schönen Dom von Mailand, am Straßburger Münster, am Markusdom zu Venedig eine so große Wirkung tun, für sehr zweckmäßig und fast für den Charak-

ter des Gegenstandes unerlässlich.« Diese »etwas reichere« Architekturgliederung sollte »teils in Kalk gezogen, teils durch Formen gebrannter Steine« ausgeführt werden. Gegen diese Architektur regte sich wegen des Aufwandes Widerstand von Seiten der Bauausführenden. Bemerkenswerterweise wies die Oberbaudeputation 1811 in ihrem darauf verfassten zweiten Gutachten die Kritik an der zu komplizierten Gliederung zwar zurück, sandte jedoch einen weiteren Turmentwurf zu, der zwar die Form beibehielt, aber auf die feinen Gliederungen mit Ausnahme des Fenstermaßwerks verzichtete. Die Oberbaudeputation betonte im zweiten Gutachten, dass vor allem die Fernwirkung des Baus wichtig sei. Der Turm wurde nach diesem Plan ausgeführt und Schinkel nahm auch auf die Innengestaltung Einfluss. Während der Turm

Ansicht von Südwesten

genau nach Plan gebaut wurde, wurde das Kircheninnere ein wenig provinziell gestaltet. Dennoch war Schinkels Handschrift, besonders in der an die Rüstkammer des Prinzen Friedrich in der Berliner Wilhelmstraße (zerstört) erinnernde Deckengestaltung, erkennbar geblieben. Der Bau wurde ab 1812 durchgeführt und war 1815 mit Einbau der aus der Potsdamer Nikolaikirche stammenden Turmuhr abgeschlossen. 1910 brannte die Kirche aus und wurde in neuen Formen bis 1911 wieder aufgebaut. Der Schinkelsche Turm blieb aber erhalten.

Der Teltower Kirchturm ist eine bescheidene Architektur, aber innerhalb Schinkels Tätigkeit für die Oberbaudeputation ein wichtiges Dokument für seine denkmalhaften, auf Fernwirkung hin berechneten Turmentwürfe. AB

Erster Entwurf Schinkels zum Neubau des Kirchturms, 1810

Literatur

Hans Kania/Hans-Herbert Möller: Mark Brandenburg (Karl Friedrich Schinkel-Lebenswerk, Bd. 10). Berlin/München 1960, S. 44f.

Großbeeren
Kirche

Zerstörung der alten Kirche	1760
Entwurf	1817–18
Ausführung	bis 1820
Instandsetzungen	1929–30, 1980er Jahre

Die Dorfkirche von Großbeeren liegt auf dem Dorfanger in einer parkartig gestalteten Umgebung. Sie ist im Entwurf nicht nur als Kirche des Dorfes zu verstehen, sondern auch als inhaltlicher Bestandteil des Denkmales für die Schlacht von 1813, auf das sie mit ihrem Turm auch ausgerichtet wurde (das Denkmal siehe unter Dennewitz).

Die mittelalterliche Kirche von Großbeeren war bereits im Siebenjährigen Krieg zerstört worden. Da die für Preußen siegreiche Schlacht von 1813 als eine Rettung Berlins vor den napoleonischen Truppen verstanden wurde, veranstaltete man dort nach den Befreiungskriegen eine Sammlung für eine neue Kirche in Großbeeren. Das Dorf sollte ursprünglich nur eine kleine, der Bevölkerungszahl angemessene Kirche erhalten. Erst nach Einweihung des Schlachten-Denkmals auf dem Friedhof nördlich der Kirchenruine 1817 wurde der Kirchenneubau wieder verfolgt und Schinkel von Chefpräsident v. Bassewitz ersucht,

sich mit der Gestaltung zu befassen. Im Hinblick auf die jährlich stattfindenden Erinnerungsfeiern der Schlacht sah Schinkel hier ein großes öffentliches Interesse und wollte die Kirche entsprechend denkmalhaft konzipieren. Sein erster Entwurf sah einen gotisierenden Zentralbau mit

Erster Entwurf Schinkels zum Neubau der Dorfkirche, 1817. Ansicht

Ansicht von Süden

dreiseitig geschlossenen Kreuzarmen und achteckigen Winkeltürmen vor. Das von einem Achteckturm bekrönte Gebäude sollte in Sichtziegelbauweise errichtet werden. Da dieser bemerkenswerte Bau aber zu teuer geworden wäre, reichte Schinkel auf Verlangen des Königs 1818 einen einfacheren Entwurf in Kreuzform ein, der immer noch doppelt so teuer war wie die ursprünglich für das Dorf vorgesehene Kirche, aber genehmigt wurde. 1820 wurde die neue Kirche am 60. Jahrestag der Zerstörung ihrer Vorgängerin eingeweiht.

Die Kirche hat eine regelmäßige Kreuzform und einen nördlich vorgestellten Turm auf quadratischem Grundriss. Sie ist ein Putzbau unter zwei sich kreuzenden relativ flach geneigten Satteldächern. Den Ecken des Gebäudes sind pfeilerähnliche Bauelemente vorgesetzt, um die das Traufgesims der Kirche herumgezogen ist. Oberhalb sind diese Elemente von behelmten achteckigen Fialen bekrönt, die auch auf die Firste gesetzt sind, so dass insgesamt elf dieser Türmchen dem Gebäude einen sehr lebhaften Umriss verleihen. Der Turm ist dreigeschossig. Sein unteres Geschoss hat die Höhe der Kirchenschiffswände bis zur Traufe. Das folgende Geschoss hat die Höhe des Daches und das hohe Freigeschoss ist achteckig und wird von einem entsprechenden Helm mit abgestumpfter Spitze abgeschlossen. Die architektonische Gliederung nimmt geschossweise zu. Hauptmotiv ist hierbei ein Bogenfries in Form gestreckter Dreipässe, der auch an den Eckpfeilern vorhanden ist.

Das Innere ist mit Spitztonnen gewölbt, die sich in der Vierung zu einem Kreuzrippengewölbe verschneiden. Zur optischen

Belebung sind in den Tonnengewölben der Kreuzarme statisch unnötige Rippen und Spitzbögen aufgelegt. Entgegen dem Äußeren wurde das Innere auf Befehl des Königs geostet. Der östliche Kreuzarm mit Altar ist entsprechend der einzige ohne Emporeneinbau, im nördlichen befand sich ursprünglich die Sakristei, entsprechend befand sich die Kanzel ehemals vor dem Mittelbogen der Nordempore. Die hölzernen Emporen sind in den Bogenzwickeln und Brüstungen reich mit Blendmaßwerk geschmückt, das spätgotische Fischblasenmotive nachahmt. Die hölzerne Taufe mit Zinkguss-Engelsfiguren wird aus stilistischen Gründen im Entwurf Schinkel zugeschrieben, möglicherweise hat er auch auf die Gestaltung des Messingleuchters Einfluss genommen.

Die dem späten 19. Jahrhundert zu schlichte Gestaltung der Kirche wurde 1895/96 im Zeitgeschmack bereichert. Dies wurde bei der Instandsetzung 1929/30 weitgehend rückgängig gemacht. In den 1980er Jahren wurde auch die Originalfarbigkeit des Innern wieder hergestellt.

Unter Schinkels neugotischen Kirchbauten wirkt dieser vergleichsweise früh entworfene Bau zwar insgesamt stilsicher entworfen, aber dennoch in den Details etwas »ländlich«. Das Motiv der auf die Firste der Giebel gestellten »Fialen« erscheint additiv. Die Verschneidung der Profile der Giebelschrägen mit den Türmchen ist zwar logisch, dennoch etwas unorganisch gelöst. Auch sind die hohen Lanzettfenster bzw. -blenden nicht ganz stimmig zur schlichten, abstrahierten Gestaltung der großen Giebelbögen mit Portal und darüber liegendem Rundfenster. Die Kirche war für die Einwohnerzahl des Ortes sehr groß, wirkt aber trotz der Allansichtigkeit wenig monumental. Dies resultiert aus der starken Dominanz des Schiffes auf der Grundform des griechischen Kreuzes gegenüber dem Turm. Diese Grundform aber ermöglichte den eindrucksvollen Innenraum. AB

Literatur

Hans Kania/Hans-Herbert Möller: Mark Brandenburg (Karl Friedrich Schinkel-Lebenswerk, Bd. 10). Berlin/München 1960, S. 137–141.

Andreas Kitschke: Die Schinkel-Kirche zu Großbeeren (Peda-Kunstführer 428), Passau 1998.

Dennewitz und Großbeeren
Denkmäler

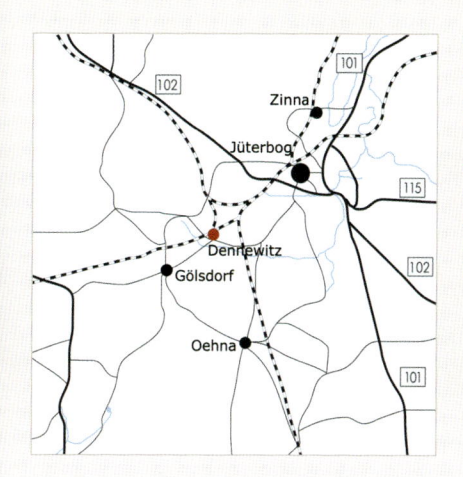

Dennewitz
Entwurf — 1816
Ausführung — 1817/18
Instandsetzung — 1978

Großbeeren
Entwurf — 1816
Ausführung — 1817/18
Unterbau — 1853
Instandsetzung — 1982

Die beiden Denkmäler für die siegreichen Schlachten gegen die napoleonischen Truppen von 1813 sind gleich gestaltet, befinden sich aber an sehr verschieden gelegenen Standpunkten. Für Dennewitz wurde eine Anhöhe auf dem Weg nach Niedergörsdorf gewählt. Dagegen steht das Denkmal von Großbeeren im Ort in Sichtweite zur Kirche.
1816 beschloss Friedrich Wilhelm III., an den Orten der großen Schlachten gegen Napoleon Denkmäler für die Gefallenen zu errichten. Bemerkenswerterweise wurde von Beginn an nicht an individuelle Entwürfe gedacht, sondern sie sollten nach einheitlichem Entwurf in der königlichen Eisengießerei hergestellt werden. Diese legte mehrere Entwürfe vor, darunter einen, den Schinkel eingereicht hatte und den der König zur Ausführung bestimmte. Vier dieser Denkmäler wurden 1817/18 hergestellt und aufgestellt, darunter die beiden von Dennewitz und Großbeeren. Zu den Denkmälern gehörte jeweils ein neugotisches Wärterhaus für die üblicherweise mit Invaliden besetzten Aufsichtsdienste, die auch schon zu Schinkels Zeiten notwendig waren.
Der Denkmaltypus ist sehr einfach gestal-

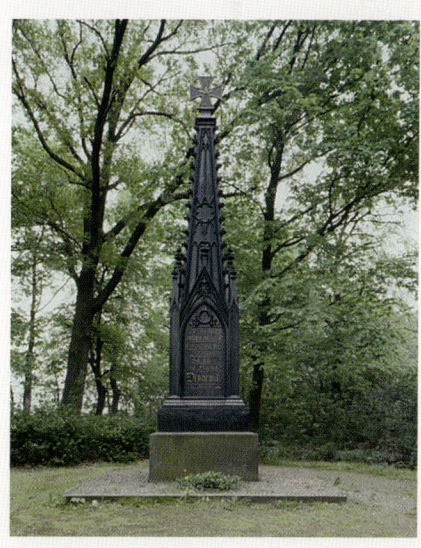

Dennewitz, Denkmal

39

Großbeeren, Denkmal und Kirche

tet als eine behelmte Stele, die den Eindruck eines gotischen Tabernakels erweckt. Auf einen ungegliederten Sockel erhebt sich die Stele, die an den Ecken durch fialenähnliche Elemente akzentuiert wird. Zwischen letzteren befinden sich übergiebelte Spitzbögen, die die Inschrifttafeln rahmen. Ein vierseitiger Helm, der auf den Graten mit Krabben, auf den Flächen mit Blendmaßwerk geschmückt ist, ragt obeliskenartig aus den Giebeln auf. Er hat etwa die gleiche Höhe wie der eigentliche Denkmalskorpus. Während die »Eckfialen« und die Giebel mit Kreuzblumen abschließen, ist der Helm von einem großen Eisernen Kreuz bekrönt. Die Inschrift lautet »Die gefallenen Helden ehrt dankbar König und Vaterland. Sie ruhen in Frieden.« Darunter ist der jeweilige Schlachtenname und das Datum der Schlacht gesetzt. Über der Inschrift befindet sich im Spitzbogen das Relief eines Lorbeerkranzes.

Die von der Dimension eher bescheidene Form des Gedenkens sahen die folgenden Generationen als nicht ausreichend an und so wurde das Denkmal in Großbeeren 1853 auf einen turmartigen Unterbau gestellt, dessen unproportionale Gestaltung Schinkel vermutlich als »völlig misslungen« bezeichnet hätte. Zur wilhelminischen Zeit genügte auch diese »Aufbockung« nicht mehr und so errichtete man 1913 in der Nähe einen Denkmalsturm, der – ähnlich dem Gustav-Adolf-Denkmal in Lützen – mit seiner »lauten« Architektur alle Aufmerksamkeit auf sich zieht. Das Schinkelsche Denkmal wurde nach dem Ersten Weltkrieg zur Kriegergedächtnisstätte umgeweiht. 1982 wurde es restauriert und von seinem Unterbau befreit. Einen solchen Sockel, der möglicherweise auf Friedrich Wilhelm IV. zurückgeht, hat nun nur noch das entsprechende Denkmal von Culm (Chlumec u Chabarovice, Tschechien). Demgegenüber blieb das abgelegene Denkmal von Dennewitz unberührt. Seine Lage führte allerdings nach 1945 zur Verwahrlosung. Es wurde vor 1978 instandgesetzt, dabei der Granitsockel durch einen aus Beton ersetzt.

Die Denkmäler von Großbeeren und Dennewitz sind gewissermaßen als die kleinen Geschwister des Nationaldenkmals für die Befreiungskriege auf dem Kreuzberg bei Berlin zu betrachten. Hier wie dort entschied sich der König aus einer Vielzahl von ihm vorliegenden Möglichkeiten für eine gotische Turmspitze, bzw. eine Tabernakelform.

AB

Literatur

Rüdiger Bergien: Erinnern an Dennewitz. Eine Schlacht und ihre Deutungen in zwei Jahrhunderten. In: Zeitschrift für Geschichtswissenschaft 2 (2005), S. 101–117.

Gölsdorf (Gemeinde Niedergörsdorf)
Grabmal Franz Johann Ludwig Alberthal

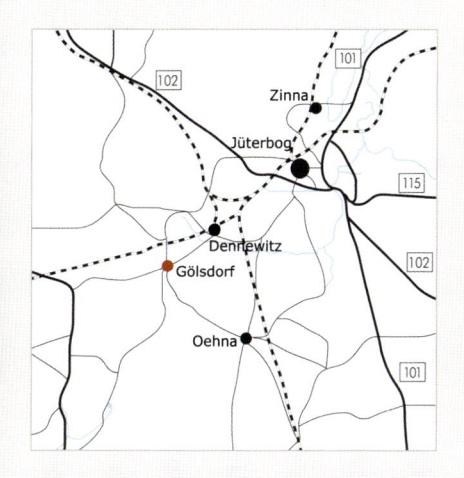

Entwurf	nach 1813 (?)
Guss	bis 1819 (?)

An der mittelalterlichen Feldsteinkirche steht auf dem Kirchhof das gusseiserne Kenotaph für Franz Johann Ludwig Alberthal und beeindruckt schon durch seine baukörperliche Präsenz.

Alberthal war 1813 in der Schlacht bei Dennewitz, die sich in unmittelbarer Nähe abspielte, gefallen und so sollte das Grabmal auch ein vaterländisches Denkmal darstellen. Es wurde von Schinkel entworfen, von der königlichen Eisengießerei hergestellt und in Heft 2 ihres »Magazins« (Warenkatalog) 1819 veröffentlicht.

Auf einer massiven Plinthe erhebt sich das sarkophagähnliche Grabmal. Es hat einen ungegliederten, sich leicht nach oben verjüngenden Sockel. Der Fuß des Sargkastens ist im unteren Teil mit Karnies und Kehle antikisch profiliert, meint aber, wie der obere Teil zeigt, mittelalterliche Stilform. Der Fuß endet in einem kräftigen Kranzgesims. Darauf ist der schlichte Sargkasten gestellt, der seinen Schmuck im Wesentlichen durch ein verziertes Kranzgesims erhält, unter dem ein Spitzbogenfries umläuft. Der Korpus ist von einer flachen Walmbedachung abgeschlossen. An der Schmalseite befindet sich die Grabinschrift, auf den Längsseiten je zwei Wappenschilde mit dem Motiv des Eisernen Kreuzes.

Das Grabmal wurde nicht verändert, litt aber durch mangelnde Pflege. So ist die

Grabmal Franz Johann Ludwig Alberthal

ehemals glatte Oberfläche heute durch viele kleine Rostfraßdellen bestimmt und die Wirkung dadurch sehr beeinträchtigt.

Unter Schinkels Entwürfen für Gusseisendenkmale wirkt das Alberthalsche Grabmal am massivsten. Im Gegensatz zu den meist feingliedrigen neugotischen Entwürfen wurde hier auf Schmuckformen weitgehend verzichtet.

Die Veröffentlichung im »Magazin« der Eisengießerei führte später zu einem Zweitguss. Nach dem Tod des bei der Mindener Bevölkerung beliebten Festungskommandanten Schwichow 1823 erbaten die Mindener beim König die Erlaubnis, den Sarkophag als Schwichow-Denkmal anfertigen und aufstellen zu dürfen. AB

Literatur
Hillert Ibekken/Elke Blauert (Hg.): Karl Friedrich Schinkel. Das architektonische Werk heute. Stuttgart/London 2001, S. 323.

Petzow
Evangelische Kirche

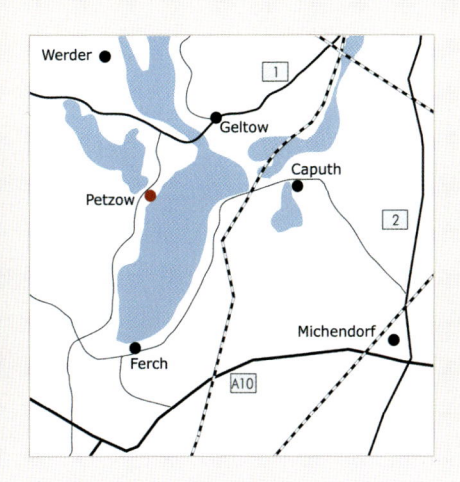

Entwurf 1838–40
Ausführung 1841–42
Restaurierung bis 1994

Petzow liegt landschaftlich reizvoll zwischen drei Seen. Die Kirche befindet sich westlich des Ortskerns auf der Hügelkuppe des Grellberges, wodurch sie den Charakter einer Landschaftsarchitektur besitzt. Sie ist axial auf das östlich von ihr gelegene Schloss ausgerichtet.
Die alte, im Ort liegende Dorfkirche Petzows war so baufällig, dass die Regierung in Potsdam 1838 einen Neubau beschloss. Der Bau sollte zunächst auf einer Anhöhe im Gutspark errichtet werden. Hierzu lieferte Schinkel, mittlerweile in der Position des Ober-Landes-Bau-Direktors, einen schlichten, aber meisterlich entworfenen Plan: ein Kirchenschiff mit halbrunder Ostapsis, im Westen ein separat vor die westliche Schmalseite gestellter Turm, der mit einer Bogenhalle an das Schiff gebunden werden sollte. Die Regierung übergab die Pläne dem Baukondukteur Blankenhorn zur Bearbeitung mit der Maßgabe, er solle die Apsis fortlassen und den Turm an das Kirchenschiff heranrücken. Die bearbeiteten Ausführungspläne mussten über die Regierung wieder der Oberbaudeputation zur Revision eingereicht werden, woraufhin Schinkel im Gutachten auf seiner vierteiligen Gestaltung bestand, was die Regierung nicht akzeptierte. Im September 1839 wurde Schinkel vom Kronprinzen in dieser Angelegenheit in Sanssouci empfangen und konnte diesen von seinem Plan überzeugen. Allerdings ließ es sich der architekturbegeisterte Kronprinz nicht nehmen, nun eigene Gestaltungsideen mit einfließen zu lassen. Somit wurden die Turmfenster verändert und die Neigung des Daches flacher gehalten. Er äußerte außerdem den Gedanken, dass man die Kirche auf dem Grellberg errichten könnte. In dem seinen neuen Plänen beigefügten Schreiben vermerkt Schinkel, dass er die Änderungswünsche des Kronprinzen eingearbeitet habe, es aber bedauere, dass sich innerhalb des Kostenrahmens eine von ihm ursprünglich vorgesehene Apsiswölbung nicht verwirklichen lasse, weshalb er die flache

43

Ansicht von Süden

Decke des Raumes zur Apsis habe durchlaufen lassen. Da das veränderte Bauprojekt nun teurer wurde, ließ der mittlerweile inthronisierte Friedrich Wilhelm IV. 1840 es sich nochmals vorlegen, entschied aber, die Mehrkosten zu tragen. Im Sommer 1841 wurde der Bau durch Baukondukteur Gustav Emil Prüfer begonnen und – mit eingewölbter Apsis – im Oktober 1842 eingeweiht, Schinkel erlebte die Bauausführung also nicht mehr.

Die Kirche ist ein Sichtziegelbau unter flach geneigtem Satteldach, das ursprünglich technisch als sogenanntes Dornsches Dach mit Lehm, Teer und Sand ausgeführt war. Die architektonische Gliederung ist durch farblich unterschiedliche Steine betont. Das Kirchenschiff hat je drei große, im Gewände vierfach abgetreppte Rundbogenfenster, die durch Kämpfer- und Sohlbankgesims miteinander verbunden sind. Ein kräftiges Gesims mit Zahnschnitt schließt die Fassaden an der Traufe und den Giebelschrägen ab. Die Apsis hat zusätzlich eine zwerchgalerieartige Blendengliederung. Die vier Geschosse des Turms sind durch Kaffgesimse klar voneinander geschieden. Das Turmsockelgeschoss reicht bis zur Höhe der Fenstersohlbänke des Schiffs. Demgegenüber hat das Hauptgeschoss des Turms keine Beziehungen zum Schiff und überragt sogar dessen First. Bei den darüber liegenden Glockengeschossen mit gleicher Gestaltung sitzen die Schallarkaden (die äußeren sind Blenden) direkt auf den Kaffgesimsen auf. Die Arkaden sind durch Kämpfergesimse gekuppelt, wodurch die schmalen Wandstücke zwischen den Fenstern Pfeilerform erhalten. Auf den Ecken des Turmes sitzen kleine Fialen, zwischen denen sich durchbrochene Brüstungsmauern spannen. Bekrönt ist der Turm von einem massiven achtseitigen Helm mit abgestumpfter Spitze. Die Eingänge zu Turm und Kirche liegen sich unter der Bogenhalle gegenüber, was der Erschließung etwas Intimes verleiht. Das Innere ist ein flachgedeckter Saal mit Westempore und kalottengewölbter Apsis. Die Fenster liegen recht hoch, da der Dachraum als eine Art Drempelgeschoss ausgebildet ist, was von außen nicht sichtbar ist.

Der Bau ist architektonisch fast unverändert geblieben und wurde bis 1994 umfassend restauriert.

Die Kirche von Petzow ist mit dem Schloss und seinen Nebengebäuden ein wichtiger Bestandteil der Potsdamer Kulturlandschaft. Sie ist in der Positionierung auf dem Grellberg die früheste Landschaftskirche Friedrich Wilhelms IV. Mit dem Baubeginn in seinem Todesjahr ist Schinkels Kirche von Petzow auch das späteste Bauwerk seines Œuvres, das man ihm noch direkt zuweisen kann, auch wenn Wünsche des Kronprinzen beim Entwurf berücksichtigt werden mussten. In der dem geringen Bauvolumen angemessenen Gestaltung ist die kleine Kirche eines der prägnantesten Beispiele des Spätwerks. AB

Literatur

Hans Kania/Hans-Herbert Möller: Mark Brandenburg (Karl Friedrich Schinkel-Lebenswerk, Bd. 10). Berlin/München 1960, S. 211–215.

Pia Kühn von Kaehne: Kirche zu Petzow. Potsdam 1997.

Siegfried Geserich (Hg.): Petzow – Dorfidylle im Werderschen Havelland. Werder-Petzow 2003.

Ortsbeirat Petzow (Hg.): Priscere – Petzow. Petzow 2004.

SACHSEN-ANHALT

Das heutige Bundesland Sachsen-Anhalt bestand zu Schinkels Zeiten im Wesentlichen aus der preußischen Provinz Sachsen, die das kleine Fürstentum Anhalt umschloss. Die 1815 gebildete Provinz setzte sich aus historisch sehr unterschiedlichen Territorien zusammen: im Norden die schon im Mittelalter brandenburgische Altmark, in der Mitte die ehemaligen (Erz-)Bistümer Magdeburg und Halberstadt, die im 17. Jahrhundert brandenburgisch geworden waren, und im Süden Teile Sachsens, die nach dem Wiener Kongress an Preußen abgetreten werden mussten. Im letztgenannten Gebiet ging man nach 1815 keineswegs mit fliegenden Fahnen zu Preußen über. In einem Fall gelang es Schinkel sozusagen Überzeugungsarbeit zu leisten: Bei der Ausstattung des Huldigungsfestes in Merseburg beeindruckte Schinkel als Vertreter Preußens die Bewohner der Stadt nachhaltig.

Schinkel hatte zur Provinz Sachsen kein besonderes persönliches Verhältnis. Was ihn hier hauptsächlich interessierte, waren die in großer Zahl vorhandenen mittelalterlichen Baudenkmäler. So leitete er ihre systematische Erfassung in die Wege und beschäftigte sich u. a. mit der Sicherung und einem Plan zum Wiederaufbau der Moritzburg in Halle, der Restaurierung der dortigen Moritzkirche, der Instandsetzung des Magdeburger Doms und der Pflege der Lutherstätten in Wittenberg.

Entsprechend der Lage der Provinz tangierte er sie bei Reisen nach Westen und Südwesten häufig, als regelrechte Dienstfahrt ist aber nur die Strecke zu werten, die er auf der Reise nach Westfalen und die Rheinprovinz zurücklegte.

Mehr als in anderen Provinzen tritt Schinkel in Sachsen als Gestalter von Denkmälern auf. Der Lebenswerk-Band verzeichnet die Beteiligung an 17 Denk- oder Grabmälern, wobei sich jedoch ein großer Teil auf die Gestaltung von Sockeln und Postamenten (z. B. Francke-Denkmal Halle, Klopstock-Denkmal Quedlinburg, Winckelmann-Denkmal Stendal) beschränkt und daher hier unberücksichtigt bleibt.

Schinkels Tätigkeit auf dem Gebiet des Schloss- und Wohnbaus in der Provinz Sachsen ist mangels Quellen schwer nachzuweisen, nachweisbare Bauten sind zerstört, wie beispielsweise das berühmte 1948 abgerissene Haus D'Alton in Halle (für Christian Daniel Rauchs Tochter mit der großen Abgusssammlung seiner Werke). Das Haus Nicolai und das Haus Schaffenger in Halberstadt (beide nicht im »Dehio« verzeichnet) sind Zuschreibungen Hans Juneckes. Ebenfalls ohne Quellenangaben wird von Junecke im Lebenswerk aufgrund stilistischer Analysen der Blumensalon des 1810 zum Gut profanierten Augustinerinnenstifts **Marienborn** Schinkels Urheberschaft zugeschrieben. Es handelt sich um einen kleinen dorischen Tempel mit Gartensaal, den ehemals seitlich Treibhäuser einfassten. Neben stilistischen Aspekten führt Junecke die Beziehungen zwischen der Familie Löbbeke in Marienborn und dem Asseburgschen Schlossbau in Neindorf an. Martina Abri datiert den Bau auf »1830?«, der Dehio »um 1810«.

Das Schloss in **Neindorf** ist eines der eindrucksvollsten klassizistischen Bauten in Sachsen-Anhalt. Es wurde 1824–27 für die gräfliche Familie von der Asseburg durch

Alexisbad, ehemaliger Teepavillon

Johann August Philipp Bunge erbaut. Bunge war Landbaumeister (später Hofbaumeister) von Anhalt-Bernburg und hatte für Herzog Alexius u. a. die Kurbauten in Alexisbad und das Schauspielhaus in Bernburg errichtet. Schloss Neindorf wurde parallel zur alten Renaissancekapelle errichtet. Als Flügel am Schloss bis zur Kapelle entstand der Bibliotheksbau. Seine Gestaltung, insbesondere die hofseitige Blendarchitektur des Mittelrisalites, wird Schinkels Einflussnahme zugeschrieben.

Für **Alexisbad** ist Schinkels Tätigkeit nachgewiesen. Hier gründete Herzog Alexius Friedrich Christian von Anhalt-Bernburg Anfang des 19. Jahrhunderts einen Badeort. Es war wiederum Bunge, der hier 1810–17 die Kur- und Badebauten errichtete. Die herzogliche Villa ließ Alexius jedoch 1822 nach einem Entwurf Schinkels im Schweizer Stil erbauen, sie wurde 1945 zerstört. Erhalten dagegen ist ein Teepavillon, laut Dehio »nach Entwurf von Schinkel 1812/15 entstanden«. Dieser holzverschalte Bau besteht aus einer überkuppelten Rotunde mit vier Kreuzarmen. Nach dem Tod der Herzogin wurde der Bau, der recht singulär in Schinkels Werk steht, zur evangelischen Kirche umgewidmet. So hat er sich erhalten, musste aber 1995 einer Totalsanierung unterzogen werden.

Als Schinkelbau wird allgemein das Gesellschaftshaus im Klosterberggarten in **Magdeburg** bezeichnet. Schinkel entwarf diesen Bau auch eigenhändig, das Gebaute ist dennoch weit von seinem Entwurf entfernt. 1824 konnte die Stadt Magdeburg Peter Joseph Lenné für die Gestaltung ihrer Grünanlagen gewinnen. Man vermutet, dass Lenné Schinkel den Auftrag zum zentralen Gebäude des 1825–30 angelegten damaligen Friedrich-Wilhelm-Gartens im Süden der Stadt vermittelte. Um diesen Entwurf Schinkels entbrannten in Magdeburg heftige Kontroversen. Schließlich errichtete Baukonducteur Friedrich Wilhelm Wolff 1828/29 das bestehende Gebäude nach starken Modifikationen der Schinkelschen Planung. Schinkel nahm den Bau später in Augenschein und war mit den Änderungen nicht einverstanden. So veröffentlichte er seinen eigenen Entwurf 1829 in Heft 16 der Sammlung Architektonischer Entwürfe. Dem Gebäude wurde um 1900 ein großer Erweiterungsbau angefügt, 1993–2005 ist der Wolffsche Bau grundlegend instand gesetzt worden und seither wieder einer der schönsten klassizistischen Bauten im Land, wenngleich er nicht von Schinkel stammt.

Schwerpunkt der Bautätigkeit Schinkels in der Provinz Sachsen war der Sakralbau. Im Lebenswerk verzeichnen Martina Abri und Hans Junecke 22 Kirchen (von denen einige heute in anderen Bundesländern liegen). Damit weist diese Provinz eine ähnliche Dichte an Schinkels Bautätigkeiten auf wie die preußischen Provinzen und Posen. Im Gegensatz zu den genannten Provinzen liegen diesen aber in Sachsen – mit Ausnahme der Nicolaikirche in Magdeburg – keine eigenhändigen Entwürfe zugrunde. Zumeist handelt es sich um Begutachtungen und Korrekturen eingereichter Bauanträge. Gleichwohl sprechen die ausgeführten Bauwerke Schinkels architektonische Sprache, sie sind ohne Schinkels Wirken in ihrer Form nicht zu denken, unabhängig davon, ob er nun selbst oder ein Kollege in der Oberbaudeputation die Bearbeitung vornahm. Bei den Bauten dieser Gruppe, die aus den genannten Gründen hier nicht in Einzelbetrachtungen erläutert werden können, ist das Bemühen klar erkennbar, seit 1825 die Entwürfe dem Schema der »Normalkirche« anzugleichen.

Die Doppelkirche von **Althaldensleben** entstand nach 1825–27 von Lietzmann entworfenen und von der Oberbaudeputation 1827–29 überarbeiteten Plänen und wurde 1830 geweiht. Sie ist als Simultankirche ein besonderer Bau. Ein mittiger Eingangsbau mit achteckigem behelmtem Turmaufsatz wird seitlich von zwei Kirchenräumen – dreischiffige Hallen mit tonnengewölbtem Mittelschiff – flankiert.

Für die baufällige Kirche in **Edersleben** im Kreis Sangerhausen wurden 1827 Baupläne eingereicht und 1828 ein Gegenentwurf der Oberbaudeputation erstellt, nach diesem wurde der Bau bis 1831 fertig gestellt. Der Saalbau mit eingestellter u-förmiger Empore auf toskanischen Säulen besitzt einen Ostturm und eine flachgedeckte Westapsis.

Für die Kirche in **Gimritz** wenige Kilometer nordwestlich von Halle wurden 1840 Pläne eingereicht und nach der Bearbeitung 1842 genehmigt. Demnach hat Schinkel hier wohl nicht mehr wirken können. Der Bau wurde bis 1847 ausgeführt und zeigt schon typische Züge der »Schinkelschule«, so in den Ecktürmchen und den Turmarkaden. Der Bau mit Westturm und Ostapsis ist sorgfältig in Bruchstein ausgeführt, das Innere mit hölzernen Emporen und offenem Dachstuhl.

Der romanischen Kirche in **Groß-Mangelsdorf** bei Jerichow wurde nach einem Dachstuhlbrand und anschließendem Wiederaufbau bis 1825 ein Westturm zugefügt. Es handelt sich um einen bemerkenswerten Bau, da er einerseits ganz modern ist und sich je Geschoss ähnlich dem Leuchtturm auf Kap Arkona verjüngt, andererseits in Mauertechnik und Gliederungssystem ganz dem Altbau angeglichen ist. Das sehr kleine Portal wird durch seitliche Pilaster, Gebälkstück und Blendbogen monumentalisiert.

Die Kirche von **Klein-Mangelsdorf** konnte geplant werden, nachdem die Groß-Mangelsdorfer Kirche durch den Dachstuhlbrand 1822 nicht mehr benutzbar war. Die eingereichten Pläne wurden 1823 von der Oberbaudeputation revidiert. Das kapellenartige kleine Gebäude ist äußerst schlicht gehalten. Im stützenlosen Inneren ist eine polygonal gebrochene Wand eingestellt, hinter der sich Kanzelaufgang und Sakristei verbergen.

Die Kirche von **Harkerode**, nördlich von Mansfeld gelegen, ist ein Bruchsteinbau mit Werksteingliederungen und entspricht dem Normalkirchenentwurf. Der Überlieferung nach wurde sie 1832 von einem preußischen Prinzen initiiert und finanziert. Die Turmobergeschosse waren ursprünglich aus Holz und wurden erst bei der Renovierung 1894 in Ziegeln massiv erneuert. Bemerkenswert ist das Innere durch u-förmige steinerne Emporen und dem hölzernen Tonnengewölbe im Mittelschiff mit illusionistisch gemalter Profilierung und Kassettierung.

Die Kirche von **Heudeber** bei Wernigerode wurde nach Abriss der Barockkirche bis 1840 (Ibbeken/Blauert) oder 1843 (Dehio) nach dem Normalkirchenentwurf als Bruchsteinbau ausgeführt. Abweichend ist nur der sehr hohe Steilhelm, der als letzter Bauteil ausgeführt wurde. Das Kirchenschiff wirkt außen ruhig und elegant durch die nur drei Öffnungen der Längsseiten, von denen die mittlere als Portalnische mit der Rahmung bis an das Traufgesims geführt ist. Die Ostwand ist durch eine große Rundbogenblende akzentuiert. Im Inneren besitzt die Kirche eine u-förmige Empore und ein tonnengewölbtes Mittelschiff.

Anstelle eines Vorgängerbaus wurde 1825–30 die Kirche von **Kuhlhausen** bei Havelberg vollständig neu errichtet. Die Pläne zum Neubau mussten zweimal von der Oberbaudeputation revidiert werden, wurden dann aber genau umgesetzt. Der turmlose Putzbau von 3:3-Achsen ist bemerkenswert durch die beiden gleichsam vor die Kirche gestellten Giebelfassaden mit je drei Rundbogenöffnungen, kräftigem Ge-

SACHSEN-ANHALT

Zilly, Dorfkirche

bälk und Dreiecksgiebel mit Okulus. Das Innere wirkt durch die hohen und schlanken Säulen, die auf steinernen Sockeln über das Niveau des Gestühls gehoben sind, weniger in Schiffe unterteilt, denn als Saal. Im Osten ist eine Apsis zwischen Nebenräumen eingestellt.

Die mittelalterliche Kirche von **Löbnitz an der Linde**, nordwestlich von Köthen gelegen, hatte einen Turm des 16. Jahrhunderts, der baufällig war. Die Neubaupläne wurden 1829 von der Oberbaudeputation revidiert, wobei Schinkel eine Separierung zwischen Alt- und Neubau wünschte, um keine Schäden durch ungleiches Setzen zu bekommen. Da die Gemeinde aber auf einem direkt an die Kirche gebauten Turm bestand, ging er darauf ein. Der Turm ist in seinen Dimensionen gut auf das Kirchenschiff hin proportioniert, aber sehr schlicht gegliedert. In seinem Obergeschoss liegen je drei gekuppelte hochrechteckige Schallöffnungen. Einfache Gesimse unterteilen den Turm in drei etwa gleich hohe Geschosse, ein weiteres Gesims auf Höhe der Solbänke der Schallöffnungen zeichnet diese erst zum Schmuckmotiv aus. Dieser Turm entspricht im Wesentlichen dem 1826 gefertigten Entwurf für Schwemsal (s. unten).

Die Kirche in **Nienhagen** bei Halberstadt wurde 1815 durch Sturm beschädigt und nach Revidierung der Neubaupläne durch die Oberbaudeputation 1817–19 in Bruchstein ausgeführt. Der Entwurf fällt also in die Zeit von Schinkels fantasievollen Kirchenentwürfen. Der nahezu schmucklose Nienhagener Bau hat dagegen als Gliederung nur Ecklisenen und einen Turm, der nach Osten und Westen zwei Schallarkaden, in die anderen Richtungen eine Schallarkade besitzt. Man stellte wohl die Altbausubstanz wieder her statt den Neubau auszuführen.

Für die Kirche des uralten Ortes **Prester** (heute ein Ortsteil von Magdeburg) wurden 1829 Neubaupläne bei der Oberbaudeputation eingereicht und vollständig überarbeitet, die Ausführung erfolgte dann bis 1832. Der kleine Bruchsteinsaal mit Westturm und Chorpolygon hat einen besonders originellen Turmaufsatz. Er ist achteckig und besitzt Spitzbogenfenster, schließlich einen massiven Helm mit krabbenartigem Besatz auf den Helmgraten. Vermutlich dienten die Bekrönungen der Magdeburger Domtürme als Anregung. Die Kirche ist seit 1985 profaniert und beherbergt seit 2001 ein Restaurant.

Die Kirche in **Sargstedt**, nördlich von Halberstadt gelegen, sollte anstelle der Benediktinerklosterkirche unter Einbeziehung des erhaltenen romanischen Turms erbaut werden. Durch die Geländetopographie war der Baugrund sehr begrenzt. Die Neubaupläne wurden 1828 eingereicht, bearbeitet und das Gebäude bereits 1829 von Haberhoff ausgeführt. Er ist ein Bruchsteinbau mit Werksteingliederungen und entspricht dem für das Grundstück modifizierten Normalkirchenentwurf. Das Innere besitzt hölzerne Emporen auf Stützen, die bis zur Decke gehen und die Holztonne des Mittelschiffs aufnehmen. Über den Pfeilern sind Gurtbögen über das Tonnengewölbe gezogen.

Der Turm der 1768 gebauten Kirche in **Schwemsal** bei Bitterfeld war baufällig und die Gemeinde reichte 1826 Neubaupläne für einen großen Fachwerkturm ein. Von Seiten der Oberbaudeputation erfolgte ein Gegenentwurf für einen kleineren, den Proportionen der Kirche besser entsprechenden und dafür massiven Turm. Im Gegensatz zu dem fast gleichartigen Turm in Löbnitz ist dieser ein Putzbau, wodurch die schmucklosen Formen, trotz des in Löbnitz fehlenden geschossweisen Zurückweichens der Etagen, hart wirken.

Die Kirche in **Zilly** im Kreis Halberstadt entstand nach dem Normalkirchenentwurf mit Turm. Laut Dehio stammt dieser »Saalbau Schinkelscher Prägung von 1838«. Martina Abri datiert ihn auf 1835. Sie vermutet, dass die Pläne zum Neubau etwa gleichzeitig mit denen zur Kirche in Heudeber eingereicht und von Schinkel entsprechend ähnlich bearbeitet wurden. Gemessen an der Kirche in Heudeber besitzt die Kirche in Zilly weniger Spannung und Eleganz. AB

Wittenberg
Baldachin des Lutherdenkmals

Entwurf	1817/18
Guss	1818
Einweihung	1821

Frei auf dem Marktplatz, das eindrucksvolle Renaissance-Rathaus im Rücken, steht das Denkmal Martin Luthers. Seit 1865 steht ihm das Melanchthon-Denkmal gegenüber, wodurch es seine solitäre Stellung verloren hat. Die sächsische Stadt Wittenberg – seit dem 16. Jahrhundert eine der stärksten Festungen – wurde 1806 von Napoleon besetzt. In diese Zeit fällt die erste Planung eines Denkmals für Luther, indem die Vaterländisch-literarische Gesellschaft in Mansfeld einen offenen Wettbewerb ausschrieb, der aber ergebnislos endete. 1814 erstürmten die Preußen die Festung und konnten auf dem Wiener Kongress den Gewinn der Universitätsstadt für sich durchsetzen. Im Vorfeld der 300-Jahr-Feier von Luthers Thesenanschlag nahm sich der preußische König 1816 dem Denkmalsprojekt an. Dies ist religionspolitisch interessant, da die Hohenzollern seit 1613 calvinistisch waren, also nur mittelbar ein Verhältnis zur lutherischen Lehre hatten. Es war jedoch eine Religionsreform vorgesehen, die 1817 mit Bildung der »Unierten Kirche«, deren nominelles Oberhaupt der preußische König werden sollte, auch vollzogen wurde, was die »Vereinnahmung« des Reformators durch die Hohenzollern verständlich macht. Zudem wurde 1817 die Universität von Wittenberg nach Halle verlegt, so dass in Wittenberg auch ein Zeichen der Zuwendung von Seiten des preußischen Königs gesetzt werden sollte. Noch 1816 bildete der König aus den drei Beauftragten Schinkel, Schadow und Rabe eine Kommission zur Denkmalsprojektion. Für dieses Denkmal gab es kein Vorbild, denn bis dahin hatte man im öffentlichen Raum in Deutschland nur Fürsten und Feldherren Denkmäler gesetzt. Erstmalig wurde die Frage aufgeworfen, auf welche Weise man einer gewissermaßen bürgerlichen Persönlichkeit mit einem Denkmal dienen könne. Die Kommission konnte sich nicht einigen und so bestimmte der König Schadows Entwurf. Dies ist bemerkenswert, weil Schadow ein freistehendes Standbild vorsah.

Am Reformationstag 1817 erfolgte die Grundsteinlegung. Dabei soll der Kronprinz den Vorschlag eines Baldachins gemacht und für diesen den Entwurf Schinkels empfohlen haben. Dies war gegen Schadows Intuitionen. Ein Baldachin steigert zwar optisch die Wirkung des Denkmals, mindert aber den Anspruch, da die Statue gewissermaßen wieder in einem Raum steht. Damit wurde der Typus des frei aufgestellten Personendenkmals letztmalig für Adel und Militär gesichert.

Schinkel fertigte die Zeichnungen zu Sockel und Baldachin bis Anfang 1818 und bereits Ende desselben Jahres wurde der Baldachin in der königlichen Eisengießerei in Berlin gegossen. 1821 wurde das Denkmal geweiht.

Auf einem dreistufigen Unterbau steht der steinerne Denkmalsockel. Dieser ist eigentlich kubisch, hat aber an den Enden für die Stufen des Baldachins achteckige Pfeiler, so dass der Grundriss kreuzförmig ist. Der Baldachin besteht aus vier oktogonalen Stützen, die von kurzen Tabernakeln bekrönt sind. Zwischen diese ist ein Schirm aus zwei sich durchdringenden Satteldächern gehängt, die auf ihrer Firstspitze jeweils ein Tabernakel tragen. Alle acht Helmspitzen sind von doppelten Kreuzblumen bekrönt. In die Dachschrägen ist bis zum Kapitell der Stützen ein sprengwerkartiges Ziergitter eingestellt. Es besteht aus einem Kielbogen, der sich mit vier Spitzbögen verschneidet und in den so entstandenen Öffnungen Dreipässe ausbildet.

Schadows Standbild selbst stellt den barhäuptig im Talar stehenden Luther mit einer aufgeschlagenen Bibel dar. Geöffnet ist das Buch an der Stelle, wo sich an die letzte Seite des Alten Testaments die erste des Neuen anschließt. Sie ist beschriftet »Das Neue Testament verdeutscht von Doktor Martin Luther«. Wohl darauf nehmen die gotischen Stilformen des Baldachins Bezug, Gotik als »deutscher« Stil und Luther ein sprachlich wie religiös die Deutschen prägendes Vorbild, das zudem in Preußen

Lutherdenkmal

nun für alle Evangelischen zum Leitbild geworden ist.

Das Denkmal kam ohne Zerstörungen über die Zeit, es wurde 1967 und 1998 restauriert.

Luthers Standbild ist als Schadows Werk in die Kunstgeschichte eingegangen. Schinkels Baldachin wurde als das gesehen, was er auch war: Beiwerk. Somit ist er das Gegenstück zum Luisendenkmal in Gransee, dort schafft die Gusseisenarchitektur den Denkmalsausdruck, nicht der in ihr aufgestellte Sarkophag.

AB

Literatur

Helmut Casper: Schadows Blücherdenkmal in Rostock und Martin Luther in Wittenberg (Schriftenreihe der Schadow-Gesellschaft Berlin e.V. 5), Berlin 2003.

Hillert Ibbeken/Elke Blauert (Hg.): Karl Friedrich Schinkel. Das architektonische Werk heute, Stuttgart/London 2001.

Ulrike Krenzlin: Unter »dem geringen Schirm des Doctorhuthes«. Das Lutherdenkmal in Wittenberg. Ein vaterländisches Denkmal. In: Stefan Oehmig (Hg.): 700 Jahre Wittenberg. Stadt, Universität, Reformation. Weimar 1995, S. 385–404.

Lützen
Denkmal für König Gustav Adolf

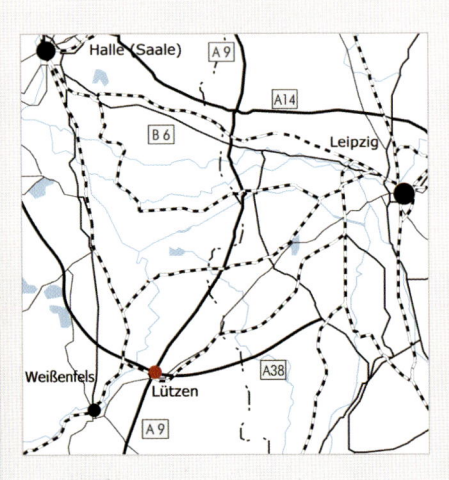

Entwurf	1833
Einweihung	1837
Instandsetzung	1978

Das Denkmal steht nördlich der Stadt, buchstäblich im Schatten der 1907 gebauten Gustav-Adolf-Gedächtniskapelle. Letztere zeigt mit ihren monumentalen Formen nach Entwurf des Stockholmer Lars Wahlmann mit Reiterstandbild Gustav Adolfs die kaiserzeitliche Gedächtniskultur und ermöglicht einen Vergleich mit der daneben biedermeierlich anmutenden Gestaltungsweise der Schinkelzeit.

König Gustav Adolf von Schweden war am 6. November 1632 in der Schlacht bei Lützen gefallen. Im protestantischen Brandenburg-Preußen war er gewissermaßen als Held aus dem eigenen konfessionellen Lager in der Geschichte des Landes verankert worden. An der Stelle, an der man nach der Schlacht die Leiche Gustav Adolfs fand, wurde später zum Gedächtnis ein Granitfindling gesetzt, der sogenannte Schwedenstein, der die – heute nicht mehr ursprüngliche – Inschrift »GA 1632« trägt. 1815 kam das bis dahin sächsische Lützen an Preußen. Als der 200. Todestag Gustav

Denkmal für Gustav Adolf (im Vordergrund)

Adolfs bevorstand, kam der Magistrat auf den Gedanken, eine Kapelle zu bauen. Der Kronprinz nahm sich wenig später des Projekts an. Er vermittelte Schinkel den Auftrag und schuf selbst Skizzen. Zunächst wurde 1833 an eine massive Architektur gedacht. Schinkel entwickelte jedoch parallele Überlegungen zu einem offenen, eisernen Denkmal mit Apsis. Diese ziborienartige Gestaltung wurde schließlich – unter Wegfall der Apsis – zur Ausführung bestimmt und in Lauchhammer gegossen. Am 205. Todestag Gustav Adolfs wurde die damals in freier Natur stehende Anlage geweiht.

Das Denkmal steht auf einem u-förmigen dreistufigen Steinsockel, der den Schwedenstein umfasst. Auf dem Sockel erhebt sich der Baldachin auf vier Bündelpfeilern mit Halbkreisbögen und eisernem Kreuzrippengewölbe. Aus den Bündelpfeilern wachsen an den Ecken Fialen heraus, die in Krabben und Kreuzblumen geschmückten Helmen auslaufen. Die Fialen nehmen Strebebögen auf, die zu einem auf dem Kreuzrippengewölbe aufsitzenden Tabernakel führen, das die ganze Anlage mit seinem kreuzgeschmückten Helm bekrönt.

Stilistisch zeigt das Denkmal eine eigenartige Vermengung von gotischen und renaissancehaften bzw. antikischen Elementen. Es wirkt starr, obgleich es eine leichte und zugleich ernste Architektur ist.

Da König Gustav Adolf in den ideologischen Auseinandersetzungen des 20. Jahrhunderts keine wesentliche Rolle gespielt hat, hat sich das Denkmal unverändert bis heute erhalten. 1978 wurde es instand gesetzt, wobei einige Details verloren gingen. Gustav Adolfs Denkmal ist ein typisches Werk aus dem letzten Schaffensjahrzehnt Schinkels. Trotz gotischer Details steht es dem 1837 entworfenen steinernen Aachener Kongressdenkmal näher als dem formal eher vergleichbaren, 1818 entworfenen Baldachin des Lutherdenkmals in Wittenberg. AB

Literatur

Hartmut Mai/Kurt Schneider: Die Stadtkirche St. Viti und die Gustav-Adolf-Gedenkstätte zu Lützen, die Gustav-Adolf-Gedächtniskirche zu Meuchen bei Lützen (Das christliche Denkmal 115). Berlin 1981.

Günter Arndt: Gustav-Adolf-Gedenkstätte bei Lützen. Leipzig 1992.

Hillert Ibbeken/Elke Blauert (Hg.): Karl Friedrich Schinkel. Das architektonische Werk heute. Stuttgart/London 2001, S. 325 f.

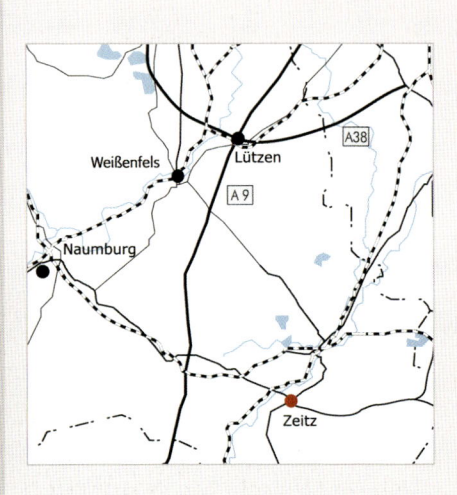

Zeitz
Grabmal Friedrich Delbrück

Entwurf	nach 1830
Einweihung	1835

Vor einer der Außenmauern des heute zum Goetheplatz umgewidmeten Oberen Johannisfriedhofes, der sich direkt vor einem der heute noch erhaltenen Stadtmauertürme erstreckt, liegt das Grabmal Friedrich Delbrücks. Dieser stammte aus Magdeburg und leitete das dortige Pädagogium des Klosters Unser Lieben Frauen. Als Pädagoge war er stark durch das Reformwerk Basedows geprägt. Bei der Suche nach einem Erzieher für den preußischen Thronfolger Friedrich Wilhelm (IV.) im Jahre 1799 legte die Königin bemerkenswerterweise Wert auf eine zeitgemäße pädagogische Erziehung. Der Hallenser Pädagoge August Niemeyer empfahl Delbrück und nachdem auch Friedrich Gedecke – Rektor des Gymnasiums zum Grauen Kloster und Freund von Schinkels Vater – sich für Delbrück ausgesprochen hatte, konnte letzterer 32-jährig seinen Dienst antreten. Delbrück wurde für den Kronprinzen eine der wichtigsten Bezugspersonen und wirkte natürlich auch auf dessen Geschwister,
namentlich den Prinzen Wilhelm (I.), dessen Erziehung er 1801 auch offiziell übertragen bekam. Als der Hof 1806 nach Ostpreußen fliehen musste, begab sich auch Delbrück selbstverständlich dorthin.

Er gestaltete dabei den Unterricht für die Prinzen geschickt um, so dass das für die Kinder an sich traumatische Geschehen zunehmend den Charakter eines Abenteuers annahm. Mit 15 Jahren stand für den Kronprinzen traditionell der Wechsel des Erziehers an. Der Verlust Delbrücks wurde für Friedrich Wilhelm besonders schwer durch den bald darauf erfolgten Tod der Königin. Doch konnte der neue Erzieher Frederic Ancillon bald die Freundschaft des Kronprinzen gewinnen. Delbrück war weiter an Schulen pädagogisch tätig und starb 1830 im Alter von 62 Jahren. Der Kronprinz wollte seinen Erzieher durch ein würdiges Grabdenkmal ehren, auch sein Bruder Wilhelm unterstützte das Vorhaben. Schinkel erhielt den Auftrag zum Entwurf. Zunächst plante er eine Kapelle mit Skulpturenschmuck, der Ausführungsentwurf wurde eine reine Architekturzeichnung. Ende 1835 wurde die Anlage eingeweiht.

Das Grabmal besteht aus einer hohen Schauwand mit rückwärtig angeschlossenem halbrundem überkuppeltem Raum. Die Architektur ist knapp und klar formuliert. Ein breiter Pfeiler und ein Pfeiler mit quadratischem Querschnitt – verbunden durch ein sehr schmales, fast nutartiges Wandstück – sind durch kurze Gebälkstücke gekoppelt. Darüber sitzt der in dem Rahmenfeld positionierte, profilierte Bogen und seitlich ein einfacher Pilaster.

Auf dem Rahmenfeld und den Pilastern liegt eine schmucklose Gebälkzone, abgeschlossen von einem Dreiecksgiebel. Die für die Gesamtwirkung wichtigen Akroterien sind heute verloren, ebenso die zusätzliche Bank im Inneren, deren schlichte Gliederung im wesentlichen aus der von der Schauwand eingezogenem Profil und einer die Rückenlehne andeutenden Leiste bestand.

Das Inschriftprogramm war sehr zurückhaltend. Die Weihinschrift lautete: »Dem Andenken Friedrich Delbrücks errichtet von Friedrich Wilhelm Kronprinz und Friedrich Wilhelm Ludwig von Preußen.« Dazu der Spruch aus Hiob 19.25 (»Ich weiß, dass mein Erlöser lebt ...«) und Johannes 11.25 (»Ich bin die Auferstehung und das Leben ...«).

Das eigentliche Grab war Zentrum der eingefriedeten Terrasse, die sich vor dem Grabmal erstreckt. Zu ihr führten drei Stufen, die Lage des Grabes war durch einen oben abgeplatteten Liegestein bezeichnet. Nach der Umwandlung des Friedhofes in eine öffentliche Grünanlage blieben die historisch wertvollen Grabmäler als Parkzier erhalten. Das zur Sitznische degradierte Delbrückgrabmal verwahrloste, verlor Sitzbank, Grab und Teile der Einfassung. Moderne Einbauten beeinträchtigen zudem das Erhaltene.

Grabmal Friedrich Delbrück

Unter den ausgeführten Grabmälern steht das Delbrückgrab singulär. Es gehört aber in die Reihe der von Schinkel entworfenen massiven Kleinarchitekturen mit angeschlossener »Apsis«, wie beispielsweise der erste Entwurf zum Gustav-Adolf-Denkmal in Lützen. Der Typus einer Exedrabank, von der man auf die gestaltete Grabstätte blickt, ist in einer ganz anderen Weise 1830 am Humboldt-Grabmal zu Tegel vorformuliert worden. AB

Literatur
Hillert Ibbeken/Elke Blauert (Hg.): Karl Friedrich Schinkel. Das architektonische Werk heute, Stuttgart/London 2001, S. 331

Bad Lauchstädt
Kursaal

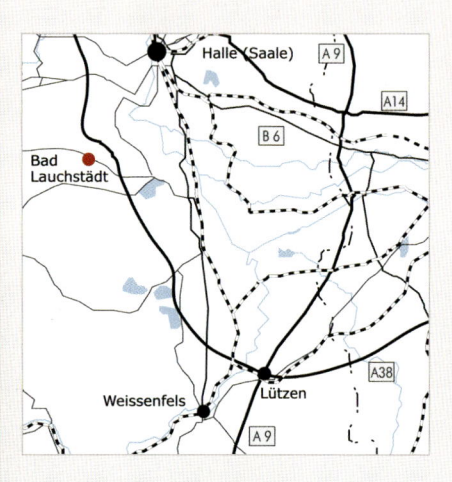

Entwurf der Malereien	1823
Hochwasserschäden	1965
Restaurierung und Rekonstruktion	1966–68

In den barocken Kuranlagen südlich des schon im Mittelalter bestehenden Städtchens befindet sich der nach Schinkels Entwurf ausgemalte Kursaal der – in weiten Teilen original erhalten – einer der interessantesten Raumausstattungen Schinkels darstellt.

1701 brannte das damals sächsisch-merseburgische Lauchstädt ab. Etwa gleichzeitig entdeckte man eine Mineralquelle, die von nun an – im Zeitalter der Modebäder – Haupteinnahmequelle des Ortes werden sollte. Lauchstädt entwickelte sich zu einem bedeutenden gesellschaftlichen Treffpunkt des Dresdener Hofes und des thüringischen und sächsischen Adels. Blütezeit war das letzte Viertel des 18. Jahrhunderts. Damals wurden unter Federführung des Merseburger Stiftsbaumeisters Johann Wilhelm Chryselius die der Trinkkur und dem Vergnügen dienenden Anlagen errichtet. Als zentrales Gebäude entstand der 1780 vollendete, von zwei Pavillons flankierte Kursaal, vor dem der Trinkbrunnen neu gefasst wurde. Größte Berühmtheit erlangte der Ort seit 1791, als in den Sommermonaten hier die Weimarer Hofschauspielertruppe unter Goethes Direktion tätig war. Für diese wurde 1802 von Heinrich Gentz ein Theaterbau errichtet. 1815 kam Lauchstädt an Preußen, konnte aber nur schwer an seine Glanzzeit anknüpfen. Um den Kuranlagen einen zeitgemäßen Akzent zu verleihen, wurde der Kursaal neu ausgemalt, wozu Schinkel 1823 den Entwurf fertigte. Die Ausführung besorgte Giuseppe Anselmo Pellicia.

Der eineinhalbgeschossige Barockraum wurde von Schinkel uminterpretiert, in dem er die Fenster durch gemalte Pilaster optisch verband. Diese 24 fast textil erscheinenden Pilaster sind aus gemaltem Leisten- und Rankenwerk gebildet. In der von zartem gemaltem Leistenwerk gegliederten Deckengestaltung finden sich figürliche Darstellungen von antiken Göttern und Musen.

Durch den weiteren Niedergang des Kur-

Kursaal im heutigen Zustand

lebens blieb Bad Lauchstädt mit seinen Bauten in der zweiten Hälfte des 19. Jahrhunderts unverändert bestehen. Somit kann es sich heute rühmen, neben dem hessischen Wilhelmsbad der besterhaltene Kurort des 18. Jahrhunderts zu sein. Dieser Rang ist immer erkannt worden, so dass selbst nach erheblichen Hochwasserschäden im Jahr 1965 nichts abgerissen wurde und die Gesamtanlage 1966–68 sogar vorübergehend unter Einsatz von »Feierabendbrigaden« restauriert und teilweise rekonstruiert wurde. Im Kursaal und im Theater fanden seither kulturelle Veranstaltungen statt. Die Ausgestaltung des Kursaales ist ein für Schinkel ungewöhnliches Werk, zumal er sonst nicht derart große Räume zu dekorieren hatte. Stilistisch steht sie der etwa im gleichen Zeitraum entstandenen Kuppel des Teepavillons von Bellevue, dem Casino-Südzimmer in Glienicke, bedingt auch dem Neuen Pavillon in Charlottenburg und dem Treppenhaus von Schloss Tegel nahe. Sie gliedert zwar eindrucksvoll den älteren Saal, zeigt aber in einer gewissen Kleinteiligkeit noch nicht das Selbstverständnis, in dem Schinkel später die renaissancehafte lebendige Dekoration der Galerie im Palais des Prinzen Carl in Berlin schuf. AB

Literatur
Bernd Heimühle/János Stekovics: Historische Kuranlagen und Goethe-Theater Bad Lauchstädt. Halle 1996.
Hans Junecke: Die Groteskenmalerei im Lauchstädter Kursaal. In: Goethe-Almanach auf das Jahr 1969, Berlin/Weimar 1968.

Sommerschenburg
Grab- und Denkmal August Graf Neidhardt von Gneisenau

Entwurf 1833
Einweihung 1841

Im Park von Sommerschenburg steht die als Mausoleum und zugleich als Denkmal dienende Architektur. Zu einem Platz ist eine Schauwand mit Denkmal repräsentativ gebildet, die Eingangsseite zur Gruft jedoch liegt fast wie versteckt im Schatten der Parkbäume.

Gneisenau entstammte ärmlichen, wenn auch adligen Verhältnissen, studierte zunächst in Erfurt, ging dann aber aus finanziellen Gründen in militärische Dienste, die ihn bis nach Nordamerika führten.

Seit 1786 in preußischen Diensten wurde er 1807 allgemein bekannt, als er mit Nettelbeck die Festung Kolberg verteidigte und bis zum Frieden von Tilsit hielt. Er gehörte zu den entschiedenen Reformern nach der Niederlage von 1806 und nahm entsprechend nach der Entlassung v. Steins 1808 den Abschied. 1811 trat er dafür ein, den Krieg mit Frankreich wieder aufzunehmen. Nach Scharnhorsts Tod wurde er Generalstabschef der schlesischen Armee. Mit seinen strategischen Operationen, die zur Völkerschlacht bei Leipzig führten, wurde er zum bedeutendsten militärischen Kontrahenten Napoleons. 1814 schenkte ihm der König für seine Verdienste Sommerschenburg, das seit 1680 brandenburgisches Amt war und zuvor dem Erzbischof von Magdeburg gehört hatte. 1815 war Gneisenau unter Blücher maßgeblich an der endgültigen Unterwerfung

Rückansicht mit Eingang zum Mausoleum

Napoleons beteiligt. Doch bereits 1816 nahm er wieder seinen Abschied, da sich seine politischen Vorstellungen nicht mit den restaurativen Tendenzen der Zeit nach dem Wiener Kongress deckten. Gneisenaus musische Seiten brachten ihn mit Schinkel in Verbindung. Er schätzte Schinkel als Maler und erwarb einige Gemälde von ihm. 1825 ernannte der König ihn zum Generalfeldmarschall. Bei der polnischen Erhebung 1830 erhielt der nun 70-Jährige den Oberbefehl über vier Armeekorps im Osten, wo er in Posen an der Cholera starb. Während der Dauer der Epidemie war der Sarg auf einer Bastion der Festung deponiert und wurde anschließend in die mittelalterliche Kirche von Wormsdorf (Bördekreis) überführt. Der preußische König wollte Gneisenau mit einer Grab- und Denkmalsanlage auf dem Gut Sommerschenburg ehren und beauftragte Schinkel mit dem Entwurf der Gesamtanlage, Christian Daniel Rauch mit dem Standbild. Nachdem sich Schinkel und Rauch 1833 bezüglich der Kosten verständigt hatten, präsentierte Schinkel im selben Jahr seinen Entwurf. Die Ausführung verzögerte sich aber zunächst durch Schiffbruch des den Steinblock transportierenden Frachters, dann durch den Tod Friedrich Wilhelms III. 1841, zur 25-Jahr-Feier der Schlacht von Belle-Alliance, konnte unter Friedrich Wilhelm IV. die Einweihung unter großer öffentlicher Anteilnahme gefeiert werden.

Die Gesamtanlage besteht aus dem Denkmalplatz, der im Osten von einer gerundeten, halb hohen Mauer eingefasst wurde. In der Mitte befindet sich vor einer hohen, durch Pilaster, Gebälk und Dreiecksgiebel tempelartig gestalteten turmartigen Schmuckwand das Marmorstandbild. Es steht auf hohem Sockel auf einer dreistufig erhöhten Terrasse zwischen zwei Mörsern [Geschütze]. Das Mausoleum ist vom Denkmalplatz nicht zu sehen. Die rechteckige Anlage unter Satteldach ist weitgehend unterirdisch gelegen und überragt die halb hohe Umfassungswand nur wenig, was jedoch durch die hohe Schmuckwand verdeckt wird. Nach Osten ist ein kellerhalsartiger Zugang vorgebaut, der mit seiner Proportionierung und der dreieckig abschließenden Türrahmung nicht Schinkels Gestaltungsprinzipien entspricht, andererseits aber auch keine Schauseite darstellt. Die Ausführung der Denkmalwand und den Bau der Gruft besorgte der Maurermeister Köppe aus Magdeburg. In der durch ein Oberlicht erhellten Gruft befindet sich Gneisenaus Bronzesarkophag, übragt von dem Wandspruch aus dem 2. Brief an Timotheus 4.7.

Schauwand des Denkmals

Die Anlage erhielt nur Hinzufügungen durch ein Wärterhaus und zwei französische Kanonen, die aber während des Zweiten Weltkrieges eingeschmolzen wurden. Sie wurde gepflegt und ist gut erhalten.

Bei der Anlage von Sommerschenburg nahm Schinkel eine »dienende« Rolle ein. Die von ihm entworfene Schauwand ist genau auf die Größe des Standbildes berechnet und dient mit ihrer geringen Plastizität dem Denkmal als wirkungssteigernde Rücklage. Rauchs Denkmalplastik wird häufig als weniger bedeutendes Werk des Meisters eingeschätzt, ist jedoch tatsächlich eine ausgezeichnete Arbeit. AB

Literatur

Hillert Ibbeken/Elke Blauert (Hg.): Karl Friedrich Schinkel. Das architektonische Werk heute, Stuttgart/London 2001, S. 329 f.

Magdeburg
Evangelische Kirche St. Nicolai

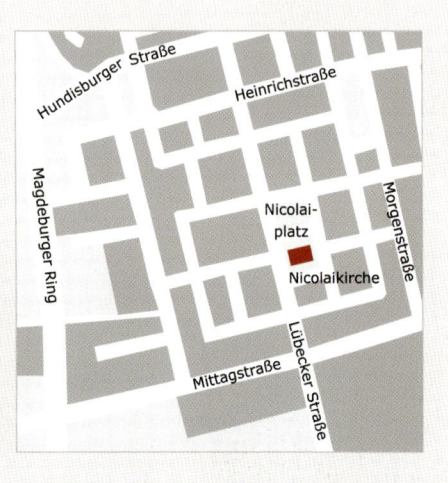

Entwurf	1817/18, 1821
Ausführung	1821–24
Erhöhung der Turmgeschosse	1845
Renovierung	1894–97
Kriegsschäden	1944
Wiederaufbau	1948–54
Instandsetzung	1993–99

St. Nicolai liegt inmitten der »Neuen Neustadt«, dem 1812–1814 neu angelegten Stadtviertel. Dort prägt sie städtebaulich den zentralen Nicolaiplatz, was allerdings durch die starke bauliche Veränderung des Stadtteils zu DDR-Zeiten heute weniger stark in Erscheinung tritt.

Die Alte Neustadt wurde 1812 auf Befehl Napoleons aus strategischen Gründen zerstört. Die Neuanlage erfolgte 1812–14 nordwestlich auf rasterförmigem Stadtgrundriss (vergleiche Wesel-Büderich) mit dem zentralen Nicolaiplatz. Schinkel plante 1817/18 aufwändige Projekte, deren Ausführung aus Kostengründen jedoch unterbleiben mussten. Die Nicolaikirche sollte der erste große Sakralbau Schinkels werden. 1821 legte Schinkel einen dritten Plan mit Doppelturmfront und Ostturm vor (vgl. Planungen zu Hemer/Westfalen). Dieser musste nochmals reduziert werden und wurde schließlich 1821–24 von Johann Conrad Costenoble ausgeführt.

Die Nicolaikirche ist ein Rechteckbau unter Satteldach mit halbkreisförmiger Apsis unter halbem Kegeldach. Die zum Platz gerichtete Westfassade ist dreiachsig und mit einem antikischen Dreiecksgiebel geschlossen. Die Längsseiten sind in je sechs sehr großen Rundbogenfenstern geöffnet, die quasi bis zum Boden reichen, da ihre Brüstungen eingezogen sind. Ganz leicht vorgezogen sind die östlichen Achsen. Sie

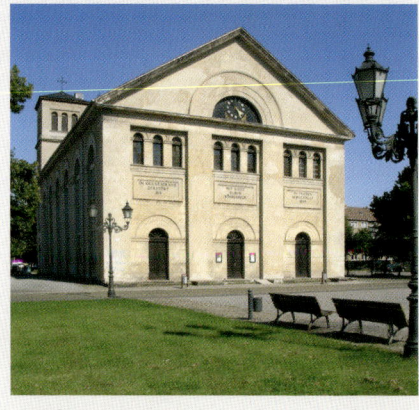

Ansicht von Westen

Innenansicht. Mittelschiff nach Osten

besitzen kleine Rundbogenöffnungen in zwei Geschossen und entwickeln sich über der Traufhöhe des Kirchenschiffs zu Türmen mit Dreierarkaden. Diese Türme reichten ursprünglich mit ihrem einzigen Freigeschoss nicht über den First des Kirchendaches. Die zur Verfügung stehenden finanziellen Mittel reichten nicht für größere Aufbauten, so dass die Kirche weder städtebaulich in die Ferne wirken noch das Geläut seinen Klang entwickeln konnte. 1845 erhöhte man die Türme um ein Geschoss in entsprechenden Formen. Diese Turmgeschosse, die für die Proportionen des bestehenden Baus so entscheidend sind, stammen also nicht von Schinkel, dürften aber in seinem Sinne sein. So formuliert Ernst von Niebelschütz in seinem Magdeburg-Buch: »Ein einfacher Verputzbau, kühl, klar, aber so gut in der Gruppierung der kubischen Masse, das man das Ausbleiben einer eigentlich sakralen Stimmung kaum als Mangel empfindet.«

Das Innere ist eine tonnengewölbte monumentale Emporenhalle auf sechs quadratischen Pfeilern. Da die Empore auf der Westseite umläuft, wird der Raum an seinen Längsseiten durch je fünf Achsen gegliedert. Im Osten sind im Bereich der Türme zwei mächtige Gurtbögen mit keilförmiger Kassettierung auf vorspringenden Pfeilern eingezogen, die der mit Halbkuppel gedeckten Apsis eine architektonische Steigerung bieten. Die heutige Ausmalung der Apsiskalotte mit gruppierten Sternenbahnen ist im Rückbezug auf Schinkels Bühnenentwurf zur Zauberflöte (Palast der Königin der Nacht, 1815) zu verstehen. Die Nicolaikirche wurde 1894–97 renoviert und dabei das Innere farblich neu gefasst. 1944 wurde die Kirche stark beschädigt, Nordturm und Dach zerstört. Der

Wiederaufbau erfolgte 1948–54 (Inschrift an geschlossenem Apsisfenster). Bei der letzten Instandsetzung 1993–99 wurde versucht, den Raum wieder im Sinne der Schinkelschen Intention zu gestalten.

Die Bedeutung des Baus im Werk Schinkels hat Folkhard Cremer im »Dehio« gewürdigt: »Als einer der ersten großen Kirchenbauten Karl Friedrich Schinkels eines der wichtigsten Baudenkmale des Klassizismus in Sachsen-Anhalt und wegweisend für seine 1825 entwickelte Konzeption der in den preußischen Ländern verbreiteten sogenannten Normalkirche. Darüber hinaus ist der Bau in Schinkels Œuvre epochemachend, weil hier viele Elemente seiner späteren monumentalen Emporensäle vorformuliert wurden.« AB

Literatur

Hillert Ibbeken/Elke Blauert (Hg.): Karl Friedrich Schinkel. Das architektonische Werk heute. Stuttgart/London 2001.

MECKLENBURG-VORPOMMERN

Das Gebiet des heutigen Bundeslandes Mecklenburg-Vorpommern bestand zu Schinkels Wirkungszeit zu großen Teilen aus dem Großherzogtum Mecklenburg-Schwerin, dem östlich angrenzenden territorial kleinen Großherzogtum Mecklenburg-Strelitz und Vorpommern, dessen Grenze zu Mecklenburg vom Fischland bis südlich von Stettin verlief. Die Provinz Pommern war insgesamt weitaus größer und reichte von der Odermündung bis wenige Kilometer vor die Halbinsel Hela. Während Hinterpommern seit 1648 unter brandenburgische Herrschaft kam, wurde Vorpommern schwedisch und erst 1815 auf dem Wiener Kongress Preußen zugesprochen. Es wurde mit Hinterpommern zur Provinz Pommern vereinigt und in die Regierungsbezirke Stralsund, Stettin und Köslin aufgegliedert.

1821 reiste Schinkel nach Vorpommern, wo er die Insel Rügen besuchte. Ein Jahr später unternahm er mit Frau und Tochter eine große Dienstreise, auf der wiederum Vorpommern besucht wurde. Dabei konnte er den Baufortschritt des nach seinem Entwurf errichteten Gasthofes im Schweizerstil auf Stubbenkammer (zerstört) begutachten.

Durch seinen Aufenthalt auf Rügen geriet Schinkel auch mittelbar unter Einfluss von Ludwig Gotthard Kosegartens (1758–1818) naturmystischen Vorstellungen. Der Theologe und Dichter aus Altenkirchen, später Geschichtsprofessor in Greifswald, stand mit Goethe und Herder in Kontakt und war zeitweise Mitarbeiter an Schillers Zeitschrift »Die Horen«. Kosegarten ist die Entdeckung und Popularisierung der Na-

Gasthaus bei Stubbenkammer auf Rügen. Ansichten und Grundriss, aquarellierte Zeichnung von Schinkel, 1835

turschönheiten Rügens zu verdanken. Er predigte unter freiem Himmel und sammelte schließlich ab 1806 Spenden für eine am Strand zu errichtende Kapelle. Diese wurde in Vitt unweit von Kap Arkona 1816 geweiht und wird oft fälschlich Schinkel zugeschrieben. Schinkel jedoch lernte Rügen erst 1821 kennen, als er mit seinem Schwager Kuhberg eine Woche auf der Insel verbrachte und an Rauch schrieb: »... das anmutige Land von Rügen wird mir gewiss lange im Gedächtnis bleiben.« Seine Skizzen setzte er malerisch in die Gemälde zur Stubbenkammer und dem Rugard um.

Der Mittelturm des Jagdschlosses **Granitz** ist nur mittelbar ein Werk Schinkels. Fürst

Der Rugard auf Rügen, Gemälde von Karl Friedrich Schinkel, 1821 (Staatliche Museen zu Berlin, Nationalgalerie)

Wilhelm Malte I. zu Putbus, Herr über Rügen, ließ 1808–27 Putbus zur Residenz ausbauen, das nahegelegene Lauterbach sollte dafür als Badestätte dienen. Schloss und Badehaus ließ Fürst Malte von dem Zimmermeister und Begleiter Schinkels auf dessen erster Italienreise Johann Gottfried Steinmeyer um- bzw. neu bauen. Ein Jagdschloss auf dem Tempelberg der Granitz sollte das Ensemble der fürstlichen Anlagen ergänzen und wurde 1836 ebenfalls von Steinmeyer in kastellartiger Form und vier Ecktürmen errichtet. Für größere Fernwirkung und bessere Aussicht wünschte Fürst Malte im Hof einen Aufbau, den Steinmeyer daraufhin als quadratischen Baukörper entwarf, gedacht als Hochführung der Hofmauern. Da diese Lösung den Fürsten nicht überzeugte, zog er den preußischen Kronprinzen zurate, der sogleich eine Skizze zu einem eingestellten Rundturm mit Zinnen fertigte und die entwurfstechnische Umsetzung seiner Idee dann Schinkel überließ. Nach dessen Plan führte Steinmeyer den Turm in seiner bestehenden Form aus. Der Fürst dankte Schinkel 1830 für dessen Arbeit. Der Umstand, dass Schinkel zunehmend zum Markenzeichen wurde, führte dazu, dass auf dem Sockel des 1859 enthüllten Fürst-Malte-Denkmals von Friedrich Drake ein Relief geschaffen wurde, auf dem Schinkel dem Fürsten »seinen« Plan von Granitz präsentierte. Er repräsentiert damit die zahlreich unter Fürst Malte entstandene Architektur.

Ein in Bezug auf den Leuchtturm von Kap Arkona besonders interessanter Bau aus Schinkels Umfeld ist das Prövenerhaus in der Klosteranlage bei **Rambin** auf Rügen. Dieser Spitalbau wurde 1840 von Johann Michael Lübke entworfen, jenem Architekten, der als Baukonduktor den Leuchtturm bis 1829 ausgeführt hatte und der 1830 zum Stralsunder Stadtbaumeister ernannt worden war. Lübke verwendete bei der Gestaltung des dreigeschossigen Sichtziegelbaus sowohl das Blendensystem als auch das leichte Zurücksetzen des jeweils oberen Geschosses des Leuchtturmentwurfs.

In den beiden mecklenburgischen Staaten hat Schinkel trotz dynastischer Verbindungen der Hohenzollern nicht gewirkt. AB

Rügen
Alter Leuchtturm auf Kap Arkona

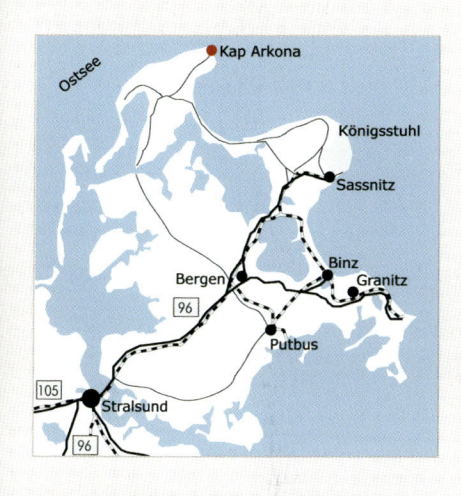

Entwurf	1826
Ausführung	1827–29
Umnutzung	seit 1905
Museum und Aussichtsturm	seit 1993

In landschaftsbeherrschender Lage erhebt sich auf dem jäh nach Norden abstürzenden Kreidefelsen Wittows der ziegelrote Alte Leuchtturm von Kap Arkona. Seine Lage und die für einen Leuchtturm ungewöhnliche kubische Form haben ihn zu einem der populärsten Bauten Schinkels werden lassen, obwohl Reinhard Strecke mittlerweile nachgewiesen hat, dass es aus quellenanalytischer Sicht keinerlei Hinweise auf eine Urheberschaft Schinkels gibt. Auf dem Entwurfblatt, das nicht von Schinkels Hand stammt, befindet sich lediglich seine Revisionsunterschrift. Der Hinweis Streckes blieb jedoch bislang weithin unbeachtet, steht er doch dem touristischen Interesse der Rügener entgegen. Schon seit dem von Schinkels Schwiegersohn verfertigten ersten Werkverzeichnis gilt der Leuchtturm als »Schinkelbau«, wie auch noch weitere Bauten auf der Insel. Inwieweit die äußerst bemerkenswerte Architektur auf Schinkel zurückgeht, bzw. wie sie ohne ihn zu denken ist, bleibt ungeklärt. Die Frage der Urheberschaft kann auch hier nicht geklärt werden.

Ein Leuchtfeuer an Rügens Nordspitze war für den modernen Seeverkehr zwischen den östlichen Hafenstädten Preußens und dem Kattegat unumgänglich und wurde seit 1815 diskutiert. Es dauerte aber etwa zehn Jahre, bis der Bau in die konkrete Planungsphase eintrat. Zunächst dachte man an einen runden Bau mit Flügelbauten als Wärterhaus, dann aber kam Schinkels Kollege in der Oberbaudeputation, Oberbaurat Günther, auf die Idee, den Bau auf quadratischem Grundriss zu planen und die Wärterwohnung zu integrieren. Sie wurde im Erdgeschoss positioniert mit darüber liegenden Kommissionsräumen, das oberste Geschoss war zur Wartung und Reinigung der Lampen der Laterne ausgewiesen. Die Ausführung des Baus wurde Oberbaurat Michaelis und dem noch nicht examinierten Johann Michael Lübke übertragen und man schickte beide auf Studienreise in die Provinz Preußen. Lübke erhielt

Rügen | Alter Leuchtturm auf Kap Arkona

Alter und neuer Leuchtturm

nach seinem Examen Anfang 1826 den Auftrag zur »Umarbeitung des Entwurfs« und führte die Bauarbeiten bis 1829 zu Ende.

Das dreigeschossige Gebäude auf etwa quadratischem Grundriss ist geschossweise klar gegeneinander abgesetzt, wobei die Geschosse nach oben jeweils etwas zurückgesetzt sind, was der Erscheinung Eleganz verleiht. Abgeschlossen wird der Bau durch eine Plattform mit schlichtem Eisengeländer zwischen stämmigen Pfeilern und bekrönt durch eine runde eiserne Laterne unter Kegeldach, das in einer Art Pinienzapfen ausläuft. Bestechend ist die klare Gliederung, die in ihrer Wirkung durch das sauber ausgeführte Sichtziegelmauerwerk unterstützt wird. Jedes Geschoss besitzt pro Seite drei hochrechteckige, abgetreppte Blenden, in die Türen, Fenster und Blindfenster mit abgetrepptem Gewände eingestellt sind. Wichtige Gestaltungselemente, die dem Eindruck von Starrheit entgegenwirken, sind die vertikal-keilförmig gemauerten Stürze und die im Zahnschnitt gestalteten Gesimse unter den verblechten Rücksprüngen der Geschosse. Letztere schließen jeden Fassadenteil wie mit einem Gebälk ab.

Der Leuchtturm, der technisch auf der Höhe seiner Zeit war und sein Licht über eine Distanz von bis zu 50 Kilometer werfen konnte, genügte zur Jahrhundertwende nicht mehr den gestiegenen Anforderungen. So wurde 1905 seitlich neben ihm ein höherer runder Leuchtturm errichtet. Bemerkenswerter Weise wurde der alte Turm nicht abgerissen, sondern bis 1990 von der Volkspolizei-See bzw. der Grenzbrigade Küste zur Überwachung der Seegrenze benutzt. Seit dem Auszug der Nationalen Volksarmee ist er auch im Innern zugänglich.

Ob nun im Entwurf von Schinkel stammend oder nicht, ist der Leuchtturm von Kap Arkona ein bedeutendes Baudenkmal. Dies betrifft sowohl die Proportionen als auch die handwerkliche Ausführung des Ziegelmauerwerks, welche an die gleichzeitig entstandene Friedrichswerdersche Kirche in Berlin denken lässt. AB

Literatur

Reinhard Strecke: Schinkel und der Leuchtturm auf Kap Arkona. In: Jahrbuch Preußischer Kulturbesitz 32 (1995), S. 297–319.

Horst Auerbach/Hans Joachim Luttermann: Kap Arkona und seine Leuchttürme. Herford 1998.

Hillert Ibbeken/Elke Blauert (Hg.): Karl Friedrich Schinkel. Das architektonische Werk heute. Stuttgart/London 2001.

WOIWODSCHAFT ZACHODNIO-POMORSKIE (WESTPOMMERN)

Das Gebiet der heutigen Woiwodschaft Westpommern entspricht in weiten Teilen dem historischen Hinterpommern.
Zur Provinz Pommern hatte Schinkel nach Brandenburg durch familiäre Bindungen und Reisen die engsten Beziehungen. Wohl 1806 lernte er in Stettin Susanne Berger kennen und heiratete sie dort 1809. Bereits Anfang jenen Jahres fuhr er im Auftrag des Königs nach Treptow/Rega, um dort Landschaftsskizzen zu zeichnen, die Vorstudien zu einem Bild waren, das der König der in Treptow aufgewachsenen Zarenwitwe Maria Feodorowna (Mutter des späteren Zaren Nikolaus I. und Patin des preußischen Kronprinzen) schenken wollte. Der Auftrag ging jedoch an einen anderen Künstler. 1817 unternahm Schinkel eine teils private Pommernreise. Zwei Jahre später durchreiste er ganz Hinterpommern auf dem Weg zur Marienburg, wo er im Auftrag Hardenbergs die dortigen Wiederherstellungsarbeiten begutachten sollte. Für das Jahr 1826 lässt sich ein Aufenthalt bei Familie Tilebein in Stettin nachweisen, für die er bereits 1806 einen Entwurf zu einem Landhaus gefertigt hatte. Auf der Rückfahrt von der großen Dienstreise durch Preußen 1834 durchreiste Schinkel wieder ganz Hinterpommern.

Auf dem Gebiet der heutigen Woiwodschaft baute Schinkel vergleichsweise wenig. Nicht erhalten ist die ehemals eindrucksvolle Baugruppe von Hauptwache (1828) und Börse (1833) in Sczeczin (Stettin), bei der aber Oberbaudeputationsrat Matthias lediglich von Schinkel beraten wurde. Weiterhin baute Schinkel einige Kirchen, ein Rathaus und ein Denkmal. Vogel verzeichnet im Lebenswerk noch den Kirchturm von **Brzesko (Brietzig)**, der auf älterem Sockel als verputzter Fachwerkbau in neugotischen Formen 1817 errichtet wurde, sowie die Dorfkirchen in **Tarnowo (Großenhagen)**, **Lestkowo (Klein-Leistikow)**, **Bialy Zdroj (Balster)**, **Chwalimie (Wallachsee)**, **Cybowo (Gutsdorf)** und **Krzemien (Kremmin)**. Schinkel entwarf zwar ein Denkmal auf dem Gollenberg bei **Koszalin (Köslin)**, es wurde indes nach anderem Plan gebaut.
Die Dorfkirche von **Dobino (Breitenstein)** wurde erst lange nach dem 1822 eingereichten Entwurf in völlig anderer Form als Feldsteinbau mit Backsteingliederungen 1836 ausgeführt. Wie Eva Börsch-Supan feststellte, entsprechen zwar die Gesimsgliederungen und Rundbogenformen Schinkels Stil, nicht aber das Satteldach mit Laterne am Turm.

AB

Pyrzyce (Pyritz)
Ottobrunnen

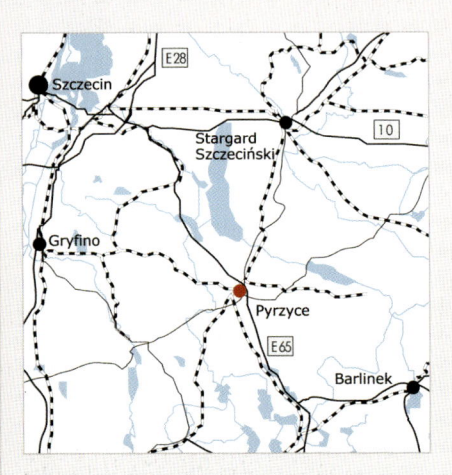

Entwurf 1823
Ausführung 1824

Vor den Toren von Pyrzyce liegt der Ottobrunnen in einer Grünanlage und hat damit etwas von der ursprünglich idyllischen Lage der Quelle behalten.
In ganz Pommern wird des Bischofs Otto von Bamberg gedacht, der das Volk der Pommern christianisierte. In Pyritz soll er 1124 mit der ersten Taufe seiner Mission begonnen haben. 1822 weilte der preußische Kronprinz in Pyritz und erhielt dabei durch den Vortrag eines Amtsrates Kunde über die Bedeutung der Stätte, die damals noch eine von vier mächtigen Linden umstandene frei fließende Quelle war. Da das 700-jährige Jubiläum bevorstand, ließ sich Kronprinz Friedrich Wilhelm (IV.) für die denkmalhafte Ausgestaltung der Stätte begeistern, gewann seine drei Brüder zur Mitfinanzierung des Projektes und erteilte Schinkel den Auftrag zum Entwurf. Das erste Bauprojekt zum Ottobrunnen von 1823 ist uns nur in einer Beschreibung überliefert. Es sollte eine offene Brunnenhalle mit achteckiger Kuppel werden im »Baustil des 13. Jahrhunderts aus gebrannten und glasierten, zum Theil auch zweifarbigen Steinen ausgeführt«. Statt dieser an mittelalterliche Baptisterien erinnernden Gestaltung wurde unter Beteiligung des Kronprinzen eine offene Quellfassung entworfen. Eine quadratische, von einer halb hohen Mauer mit Sitzbank eingefasste Terrasse hätte in der Mitte die Quelle gefasst. Eine apsisartige Ausbuchtung sollte der Anlage die Grundform einer Kapelle geben und ein hohes Steinkreuz in altertümlicher Form, das an das Marktkreuz in Trier erinnert, hätte das eigentliche Denkmalszeichen gesetzt. Dieser Plan wurde zu einem dritten Entwurf modifiziert und in der heute im Wesentlichen erhaltenen Form ausgeführt.
Die Anlage besteht aus der rechteckigen Quellfassung, in der von einer Seite Stufen zum Wasser herabführen. Dahinter liegt erhöht über einer Weihinschrift die Apsis, in der ein Granitkreuz steht, dessen Balken einen achteckigen Querschnitt besitzen. Die Deckplatten der halb hohen Apsismauer

Zweiter Entwurf von 1824

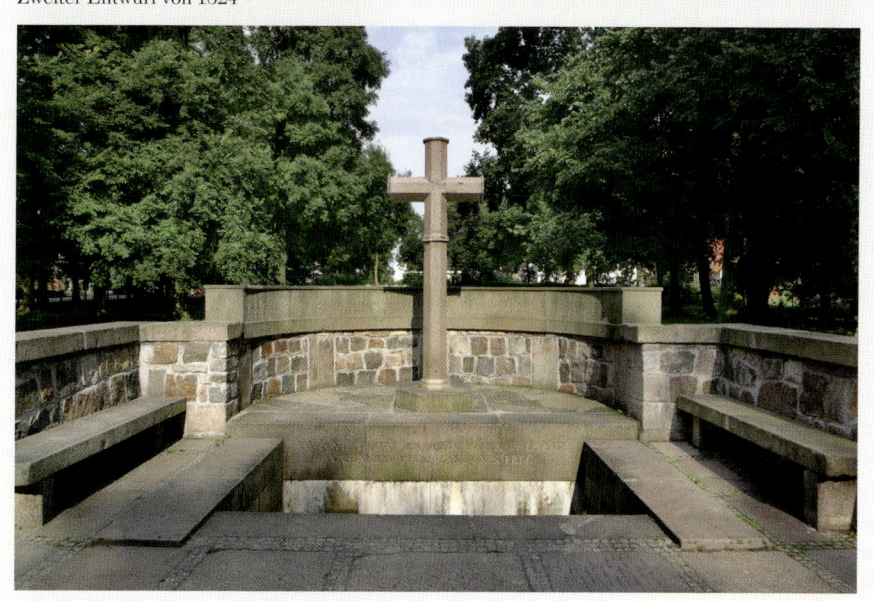

Ottobrunnen, 2004

haben eine attikaähnliche Erhöhung für weitere Weihinschriften. Die Terrasse um die Quellfassung ist wie die Apsis von einer halb hohen Mauer mit zwei Zugängen eingefasst. Sie hat eine einfache Granitplattenabdeckung und steinerne Sitzbänke. Die Mauern sind sorgfältig in grob bearbeiteten Steinblöcken gefügt, wodurch die elegant proportionierte Gesamtanlage eine urtümliche Anmutung erhält.

1825 entwickelte Peter Joseph Lenné die Gartenpläne für die Ausgestaltung der Umgebung. Zudem wurde 1826 das Ottostift errichtet, ein kleiner zweigeschossiger Putzbau in gotischer Form mit vier turmartig hochgezogenen Außenschornsteinen. Hans Vogel schreibt im »Lebenswerk« diesen an ein englisches Cottage erinnernden Bau ebenfalls Schinkel zu. Da auch im katholischen Polen das Gedenken an die Christianisierung Pommerns durch Bischof Otto gepflegt wird, ist die Anlage gut erhalten. Nur die Inschrift, die von der Initiative des Kronprinzen berichtete, ist getilgt worden. Der Ottobrunnen ist in seiner naturverbundenen Gestaltung mehr ein Werk des Kronprinzen, als dass es eine für Schinkel typische Architektur darstellt. Auch die Denkmalsidee ist mehr religiös-politisch begründet und dürfte dem Kronprinzen erheblich wichtiger als Schinkel gewesen sein. AB

Literatur

Hans Vogel: Pommern (Karl Friedrich Schinkel-Lebenswerk, Bd. 7). Berlin 1952, S. 51–55.

Hillert Ibbeken/Elke Blauert (Hg.): Karl Friedrich Schinkel. Das architektonische Werk heute. Stuttgart/London 2001, S. 328.

Johannes Hildisch: Der Ottobrunnen zu Pyritz. Daten und Ansichten von einer versiegten Quelle. In: Baltische Studien NF 85 (1999), S. 98–122.

Norbert Buske/Alois Albrecht: Bischof Otto von Bamberg. Sein Wirken für Pommern. Schwerin 2003.

Czaplinek (Tempelburg)
Ehemalige evangelische Kirche, heute katholische Kreuzerhöhungskirche

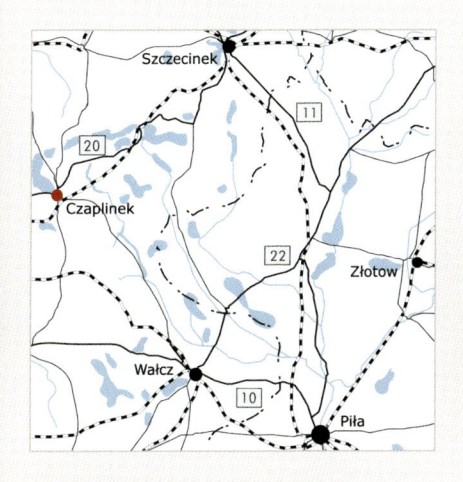

Entwurf	1819 und 1828
Ausführung	1829-32

Die ehemals evangelische Hauptkirche der Kleinstadt Czaplinek begrenzt an der Nordostseite den Markt und riegelt ihn gewissermaßen von einer leicht abfallenden Grünanlage ab. Sie steht somit bedingt frei. Die 1726 errichtete alte Kirche war baufällig und so plante man nach den Befreiungskriegen von Seiten der Stadt einen Neubau, für den 1819 Pläne eingereicht wurden. In der Oberbaudeputation verwarf Schinkel diese Pläne und machte einen Gegenentwurf in gotischen Stilformen. Die nun geplante Kirche war kreuzförmig, besaß dabei nur kurze Flügel an Eingangs- und gegenüberliegender Altarseite, seitlich längere Flügel. Die Ecken des Eingangsflügels bildeten fialenähnliche Türmchen, die Ecken der anderen Flügel waren durch Fialen akzentuiert. Dieser erste Schinkel-Entwurf wurde von Eva Börsch-Supan wegen seiner stilistischen Nähe zu Schinkels Petrikirchen-Entwurf für Berlin von 1818 auf die Zeit um 1819 datiert, Hans Vogel vermutete dagegen eine Entstehung um September 1827. Schinkels früher Plan erwies sich jedoch als zu kostspielig. Das Bauvorhaben wurde herausgeschoben und erst 1826, als der König von Ostpreußen kommend Tempelburg tangierte, nutzte die Stadt dies, ihm ein Bittgesuch bezüglich des Kirchenbaus zu überstellen. 1828 wurde daraufhin ein zweiter Plan entwickelt, der die Grundform des Gebäudes vom ersten Entwurf beibehielt, aber die Architekturformen stark reduzierte. So wurde auf Türme und Fialen verzichtet. 1829–32 erfolgte die Ausführung, wobei den Tempelburgern der Bau zu schlicht war. So reichten sie während des Baus im Februar 1830 einen Entwurf zum Turmbau ein, der von einem Bauinspektor in Belgard gefertigt worden war. Von der Regierung in Köslin erhielten die Tempelburger den Bescheid, dass sich der Turm nicht gut mit der Schinkelschen Zeichnung verbinden ließe. Es passte nur eine Kuppel über den Schnittpunkt der Kreuzarme. Man könnte sich dafür an Schinkel wenden, »dessen Zustim-

Czaplinek | Ehemalige evangelische Kirche

Kirche vom Marktplatz aus gesehen

mung jedenfalls eingeholt werden müßte«, wobei die Regierung zu bedenken gab, dass schon die derzeitigen Kosten nur mit Mühe gedeckt werden konnten. Damit wurde von Seiten Tempelburgs kein weiterer Vorstoß zum Turmbau mehr gemacht.

Die Kirche ist ein Putzbau unter zwei sich kreuzenden Satteldächern. Alle Gebäudeecken sind durch pfeilerartige plattgeschlossene Elemente, ein Motiv der »Normalkirche«, akzentuiert. Die Stirnseiten der Kreuzarme sind alle fast gleich gestaltet. Monumentale, vierfach abgetreppte Rundbogenblenden, die auch in den sonst ungegliederten Sockel schneiden, nehmen die gesamte Wandfläche zwischen den Pfeilerelementen ein, unter einem durchgezogenen Kämpferprofil sind Türen bzw. Türblenden eingeschnitten. Im Giebel, an dessen Schräge ein gotisierender Stuckfries entlang läuft, sitzt jeweils ein Okulus in fein profiliertem Stuckrahmen. Die traufseitigen Fassaden sind durch kräftige Gesimse abgeschlossen, unter denen der gotisierende Stuckfries fortgeführt ist. Die hohen rundbogigen Fenster sitzen auf dem Gebäudesockel auf und haben ein vierfach abgetrepptes Gewände. Ihre Kämpferprofile sind als Gesims miteinander verbunden, so dass dieses Gesims quasi unter den Eckelementen durchlaufend um das gesamte Gebäude herumführt. Die Rundbögen der Fenster sind von einem breiten Stuckrahmen umzogen, so dass diese das nötige Gegengewicht zu den Rundbogenrahmen der Stirnwände bilden können.

Im Innern waren Nord- und Südkreuzarm durch die eingestellten Emporen bis auf halbe Höhe geschlossen, so dass die Kreuzform der Kirche nur im oberen Raum deutlich wird. Architektonische Wandgliederung besteht auch in einem durchgezogenen Stuckprofil auf Höhe der Kämpfer und einem Abschlussgesims, das aber nicht direkt unter den Deckenanschluss gesetzt ist, da vier große Deckenbalken die Vierung umlaufen und zwei weitere sich diagonal kreuzen.

Die Kirche erfuhr keine Zerstörungen und Umbauten. Bei der Umwandlung in eine katholische Kirche wurde sie im Inneren in Längsrichtung nach Osten ausgerichtet und erhielt Wandmalereien.

In Schinkels Werk steht die Kirche etwas vereinzelt da, in der Literatur wird sie kaum beachtet, da sie typologisch nicht in die Zeit zu passen scheint. Weder Elemente der Normalkirche (von der nur die Eckpfeileridee übernommen wurde) noch neue Baugedanken sind hier zu finden. Der Bau ist außen zwar sicher proportioniert, wirkt aber insgesamt, als habe man die kostengünstigste Variante zur Umformung vorhandener Bausubstanz wählen müssen. Vogel fiel schon im »Lebenswerk« die Würdigung schwer und spricht von »tastenden Versuchen Schinkels [...] zu neuen Lösungen im protestantischen Kirchenbau zu kommen.« Das sehr schlichte Innere erfährt von Vogel harte Worte: »Zwei schmale, sehr hohe Schiffe durchdringen sich. Sie zerschneiden sich aber auch gleichzeitig. Es entwickelt sich kein einheitlicher Raum. Die einzelnen Kreuzarme bleiben gesondert, um so mehr als zwei von ihnen noch durch eingeteilte sehr hohe Emporen oder an Altarwand abgeschürzt werden.« AB

Literatur

Hans Vogel: Pommern (Karl Friedrich Schinkel-Lebenswerk, Bd. 7). Berlin 1952, S. 40f.

Hillert Ibbeken/Elke Blauert (Hg.): Karl Friedrich Schinkel. Das architektonische Werk heute, Stuttgart/London 2001, S. 322.

Kołobrzeg (Kolberg)
Rathaus

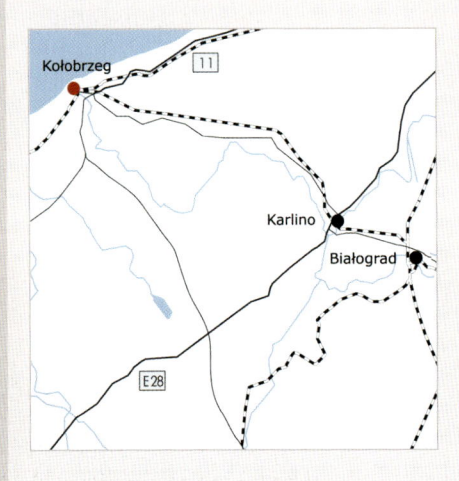

Zerstörung des alten Rathauses	1807
Entwurf	nach 1826
Ausführung	1829–32
Umbau des Inneren	1912

Auf dem Markt der Altstadt steht das alte Rathaus und prägt ihn mit seiner ehrenhofartigen Kubatur und den Ziegelmauern auf zurückhaltende, aber doch nachdrückliche Weise.

Bei der Belagerung durch napoleonische Truppen und der erfolgreichen Verteidigung der Festung Kolberg unter Gneisenau und Nettelbeck wurde das mittelalterliche Rathaus der alten Stadt 1807 zerschossen. Die wirtschaftliche Lage der Stadt ließ einen Wiederaufbau zunächst nicht zu. Anlässlich eines Besuches des Kronprinzen in Kolberg übergab der Bürgermeister 1826 eine Bittschrift, auf die hin Friedrich Wilhelm (IV.) seine persönliche Unterstützung zusagte. Vielleicht bat der Kronprinz Schinkel um die Bauplanung, der König sagte daraufhin 20.000 Taler für den Bau nach dem Schinkelschen Entwurf zu. Da in der Planung Räumlichkeiten für die Hauptwache vorgesehen waren, konnten zusätzlich Gelder aus der Militärkasse eingesetzt werden. Der Bau des 14. Jahrhunderts war ein Rechteckbau in Ost-West-Ausrichtung mit einem Erkerbau zur Nordseite und Schmuckgiebeln an den Schmalseiten. Die Grundmauern der Ruine konnten übernommen werden und Schinkel fügte dem Altbau nach Süden zum Platz hin zwei Flügel und einen mittigen Turm an. An den sichtbar bleibenden Außenwänden des Altbaus konnte sehr viel vom alten Gliederungssystem übernommen werden. So blieben an der Nordseite sämtliche gotische Fensteröffnungen bestehen, sie erhielten jedoch eine Unterteilung durch Maß- und Stabwerk. Die Gestaltung der Schmuckgiebel der Schmalseiten wurde hingegen modifiziert. 1829–32 wurde der Bau von Pelicaeus und Zwirner (späterer Kölner Dombaumeister) ausgeführt. Bei seinem Besuch in Kolberg auf der Dienstreise 1834 war Schinkel sehr erfreut über die ausgezeichnete Ausführung. Da auf der Nordseite viel von der Altbausubstanz erhalten blieb, konzentrierte sich Schinkels Gestaltungsarbeit auf die südliche Front, die er natürlich dem Gliederungsschema des Altbaus anpasste. Das Rathaus ist ein zweigeschossiger Sichtziegelbau unter blechgedeckten Sattel- und Walmdächern. Die drei Flügel bilden einen Ehrenhof, an dessen mittlerer Wand ein die Baugruppe überragender Turm auf quadratischem Grundriss steht. Der Bau ist mit einem ebenmäßigen Zinnenkranz abgeschlossen. An den Ecken der Flügel ist dieser unterbrochen, indem die Ecken von den Fassaden etwas abgerückt und als Attika hochgezogen sind, auf der sich wiederum Zinnenabschnitte befinden. Somit wird der Eindruck von Ecktürmen erweckt. Das Motiv des Abrückens von Eckelementen ist eines der beliebtesten Steigerungsmotive von Schinkels Architektur, es findet sich beispielsweise bei der Normalkirche, dem Alten Museum oder der Friedrichs-Werderschen Kirche und wurde meist auch praktisch für die Fallrohre der Dachentwässerung genutzt.

Beim Kolberger Rathaus ist es noch besonders wirksam, da es durch kein Gesims verschlossen wird. Während die Fassaden entsprechend dem Altbau Einzelfenster (unten spitzbogig, oben rechteckig) ausbilden, sind an den Stirnwänden der Flügel jeweils drei Öffnungen gruppiert und in Rahmenblenden gestellt. Somit entsteht optisch ein Gittereffekt, der in seiner Leichtigkeit spannungsvoll zu den fast ungegliederten Eckelementen steht. Der Ehrenhof selbst liegt etwas höher als der Markt, eine zwischen die Flügel gespannte Freitreppe vermittelt über den Niveauunterschied und steigert optisch die Wirkung des Mittelbaus, der ohnehin durch das sehr große Portal, den Austrittsbalkon, Wappenfelder und Uhr am Turm als Herrschaftsarchitektur gekennzeichnet ist.

1864 wurde ein Standbild Friedrich Wilhelms III. von Friedrich Drake mittig zwischen den Flügeln aufgestellt und dadurch der Zugang zum Ehrenhof optisch abgeriegelt. 1912 baute man das Innere vollständig um. Im Zweiten Weltkrieg wurde die Stadt Kolberg zu etwa 80 Prozent zerstört, das Rathaus hingegen erlitt vergleichsweise geringe Schäden und wurde als Rathaus von Kołobrzeg wiederhergestellt, wobei die Denkmalsanlage von 1864 beseitigt wurde.

Rathaus, 2004

Schinkels Rathausentwurf für Kolberg steht zeitlich zwischen seinem etwas trutzigen Entwurf für Berlin und dem etwas spielerischen für Zittau. Die gotischen Stilformen des Rathauses wurden einerseits in Bezug auf die erhaltene Substanz und die Altehrwürdigkeit der Stadt gewählt. Andererseits sollte möglicherweise der »altdeutsche« Stil auch Symbol des hier 1807 heldenhaft verteidigten Vaterlandes sein. Trotz der gotischen Detailformen ist das Kolberger Rathaus weniger ein »neugotischer« als vielmehr ein »klassizistischer« Bau, der mit seinen Symmetrien, der überaus klaren Baugliederung und dem Ebenmaß der Fassadengestaltung Eleganz und Festigkeit ausstrahlt. Darum ist es ein für seine Zeit moderner Bau, der sich von vielen der im 19. Jahrhundert (freilich meist erst später) gebauten neugotischen Rathäuser abhebt. AB

Literatur

Heinrich Göbel: Das Kolberger Rathaus im Wandel der Zeiten unter bes. Berücksichtigung des vor 100 Jahren vollendeten dritten Baues. Kolberg 1932.

Hans Vogel: Pommern (Karl Friedrich Schinkel-Lebenswerk, Bd. 7). Berlin 1952, S. 31–35.

Hillert Ibbeken/Elke Blauert (Hg.): Karl Friedrich Schinkel. Das architektonische Werk heute. Stuttgart/London 2001, S. 324f.

DIE WOIWODSCHAFTEN KUJAWSKO-POMORSKIE UND POMORSKIE (KUJAWIEN-POMMERN UND POMMERN)

Zur Zeit von Schinkels Beamtentätigkeit gab es zunächst zwei im engeren Sinne »preußische« Provinzen, nach Ost- und Westpreußen unterschieden. 1824 wurden sie – ähnlich den Rheinlanden – zu einer Provinz vereinigt. Das ehemalige Westpreußen erstreckte sich über ein Gebiet, dass heute vom südöstlichen Teil der Woiwodschaft Kujawsko-Pomorskie und dem Nordteil der Woiwodschaft Pomorskie sowie dem Nordzipfel der Woiwodschaft Wielkopolskie eingenommen wird.

Dieses Gebiet setzte sich aus historisch sehr unterschiedlich geprägten und unterschiedlich entwickelten Landschaften zusammen, die zudem unter allen Provinzen Preußens die am wenigsten einheitliche Bevölkerungsstruktur besaß. Das Gebiet des späteren Westpreußen war vor allem von Polen, aber auch von Kaschuben und Deutschen besiedeltes Gebiet. Es fiel erst durch die polnischen Teilungen seit 1772 an Preußen und damit unter deutsche Herrschaft.

Das Gebiet war von Kriegen und Epidemien schwer heimgesucht worden. Darum lag hier auch ein Schwerpunkt der Bautätigkeit Schinkels. Im Gebiet der (vereinigten) Provinz lassen sich etwa 50 Kirchenbauten bzw. -projekte Schinkels nachweisen, was besonders im Vergleich zur Rheinprovinz eine sprechende Zahl ist. Während in Ostpreußen alle Kirchenneubauten evangelisch sein sollten, war in Westpreußen immerhin ein Drittel der Bauten für den katholischen Ritus vorgesehen.

Da Schinkel keine familiären oder freundschaftlichen Beziehungen zu dem Gebiet der preußischen Provinzen hatte, dürfte er erstmals durch Friedrich Gillys Zeichnungen der Marienburg mit der Region in Berührung gekommen sein. Dies muss eine prägendes Erlebnis gewesen sein, denn er begann nun, historische Bauten als bewahrenswertes vaterländisches Erbe wahrzunehmen. Die Wiederherstellung der Marienburg wurde ein wissenschaftlich, architektonisch und politisch gleichermaßen bedeutender Schwerpunkt seines Schaffens. Seine Wiederherstellungen wurden bei späteren denkmalpflegerischen Maßnahmen überformt und sind seit Kriegszerstörung und anschließendem Wiederaufbau äußerlich nicht mehr erkennbar. 1819 unternahm er auf Hardenbergs Betreiben eine Dienstreise zur Marienburg, um die dortigen Baufortschritte zu kontrollieren. Dies war sein erster direkter Kontakt mit den preußischen Provinzen, denn die Reise führte ihn auch noch nach Danzig und Ostpreußen. 15 Jahre lang bearbeitete er dann Bauanträge für dieses Gebiet, ohne es zu bereisen und damit näher kennen zu lernen. 1834 trat er die große dreimonatige Dienstreise an, die die umfangreichste Reise seines Berufslebens sein sollte. Diese Reise war für den 53-Jährigen sehr anstrengend, aber auch sehr befruchtend, wie die zahlreichen Bauten und Projekte der 1830er Jahre zeigen.

Das umfangreiche Schaffen Schinkels in den östlichen Provinzen wurde von den Kunsthistorikern des 19. und der ersten Hälfte des 20. Jahrhunderts kaum beachtet. Da es sich überwiegend um Sakralbauten handelt, konnten sie entgegen der gängigen Lesart nicht als Vorboten der Architektur der Moderne vereinnahmt werden.

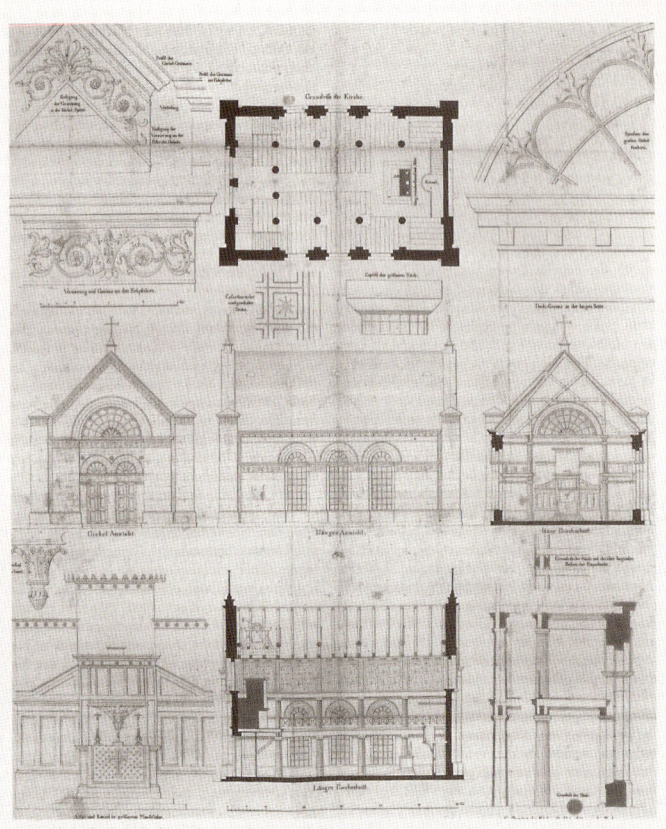

Entwurf zur Normalkirche ohne Turm. Stich von Friedrich Schwechten nach Schinkel, 1827

Entwurf zur Normalkirche mit verschieden hohen Türmen. Stich von Friedrich Schwechten nach Schinkel, 1828

Damit entstand eine Schieflage in der Wahrnehmung von Schinkels Gesamtschaffen. Durch die politische Lage in der Zeit nach dem Zweiten Weltkrieg waren die ehemaligen preußischen Provinzen für westliche Kunsthistoriker zunächst verschlossen. Für Wissenschaftler in der DDR und in Polen war es bis in die 1980er Jahre politisch nicht opportun, sich um preußisches Erbe östlich der »Friedensgrenze« zu kümmern. Der verstärkten wissenschaftlichen Bearbeitung des Gebietes seit 1990 kam daher ein besonderer Stellenwert zu.

Woiwodschaft Kujawsko-Pomorskie (Kujawien-Pommern)

Im Gebiet der 1999 neu gebildeten Woiwodschaft, die Teile der ehemaligen Provinzen Westpreußen und Posen umfasst, finden sich mehrere Kirchen und öffentliche Gebäude, die als Werke Schinkels gelten können. Für die ehemals evangelische Kirche in **Brodnica (Strasburg)** fertigte Schinkel 1828 einen Entwurf für einen Rechteckbau mit rechteckigen Fenstern und einen vor die Schmalseite gestellten Turm mit oktogonalem Aufsatz. Die Gemeinde hatte aber bereits mit dem Bau begonnen, sich dabei an den Rundbogenfenstern der Normalkirche orientiert und den Turm entgegen Schinkels Intentionen teilweise im Schiff eingebaut. So konnte Schinkel nur noch die fehlerhafte Putzquaderung korrigieren.

Für das Regierungsgebäude in **Bydgoszcz (Bromberg)** fertigte Oberbaurat Matthias 1828 einen Entwurf der Oberbaudeputation, den Schinkel sicher mitgestaltet hat. Das Gebäude wurde 1834–37 ausgeführt und hat »die Formen von Schinkels reifem Klassizismus« (E. Börsch-Supan). Auffallend ist ein Gliederungssystem, das Schinkel beim Berliner Schauspielhaus erstmals angewendet hatte. In der tektonischen Fassadengliederung sind offenbar auch entsprechende Elemente vom Entwurf der Unteroffiziersschule Potsdam (1825) verarbeitet worden. Die Seitenflügel wurden erst 1898–1900 angefügt.

Bei der 1822–24 gebauten katholischen Kirche in **Jeżewo** gab die Übernahme des mittelalterlichen Chores die Veranlassung zu neugotischen Stilformen. Schinkel korrigierte den Entwurf 1821, er weist große Ähnlichkeiten zur 1821–23 gebauten Kirche von Przysiersk (siehe unten) auf. Das einstmalige Erscheinungsbild der Kirche in Jeżewo ist noch an diesem vergleichbaren Bau nachvollziehbar, denn sie wurde später stark überformt.

Die ehemals evangelische Kirche von **Kokocko** stellt ein außergewöhnliches Beispiel der Baukunst um Schinkel dar, denn sie ist ein Sichtfachwerkbau. Von Schinkel sind nur Zeichnungen zur Kanzel von 1829 erhalten, doch weist die Qualität des 1833/34 errichteten Baus auf seine Beteiligung. Das Fachwerk ist klassizistisch aufgefasst, denn nur die orthogonalen Konstruktionsteile werden gezeigt und werden so als Pilaster und Gebälk interpretiert.

Die katholische Kirche in **Przysiersk** entwarf Bauinspektor Horwicz 1820. Schinkel bearbeitete sie eigenhändig, nahm aber nur kleine, wenn auch sehr entscheidende Korrekturen vor, die beim Bau 1821–23 auch beachtet wurden. Die heutigen weißen Putzfaschen haben nichts mit Schinkels Gestaltungsvorstellungen zu tun.

Die ehemals evangelische Kirche in **Tuchola (Tuchel)** wurde 1835–37 nach einem von der Oberbaudeputation 1830 korrigierten Entwurf erbaut. Es ist ein sehr bescheidener neugotischer Bau, der ursprünglich ziegelsichtig war und stark überformt ist.

Der »Dehio« verzeichnet noch in **Ostromecko (Ostrometzko)** ein Neorenaissance-Herrenhaus ohne Datierung »nach Plänen von Schinkel« und in **Straszewo (Dietrichshof)** die 1810 erbaute katholische Kirche »nach Plänen von Schinkel« mit einem

Turm von 1819, den Eva Börsch-Supan im »Lebenswerk« nur als traditionell Schinkel zugeschriebenen Bauteil erwähnt.

Woiwodschaft Pomorskie (Pommern)

Die 1999 neu gebildete Woiwodschaft umfasst im wesentlichen die historische Landschaft Pommerellen. Auf ihrem Gebiet lassen sich vier Bauwerke mit Schinkel in Verbindung bringen.

Die ehemals evangelische, heute katholische Kirche von **Borzechowo (Bordzichow)** wurde 1832/33 nach einem Gegenentwurf der Oberbaudeputation von 1827 erbaut. Sie ist ein Bau im schlichten Rundbogenstil, der auf Schinkel verweist. Die einst flach geschlossenen Türme wurden später aufgestockt und mit Turmhelmen versehen, das Kirchenschiff verlängert.

Die ehemals evangelische, heute katholische Schlosskapelle von **Człuchów (Schlochau)** wurde 1826–28 in die Ruine der größten Deutschordensburg in Pomerellen eingebaut. Das Gebäude wurde 1823 von Bauinspektor Salzmann entworfen und 1824 von Schinkel bearbeitet. Der von der mittelalterlichen Anlage überkommene Burgfried wurde erst 1844 durch Einrichtung als Glockenturm einbezogen.

Das bereits im 19. Jahrhundert nach Danzig eingemeindete Dorf **Ohra**, heute der Stadtteil **Gdansk-Orunia**, hatte 1813 seine Kirche verloren. Den Neubau entwarf Baumeister Steffahny und Schinkel überarbeitete das Projekt 1819. Das neugotische Gebäude ist als Sichtziegelbau mit Sterngewölbe im Inneren der mittelalterlichen Deutschordensarchitektur verpflichtet. In seiner Gesamterscheinung wirkt es für Schinkel ungewöhnlich proportioniert. Die Sicherheit des Entwurfs weist aber auf eine starke Einflussnahme Schinkels hin.

Ein wichtiges Zeugnis von Schinkels denkmalpflegerischem Schaffen stellt zudem die Deutschordensburg in **Malbork (Marienburg)** dar.

Das Gymnasium von **Kwidzyn (Marienwerder)** wurde 1835–38 erbaut. Die Plangrundlage bildete ein Entwurf von Konduktor Erdmann von 1832, den Baurat Severin von der Oberbaudeputation bearbeitete. Auf Severin geht die Großzügigkeit des Mittelteils zurück. Die klassizistische Bogenarchitektur – ein von Schinkel sehr oft verwendetes Bauzitat des seinerzeit fälschlicherweise für griechisch gehaltenen Agoranomion in Athen – verweist nach Eva Börsch-Supan auf Schinkel. AB

Toruń (Thorn)

Ehemalige evangelische Kirche in der Neustadt, heute Filmvorführsaal

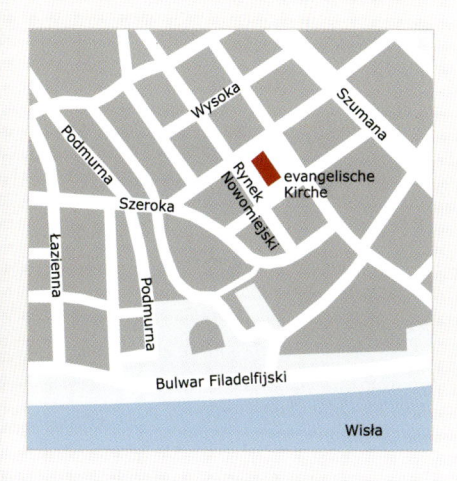

Erster Entwurf von Stadtbaumeister Hecker	1818
Gegenentwurf Schinkels	1819
Ausführung	1820–24
Profanierung und Umnutzung	nach 1945

Die ehemalige evangelische Kirche befindet sich allseitig freistehend mitten auf dem Neustädter Markt in Toruń.
1818 lag für die Kirche ein Plan von Stadtbaumeister Hecker vor, der Teile der Umfassungsmauern des Vorgängerbaus verwenden wollte und entsprechend einen Putzbau vorsah. Schinkel machte 1819 einen Gegenentwurf als Neubau in Sichtziegelmauerwerk in Form einer Basilika mit hohem Turm und Apsis. Die gekuppelten Rundbogenfenster mit abgetrepptem Gewände, die Giebelneigungen und die durch unterschiedlichen Verband gebildeten Gebälk- bzw. Gesimszonen erwecken bei der überlieferten Zeichnung einen romanisierenden Eindruck, obwohl keinerlei Stilzitate existieren, sondern nur der bei den Putzbauten verwendete Rundbogenstil konsequent in einen anderen Werkstoff umgesetzt ist. In Thorn begann man derweil ohne Absprache mit der Oberbaudeputation mit dem Bau, stellte dann jedoch fest, dass keine alten Bauteile mehr verwendet

Entwurf zur evangelischen Kirche der Neustadt in Thorn in Form einer Basilika, 1818/19

81

Ehemalige evangelische Kirche, heute Vorführsaal einer Filmkunststiftung, 2001

werden konnten und entschloss sich zu einem rechteckigen Neubau mit Turm. Als Schinkels Pläne in Thorn eintrafen, war der Bau bereits so weit gediehen, dass man trotz Umstellung auf den Schinkelschen Entwurf die Apsis nicht mehr anschließen konnte, womit sich Schinkel einverstanden erklärte. Aufgrund von zu schwach ausgebildeten Pfeilern im Schiff stürzte 1820 eine Hochschiffwand des Neubaus ein. Anschließend erfolgte auf Bitten der Gemeinde eine Umplanung der Oberbaudeputation zu einer Hallenkirche unter Satteldach. Bis 1824 war der Bau fertiggestellt.

Der Bau ist rechteckig und mit einem einheitlichen Satteldach gedeckt. An der Eingangswand tritt ganz schwach ein Mittelrisalit vor, gewissermaßen als Relikt der basilikalen Planung. Er wird von einer hohen Portalnische eingenommen, sonst ist der Wandaufbau konsequent zweigeschossig mit Rundbogenfenstern geformt. Die Längsseiten sind sechsachsig, die Schmalseiten vierachsig, wobei an der Chorwand eine spannungsvolle Abweichung besteht, indem hier die beiden mittleren Obergeschossachsen von einer Gruppe von drei gekuppelten schmaleren Fenstern eingenommen werden, die mit dem im Giebel liegenden Okulus zu einer Mittenbetonung führt. An der Front hat der Giebel eine etwas ungewöhnliche Form, denn in ihm wird der oben erwähnte Risalit fortgeführt, der nun selbst ein Giebelfeld mit Okulus ausbildet. Das Risalitfeld darunter ist durch fünf kleine gekuppelte Rundbogenfenster geschmückt. Der Turm ist etwas gegen den Giebel zurückgesetzt. Von den sichtbaren Geschossen reicht das untere nur bis zum Dachfirst und ist entsprechend ungegliedert. Die beiden Freigeschosse sind gleichartig durch je drei gekuppelte Rundbogenfenster gegliedert, von denen die jeweils äußeren Blindfenster sind. Die Turmgeschosse sind durch kräftige Gesimse klar voneinander geschieden und nach oben hin jeweils etwas zurückgesetzt. Das abschließende Zeltdach ist erheblich steiler als in Schinkels Entwurf, der hier eine pyramidale Form vorsah.

Die Kirche diente unverändert bis 1945 als Sakralbau und wurde dann profaniert.

Im gebauten Œuvre Schinkels stellt sie einen Problemfall dar. Sie ist einerseits ein bedeutender Sichtziegelbau, andererseits ein durch die Umplanung nicht mehr konsequent architektonisch durchgebildetes Gebäude. Auch Schinkel selbst war unzufrieden mit dem ausgeführten Bau. Die Kirche zeige »bei der einfachsten Anordnung [...] gute Verhältnisse und Hauptformen im Stil«, im Einzelnen stehe die Ausführung aus Geldknappheit und durch den »nicht tief genug eingeweihten Architekten [...] in einem schneidenden Kontrast mit den [...] großartigen Kirchengebäuden Thorns [...] aus einer früheren, für den Kirchenbau besser organisierten Epoche«.   AB

Literatur
Eva Börsch-Supan: Die Provinzen Ost- und Westpreußen und Großherzogtum Posen (Karl Friedrich Schinkel-Lebenswerk, Bd. 18), München/Berlin 2003, S. 270–278.

Hillert Ibbeken/Elke Blauert (Hg.): Karl Friedrich Schinkel. Das architektonische Werk heute, Stuttgart/London 2002 (2. Aufl.), S. 378.

Gdańsk (Danzig)
Ehemaliges Städtisches Gymnasium, heute Technikum für Lebensmittelindustrie

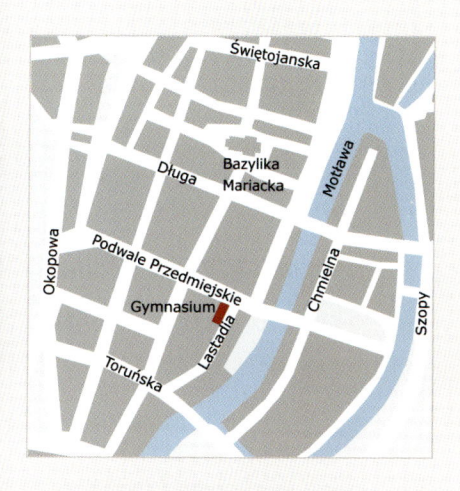

Entwurf	1834
Ausführung	1835–37
Umbau	um 1910

König Friedrich Wilhelm III. stiftete 1833 aus seiner Privatschatulle 10.000 Taler für den Neubau des städtischen Gymnasiums in Danzig auf einem Grundstück in der Lastadie (Speicherstadt), am Buttermarkt, dem späteren Winterplatz. Stadtbaurat Heinrich Wilhelm Zernecke legte 1834 – frühere Entwürfe waren von der Oberbaudepu-

Entwurf zum Gymnasium, 1834

83

Gdańsk | Ehemaliges Städtisches Gymnasium

Ehemals städtisches Gymnasium

tation abgelehnt worden – einen Entwurf für einen schlichten klassizistischen Bau mit zwei Stockwerken und 13 Achsen vor. Anlässlich der Grundsteinlegung erhob Kronprinz Friedrich Wilhelm (IV.) gegen diesen Entwurf Einwände, da der Stil des Gebäudes zu wenig Rücksicht auf die umliegenden und für Danzig typischen gotischen Giebelhäuser nähme. Schinkel erfuhr davon auf der Dienstreise durch die Provinzen Posen und Preußen, besichtigte den Bauplatz, ließ den begonnenen Bau unterbrechen und legte im September 1834 einen Gegenentwurf »in einem deutschen Stil« vor. Die Aufgabe war insofern schwierig, als er sich an den Grundriss, die Fenstergrößen und das vorgegebene Budget zu halten hatte. Die Lösung ist so kühn wie überzeugend: Schinkel gliederte die in Formsteinen ausgeführten Fassaden durch ein System übergreifender Bogenstellungen, wodurch die Senkrechte des Baus betont wird. Die Bögen bilden sich stufenförmig nach innen entwickelnde Rahmungen für die Fenster, eine Anregung, die er auf seiner Dienstreise beim Rathaus in Thorn gesehen hatte. Dasselbe Motiv verwendete er später noch mehrfach, u. a. bei den Entwürfen für das Schloss Kamenz in Schlesien 1838. Die Bögen wurden mit Maßwerkformen ausgemalt. Eine repräsentativere Wirkung des Gebäudes und zugleich eine größere Ausstrahlung gegenüber den umliegenden Bauten erreichte Schinkel durch ein vorgetäuschtes drittes Stockwerk, welches das nach innen geneigte Dach verdeckte. Eine weitere Verstärkung seiner Wirkung erhielt der Bau durch türmchenartige Fialen. Um 1910 wurde der Bau um einen dreiachsigen Anbau erweitert, noch vor dem 1. Weltkrieg wurde das Dachgeschoss zu einem vollen Stockwerk ausgebaut und ein flaches Satteldach aufgesetzt. Das heute als Technikum für Lebensmittelindustrie genutzte Gebäude hat zwar seine einstige Geschlossenheit verloren, gleichwohl lässt die Fassade immer noch den Entwurf Schinkels erkennen. GS

Literatur
Eva Börsch-Supan: Die Provinzen Ost- und Westpreußen und Großherzogtum Posen (Karl Friedrich Schinkel-Lebenswerk, Bd. 18). München/Berlin 2003, S. 85–89.

WOIWODSCHAFT WARMIŃSKO-MAZURSKIE (ERMLAND-MASUREN)

Das Gebiet der ehemaligen vereinigten preußischen Provinz ist heute von mehreren Verwaltungseinheiten eingenommen. Die Woiwodschaft Warmińsko-Mazurskie deckt sich gemeinsam mit dem russischen Oblast von Kaliningrad etwa mit dem bis 1824 existierenden Ostpreußen, das danach mit Westpreußen zu einer Provinz vereinigt wurde.

Das Gebiet hatte seinen Namen nach den Pruzzen, den ursprünglichen Bewohnern des später Ostpreußen genannten Territoriums erhalten, einem Volksstamm, der den baltischen Völkern zuzurechnen ist. Dieser verschmolz bei der mittelalterlichen deutschen Ostkolonisation weitgehend mit der sich neu ansiedelnden deutschen Bevölkerung. Die Architekturentwicklung des Gebiets wurde im späten Mittelalter stark vom Deutschen Orden und seinen Ordensschlössern, Burgen und Festungen geprägt.

Bis 1660 war das spätere Ostpreußen Lehen des polnischen Königs und an die Hohenzollern, bzw. Kurbrandenburg vergeben. Eine eigenständige politische und kulturelle Einheit war bis 1772 das von der Küste bis ins Landesinnere reichende, ebenfalls deutschsprachige Ermland. Während sich im brandenburgisch-hohenzollernschen »Preußen« die Reformation durchsetzte, blieb dieses katholisch.

Die Bevölkerung Ostpreußens war durch Kriege und Epidemien besonders stark dezimiert. Zur Belebung der teilweise nur noch dünn besiedelten und damit wirtschaftlich brachliegenden Gebiete wurde nach 1815 eine »Peuplierung« betrieben, die einer innerpreußischen Binnenwanderung der Bevölkerung entsprach. Damit überschritt man die im 18. Jahrhundert noch recht eindeutig gezogenen konfessionellen Grenzen und weichte diese auf. Dies war der wesentliche Grund, warum so viele Neubauten von Kirchen notwendig wurden. Alle von Schinkel für Ostpreußen entworfenen oder bearbeiteten Kirchen sollten evangelische sein, wohingegen in Westpreußen ein Drittel von ihnen dem katholischen Ritus dienen sollte.

Schinkel bereiste das Gebiet erstmalig 1819 kurz, 1834 sehr umfänglich auf der großen Dienstreise durch die preußischen Ostprovinzen. Damals begann sich Schinkel wohl intensiver mit dem anstehenden Bau der Altstädtischen Pfarrkirche in Königsberg zu beschäftigen. Dieser ab 1838 gebaute Ziegelbau in gotisierenden Formen, in deren Innenraum er erstmals Trichtergewölbe bauen ließ, die zu einem ungewöhnlichen Raumeindruck geführt haben wurde der Höhepunkt des städtischen Kirchenbaus Schinkels in den östlichen Provinzen. Die Zerstörung der Kirche im Zweiten Weltkrieg und der Abriss der Ruine nach 1959 haben eine immer noch wenig bekannte, aber entscheidende Lücke in das gebaute Œuvre des Architekten geschlagen.

Woiwodschaft Warmińsko-Mazurskie (Ermland-Masuren)

Die barocke Dorfkirche von **Biała Piska (Bialla)** erhielt 1827 einen neuen Turm nach Gegenentwurf der Oberbaudeputation. Bei der Ausführung wurde die Schinkelsche Planung leicht verändert. Der schlichte Turm ist mit den Entwürfen für Löbnitz und Schwemsal verwandt. Mit letzterem teilt er das Schicksal einer unsachgemäßen und entstellenden Renovierung, bei der Gliederungselemente entfernt wurden.
Der »Dehio« verzeichnet noch die Kirche von **Biskupiec (Bischofsburg)** als 1842-46 »unter dem Einfluss Karl Friedrich Schinkels erbaut«. Der Entwurf Schinkels wurde aber nicht verwirklicht, stattdessen wurde die Kirche im genannten Zeitraum nach Plänen Stülers errichtet.
Die Dorfkirche von **Gaski (Gonsken)** entstand 1832–33 nach dem Normalkirchenentwurf. Die Erscheinung ist heute durch Neuverputz mit Verlust von Gliederungselementen beeinträchtigt, der Turm wurde erst 1908/09 hinzugefügt. Eva Börsch-Supan vermutet, dass im Inneren die Säulen der Emporen »vielleicht ursprünglich mit dorischen Kanneluren bemalt« waren. Die Tonnenwölbung hatte eine gemalte Kassettierung.
Die Dorfkirche von **Giżycko (Lötzen)** wurde 1825 in der Oberbaudeputation nach Schinkels Angaben entworfen und bis 1827 gebaut. Schinkel verfolgte hier das Anliegen einer konsequent klassizistischen Architektur. Interessant ist der Bau dahingehend, dass der Architekt mit der Ausführung höchst unzufrieden war. Im Bericht seiner Dienstreise von 1834 schreibt Schinkel: »Trotz der Einfachheit des Plans ist diese Ausführung mißlungen zu nennen. Nur aus der Ferne erkennt man noch Spuren der Hauptverhältnisse, in der Nähe aber ist der völlige Mißverstand aller Details und die schlechte Ausführung an vielen Teilen ein recht betrübliches Beispiel, daß die Baubeaufsichtigung unvollkommen, eine Kontrolle seitens des Regierungsbaurats gar nicht konnte stattgefunden haben.« Die polygonale Apsis wurde später angefügt.
Die ehemals evangelische Pfarrkirche in **Kobułty (Kobulten)**, 1829/30 entworfen und gebaut, ist ein Beispiel für die Schwierigkeiten der Oberbaudeputation, ihre Anliegen durchzusetzen. Der eingereichte Entwurf missfiel Schinkel, so dass er einen Gegenentwurf im konsequent durchgeführten Rundbogenstil machte. Der Baumeister hatte aber den Bau schon so weit hochgezogen, als ihn die Pläne erreichten, dass er nur noch geringfügige Änderungen vornehmen konnte.
Da die Gemeinde von **Lidzbark (Lautenburg)** auf einer Kirche mit Turm bestand, musste Schinkel nach einem ersten turmlosen Gegenentwurf von 1825 im folgenden Jahr einen weiteren Entwurf liefern, der 1828/29 ausgeführt wurde. Das Gebäude ist sehr schlicht und zudem durch einen reduzierenden Neuverputz beeinträchtigt, im Inneren ist der Bau durch eine moderne Deckenverkleidung entstellt.
Die 1840–42 gebaute, ehemals evangelische Kirche in **Mikolajki (Nikolaiken)** wurde erst kurz vor dem Tod Schinkels begonnen. Sie ist ein Beispiel für die sorgsame Umsetzung des Entwurfs der »Normalkirche«, mit ihren sieben Fensterachsen jedoch mehr als doppelt so lang wie der Vorbildplan. Der Turm wurde erst bis 1880 nach neuem Entwurf gebaut. Der authentische Erhaltungszustand, eine vorzügliche Restaurierung und die Lage machen den Bau zu einem besonders interessanten Reiseziel.
Die evangelische Kirche von **Orneta (Wormditt)**, 1826 geplant und 1829/30 ausgeführt, war die erste in Ostpreußen gebaute »Normalkirche«. Der Turm wurde 1905 in angepassten Stilformen zugefügt, später wurden die Lünettenfenster der Front geschlossen.
Der »Dehio« erwähnt noch die Kirche von

Pieniezno (Mehlsack) als 1851–54 »nach Plänen Karl Friedrich Schinkels« errichtet und 1945 bis auf den Turm zerstört. Schinkel hatte hier nur 1827–30 Gutachten verfasst, gebaut wurde die Kirche nach seinem Tod nach Entwürfen von August Soller.

Bei der Kirche in **Radzieje (Rosengarten)** liegen keine Quelle zu einer Beteiligung Schinkels vor. Die 1826/27 gebaute Kirche ist achteckig, hat doppelte Rundbogenfenster und einen Dachturm, womit sie der Kirche in Bischmisheim formal ähnlich ist. Der Überlieferung zufolge hat der Kronprinz dem Kirchenpatron Graf Lehndorff-Steinort die Achteckform vorgeschlagen. Bereits im 17. und 18. Jahrhundert trat in Ostpreußen das Oktogon als Grundriß mehrfach auf. Obwohl der Bau in der Ausführung »provinzielle Züge« trägt, deuten doch »die einfachen, jedoch feinen Gesimse der Emporenbrüstung darauf hin, dass Schinkel den Entwurf überarbeitet hat.« (Eva Börsch-Supan)

1819–23 erstellte Schinkel Gutachten für den Einbau der evangelischen Kirche im Deutschordensschloss **Reszel (Rössel)**. Seine darin aufgestellte Forderung nach Schonung des historischen Mauerwerks wurde bei der Ausführung völlig missachtet.

Die Kirche von **Sterławki Wielkie (Groß Stürlack)** ist ein kapellenartiger kleiner Bau. Sie wird von Eva Börsch-Supan zu der von ihr »Bethauskirchen« genannten Gattung gerechnet. Neben der Kirche von Mrocza (Mroczen) bei Bydgoszcz (Bromberg) ist sie der einzige noch nachvollziehbar erhaltene Bau dieses Typus. Sie wurde 1826 entworfen und bis 1832 als dreiachsiger Bruchsteinbau unter Walmdach ausgeführt. 1884 wurde der Bau um den ziegelsichtigen Turm und Chor erweitert und das Satteldach gebaut.   AB

Wielbark (Willenberg)
Ehemalige evangelische Kirche, heute Magazin

Entwurf (Gegenentwurf)	1822
Ausführung	1825–27
Sicherung des Kirchturms	1895
Renovierungen	1927–29
Erneuerung des Außenputzes	1979

Die ehemals evangelische Kirche von Willenberg steht frei auf einem Grundstück längs einer Straße, so dass sie optisch wie auf einem Kirchplatz positioniert scheint.
Für die evangelische Gemeinde der Kleinstadt, deren Kirche 1819 wegen Baufälligkeit abgerissen werden musste, entwarf Kondukteur Schimmelpfennig 1821/22 einen Neubauplan, der trotz Mängeln, der drängenden Zeit wegen an die Oberbaudeputation weitergeleitet wurde. Der Entwurf entsprach stilistisch der Architektur um 1800, war also provinziell-altertümlich und wurde daher von Schinkel verworfen. Nach Schinkels Angaben fertigte die Oberbaudeputation 1822 einen Gegenentwurf, konsequent im Rundbogenstil. Dabei wurde entsprechend der Emporenstellung eine zweigeschossige Wandgestaltung vorgesehen. Die Finanzierung erwies sich noch als schwierig, so dass der Bau erst 1825–27 errichtet werden konnte.
Die Kirche ist ein verputzter Rechteckbau unter Satteldach. Der Turm verschneidet

Ansicht von Südosten, 1999

sich etwas mit dem Schiff, da sie eine gemeinsame Wand besitzen. Mit 7:3-Achsen ist das Kirchenschiff recht gestreckt, dieses Verhältnis übernahm Schinkel von Schimmelpfennigs Entwurf. Im Turm und den

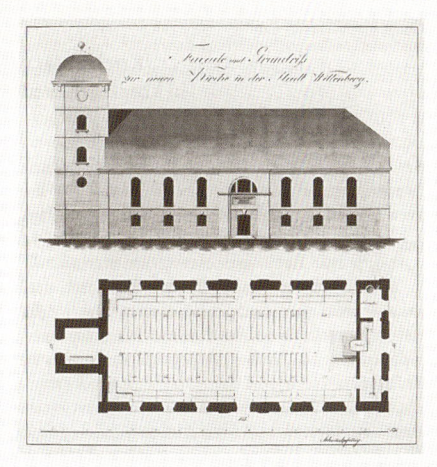

Entwurf von Friedrich Schimmelpfennig, 1822

drei Schiffsfassaden sind jeweils die mittleren Achsen von Türen eingenommen. Die Emporen sitzen relativ hoch, so dass die obere Fensterreihe kleiner ist als die untere. Außen existieren hauptsächlich horizontale Gliederungen durch einen Sockel, zwei Sohlbankgesimse und ein Traufgesims. Letzteres besitzt eine architravähnliche Zone, die in Analogie zum oberen Sohlbankgesims als Kaffgesims um Giebelseiten und Turm herumgezogen ist. Das Gesims selbst ist nur über die ganz schwach ausgebildeten Eckpilaster der Schiffsecke herumgezogen. Die Fensterbögen haben profilierte Rahmen, die auf kurzen Gesimsstücken aufliegen, die aber über die Rahmenbreite hinausgreifen. Dies ist ein Motiv, das Schinkel bereits bei der ziegelsichtigen Kirche in Thorn 1821 vorbereitete und das er seit den Entwürfen zu Lautenberg und Schmiegel 1825/26 zu dem durchgehenden Gesims auf Bogen-Kämpferhöhe entwickelte. Der Turm sollte als Auszeichnung des obersten Geschosses auf allen Seiten eine Dreierarkade erhalten, ein Motiv, das Schinkel im Giebelfeld der Chorseite wiederholte. Ein pyramidal proportioniertes Zeltdach sollte den Turm abschließen. Das Innere sollte

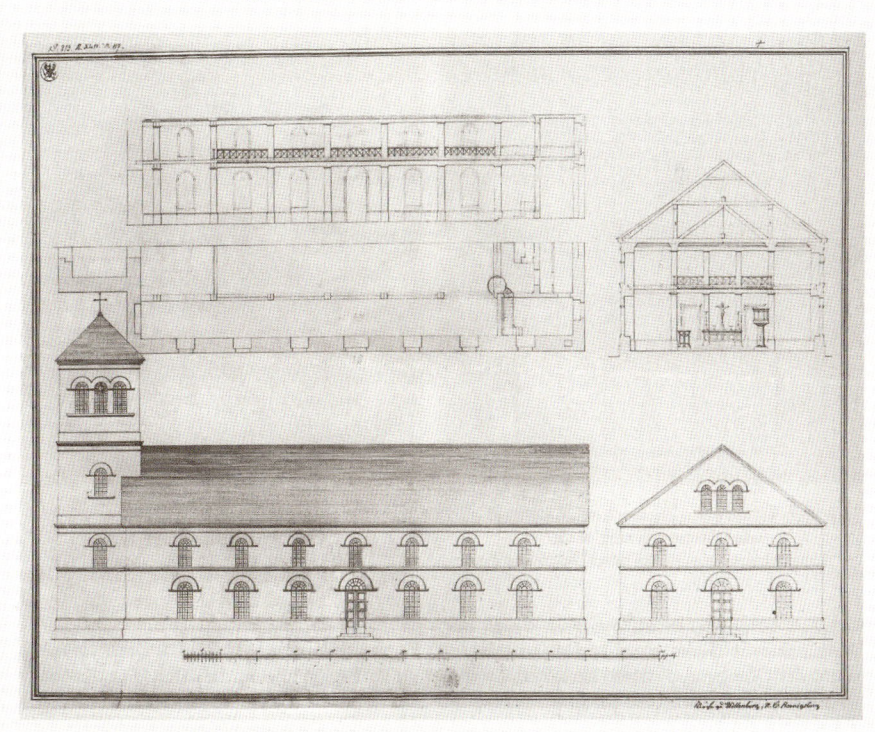

Wielbark | Ehemalige evangelische Kirche

Gegenentwurf von Schinkel, 1822

schlichte Pfeiler und Emporen-Brüstungsgitter erhalten.

In der Ausführung wurde der Schinkelsche Entwurf an verschiedenen Stellen durch eine etwas provinzielle Gestaltung verunklärt. Das Kirchendach wurde etwas steiler, wodurch das mittlere Geschoss des Turms höher gezogen werden musste. Die am Turm vorgesehenen Dreierarkaden ersetzte der ausführende Kondukteur konsequent durch zwei etwas beziehungslos zueinander stehende Einzelfenster. Schinkel sah für die mittleren Arkaden den Standort der Zifferblätter der Turmuhren vor. Für sie schuf der Ausführende nun eine ungegliederte oberste Turmzone und ließ darüber einen steilen, etwas geschweiften Helm errichten. Im Innern blieb die von Schinkel vorgesehene schlichte Struktur, nur dass toskanische Holzsäulen die Emporen bzw. den Unterzug der Decke trugen. Sicher nicht in Schinkels Sinne waren die vor die Säulen gezogenen massiven Emporenbrüstungen.

Der Kirchturm musste 1895 durch Metallanker gesichert werden und zur Hundertjahrfeier wurde die Kirche recht umfassend renoviert und im Inneren neu gefasst. Da es im Ort bereits eine katholische Kirche gab, wurde die evangelische Kirche nach dem Zweiten Weltkrieg profaniert. Seither wird sie als Magazin genutzt.

Der evangelische Kirchbau von Willenberg ist innerhalb von Schinkels Œuvre ein entwicklungsgeschichtlich wichtiger Bau, weil er einer der frühesten im klassizistischen Rundbogenstil ist. Noch nicht befriedigend gelöst sind die Türrahmen, die wegen des geringen Abstands zwischen den Fensterreihen das Sohlbankgesims touchieren. Jedoch auch die wenigen, aber entscheidenden Abweichungen von Schinkels Entwurf sind ein anschauliches Beispiel für Schinkels »Ringen«, seine Intentionen auf dem Lande verständlich zu machen und durchzusetzen. AB

Literatur

Eva Börsch-Supan: Die Provinzen Ost-und Westpreußen und Großherzogtum Posen (Karl Friedrich Schinkel-Lebenswerk, Bd. 18), München/Berlin 2003, S. 402–407.

Hillert Ibbeken/Elke Blauert (Hg.): Karl Friedrich Schinkel. Das architektonische Werk heute, Stuttgart/London 2001, S. 330.

Dobre Miasto (Guttstadt)
Ehemalige evangelische Kirche (Bibliothek)

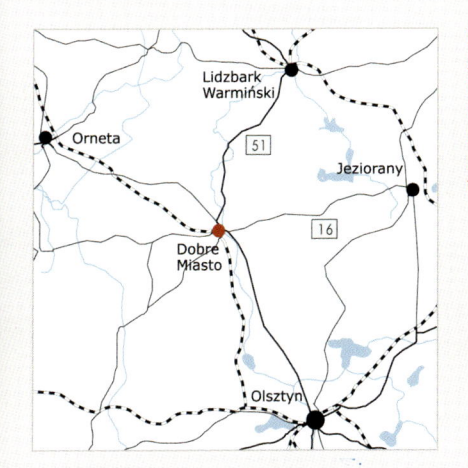

Entwurf (Gegenentwurf)	1826
Ausführung	1829–33
Einsturz des Turmes	1833
Neubau des Turms	1835–37
Renovierung	1899
Brand	1969
Wiederaufbau als Bibliothek	bis 1978

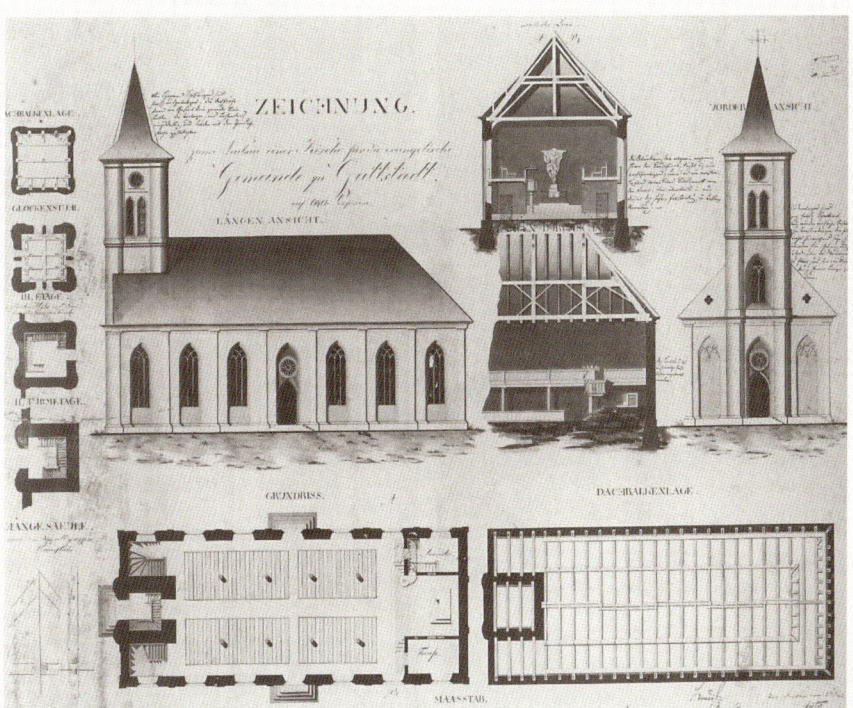

Entwurf von Eduard Jester, 1826

Dobre Miasto | Ehemalige evangelische Kirche

Die ehemalige Kirche liegt auf einem leicht abschüssigen Grundstück quer zur Straße. Der Turm prägt nachdrücklich das Stadtbild der ehemaligen Heidevorstadt südlich der kleinen Altstadt.

1826 wurde der Entwurf zur Kirche von Landbaumeister Jester bei der Oberbaudeputation eingereicht. Der Bauplan sah einen rechteckigen Baukörper vor, in den ein Turm und eine rechteckige Altarnische zwischen Nebenräumen integriert werden sollten. Türen und Fenster waren in gotisierenden Formen mit Maßwerk vorgesehen. Schinkel machte einen Gegenentwurf, in dem er zwar die Maße und die Grunddisposition beließ, jedoch in einen konsequent angewendeten Rundbogenstil umsetzte. Das Dach erhielt in diesem Entwurf eine flachere Neigung, wodurch der Turm eine viergeschossige Gliederung erfuhr. Der hohe geknickte Helm wurde belassen, aber achteckig verändert. Für das oberste Turmgeschoss waren Dreier-Schallarkaden vorgesehen. Dass dieser Entwurf nicht umgesetzt wurde, lag vermutlich am Normalkirchenerlass des Königs im Sommer 1827. Die Kirche entstand innerhalb des evangelischen Kirchbauprogramms im mehrheitlich katholischen Ermland und der König als Förderer der kleinen evangelischen Gemeinden war Patron des Baus. Schinkels Gegenentwurf wurde an die Normalkirche mit Eckelementen am Außenbau und innen mit einem Tonnengewölbe im Mittelschiff und Lünettenfenster in der Altarwand entsprechend angeglichen. 1829 erfolgte die Grundsteinlegung. Der Plan zum Turmbau wurde erst während des Baus von der Gemeinde durchgesetzt. Jester legte Alternativpläne vor, der König entschied erst 1832 die Ausführung des niedrigeren Entwurfs. Die Gemeinde sparte beim Turmbau Gelder ein und bat den König, für die entsprechende Summe ein fünftes Turmgeschoss bauen zu dürfen. Der König erlaubte dies, doch führte diese Maßnahme dazu, dass der Turmbau schließlich noch vor der Weihe der Kirche 1833 einstürzte.

Die ehemalige Kirche im heutigen Zustand

Ein neuer Turm wurde nach einem neuen Entwurf von Uhrich in Anlehnung an das Normalkirchenschema, aber ohne die untere Verbreiterung 1835–37 gebaut.

Der Kirchbau folgt dem Schema der Normalkirche an den Schiffsfassaden. Sie ist ein Putzbau mit feiner Quaderung, die in den Bogenrahmungen konzentrisch gestaltet ist. Das Traufgesims ist sehr reich gestaltet. Am Turm ist hier von Uhrich ein niedriger angebrachtes und vergleichsweise schlichtes Kaffgesims gesetzt worden. Das Fehlen der leitenden Hand Schinkels wird an Details wie diesem deutlich. Das Lünettenfenster am Turm sitzt unorganisch hoch, möglicherweise hatte Uhrig seinetwegen das Kaffgesims tiefer gelegt. Damit stimmt es im Bezug weder zum Portal noch zur Traufe des Schiffs. In den oberen Geschossen entspricht der Turm jedoch der Normalkirchen-Vorlage.

Die Kirche wurde 1899 umfassend renoviert. Nach 1945 benötigte man sie als Gotteshaus nicht mehr und nutzte sie schließlich als Café. 1969 brannte sie vollständig aus und wurde danach bis 1978 als Bibliothek wieder aufgebaut. Dabei wurde das Äußere originalgetreu wiederhergestellt, das Innere der Funktion entsprechend in Geschosse unterteilt.

Das erhaltene Äußere der Kirche ist ein gutes Beispiel für Schinkelschen Kirchenbau, auch wenn zu bedauern bleibt, dass nicht nach Schinkels sehr stringentem Entwurf gebaut wurde, sondern in eigenartiger Vorgehensweise Schinkel hier gewissermaßen durch seine Mustervorlage »korrigiert« wurde. AB

Literatur

Eva Börsch-Supan: Die Provinzen Ost-und Westpreußen und Großherzogtum Posen (Karl Friedrich Schinkel-Lebenswerk, Bd. 18). München/Berlin 2003, S. 346-353.

Hillert Ibbeken/Elke Blauert (Hg.): Karl Friedrich Schinkel. Das architektonische Werk heute. Stuttgart/London 2001, S. 322.

Lidzbark Warmiński (Heilsberg)
Ehemalige evangelische, heute orthodoxe Kirche

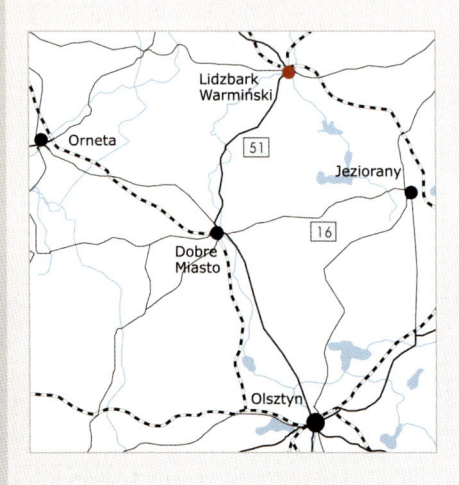

Entwurf	1818, 1820
Ausführung	1821–23

Die Kirche liegt mit ihrer Doppelturmfront direkt an der Straße, steht aber sonst frei auf einem begrünten Grundstück nordwestlich der Altstadt, wo sich zur Bauzeit nahe die hölzernen Scheunen der Stadt befanden.

Einen ersten 1818 eingereichten Entwurf zu einer Kirche in Heilsberg bezeichnete Schinkel als »scheunenartig.« Da die Kirche zum Bauprogramm evangelischer Gotteshäuser im katholischen Ermland gehörte, war der König Patron und bestimmte, sie in Holz zu bauen. Schinkel skizzierte den Neubau als Basilika mit Doppelturmfront und halbrunder Apsis mit Verweis darauf, das Gebäude sei »in Stein gedacht«. Die Bauzeichnungen führte danach sein Kollege Severin aus, wobei die Türme um ein Geschoss erhöht wurden und der den Türmen entsprechende Risalit an den Chorseiten entfiel. Alle Bemühungen, diesen Bau massiv ausführen zu lassen, scheiterten an den Kosten. Schinkel verwies im Gutachten darauf, er habe es »dauerhafter gefunden, das massive äußere Ansehn durch gehobelte Bretter, welche die Form der Steinlagen nachbilden, und mit Ölfarbe und Sand gestrichen sind, nachzubilden, als durch einen Überzug von Rohr und Putz«. Auch die Gemeinde wollte nun erreichen, dass ein Steinbau errichtet werde, aber schließlich wurde das Gebäude von 1821–23 in Holz errichtet. Dabei wurde der Chor rechteckig geschlossen und die Seitenschifffenster etwas gestreckter als in Schinkels Entwurf ausgeführt. Die auffälligste Abweichung von Schinkels Vorgabe sind die Erdgeschossfenster der Türme, die an der Front in der Größe der Seitenschiffsfenster gebaut und an den Seiten fortgelassen wurden. Sie waren ursprünglich in der Höhe der Eingangsarkaden gedacht.

Die Kirche ist eine dreischiffige Basilika unter Sattel- und Pultdächern. Das holzverschalte Fachwerkgebäude wurde auf einem Feldsteinfundament errichtet. An der Eingangsseite befinden sich sechsgeschossige Türme unter Zeltdächern und zwischen ihnen ein viergeschossiger zurückgesetzter übergiebelter Bauteil, der Vorhalle und Orgelempore birgt. Alle Öffnungen sind rundbogig: in den Seitenschiffwänden einzeln stehende Fenster, im Obergaden und den obersten vier Turmgeschossen Dreier-, im Mittelbau der Turmfront Fünferarkaden. Im ersten Obergeschoss der Türme, die der Zone der Seitenschiffdächer entsprechen, befinden sich Okuli. Alle Gebäudezonen sind durch herumgezogene Gesimse klar geschossweise gegliedert. Im Innern sind von den fünf Schiffsarkaden nur vier wirksam, weil die Orgelempore auch das turmseitige Joch umfasst. Der Fenstersprossung entsprechend waren in den Zwickeln der Schiffsarkaden Kreismotive geplant, aber wohl nie ausgeführt. Die Emporen sitzen sehr hoch unter den Pultdächern und haben keine eigene Belichtung. Der Chor wurde bei der Ausführung um einige Stufen erhöht ausgeführt.

War bei der Planung stets auf die Feuergefahr eines Holzbaus hingewiesen worden, erwies sich diese Sorge als unbegründet.

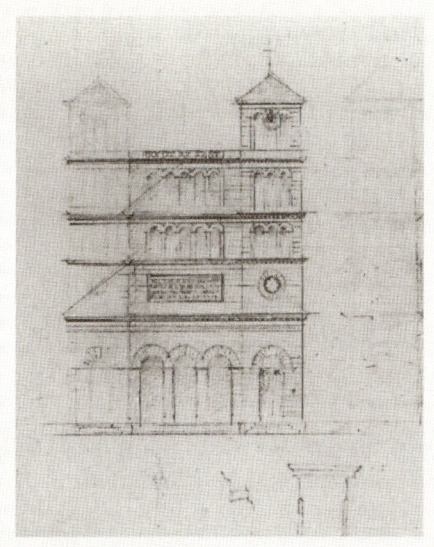

Skizze. Ansicht, 1818

Die Kirche überstand den Stadtbrand von 1865 und den Zweiten Weltkrieg unbeschädigt. Sie wurde nach 1945 von aus der Ukraine vertriebenen orthodoxen Polen als Kirche umgenutzt, dafür wurde der Chor durch eine Ikonostase abgetrennt und das Innere neu gefasst.

Die Kirche von Lidzbark ist als holzverkleideter Fachwerkbau, der aber als Putzbau entworfen wurde, baugeschichtlich von großem Interesse. Typologisch ist sie als einer der wenigen ausgeführten basilikalen Bauten – die Kirche in Thorn wurde während des Baus zur Hallenkirche umgeplant, die Kirche in Mewe ist zerstört – besonders wichtig innerhalb des kirchlichen Bauens von Schinkel. Beachtenswert ist er für Schinkels Kunst, ein kleines Gebäude zu monumentalisieren: die Kirche ist gerade halb so groß wie die in Braniewo (Braunsberg). AB

Turmfront der Kirche

Literatur

Eva Börsch-Supan: Die Provinzen Ost-und Westpreußen und Großherzogtum Posen (Karl Friedrich Schinkel-Lebenswerk, Bd. 18). München/Berlin 2003, S. 255-270.

Hillert Ibbeken/Elke Blauert (Hg.): Karl Friedrich Schinkel. Das architektonische Werk heute. Stuttgart/London 2001, S. 325.

Braniewo (Braunsberg)
Ehemalige evangelische, heute katholische Kirche

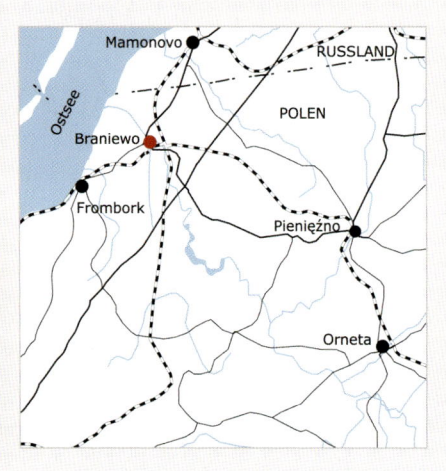

Entwurf	1824
Gegenentwurf	1826
Ausführung	1830–37
Ersetzung der hölzernen durch eiserne Brüstungsgitter	1863
Instandsetzung	1896
Restaurierungen	1937 und um 1970

Die ehemalige evangelische Kirche liegt zur Straße in noch immer ländlich anmutender Umgebung am nordöstlichen Stadtrand in der ehemaligen Königsberger Vorstadt. Mit ihrer Doppelturmfront wurde sie auf dem Neubaugrundstück in Nord-Südausrichtung bewusst von der Straße abgerückt, um durch die eingeschossigen Pfarr- und Schulhäuser eine architektonische Steigerung zu erhalten. Durch die periphere Lage blieb das zwar recht große, aber – gemessen an der Bedeutung der Stadt und ihrer Bauwerke im Mittelalter – bescheidene Kirchengebäude bei der Zerstörung der Stadt 1945 erhalten.

Die Kirche ist ein verputzter Rechteckbau von 3:5-Achsen unter Satteldach. Die äußeren Achsen sind jeweils durch eine Art Nut von den Wandfeldern abgesetzt und durch eine zweigeschossige Anordnung der Öffnungen charakterisiert. An der Eingangsseite sind diese Achsen zu zweigeschossigen Turmaufbauten weiterentwickelt, deren unteres Geschoss von einer den Giebel des Daches verdeckenden Galerie verbunden wird. Zur Unterstützung des Abrückens der Seitenachsen von den Wandfeldern springt die Fassade der Eingangsseite gegenüber den »Türmen« etwas zurück. Alle Wände sind einheitlich mit Putzquaderung versehen. Eine Gliederung erfolgt über Sohlbank-, Kämpfer- und Traufgesims, die bei der Ausführung etwas zu kräftig ausgefallen sind. Das Sohlbankgesims ist im Bereich der Eingangsfassade ausgespart, denn das hier liegende Hauptportal ist als Solitärelement ausgebildet und steht in geringer Beziehung zu den anderen Fassadenelementen. Dadurch wirkt die Fassade auch weniger harmonisch als bei vergleichbaren Objekten. Das große querliegende Putzfeld sollte eine Inschrift tragen, die aber wohl nie ausgeführt wurde, die kleinen quadratischen Putzfelder waren für die Zifferblätter der Uhr vorgesehen. Für den Abschluss der Türme sah Schinkel Kegeldächer hinter einer gemauerten Brüstung vor, ausgeführt wurden jedoch Zeltdächer und Holzgitter.

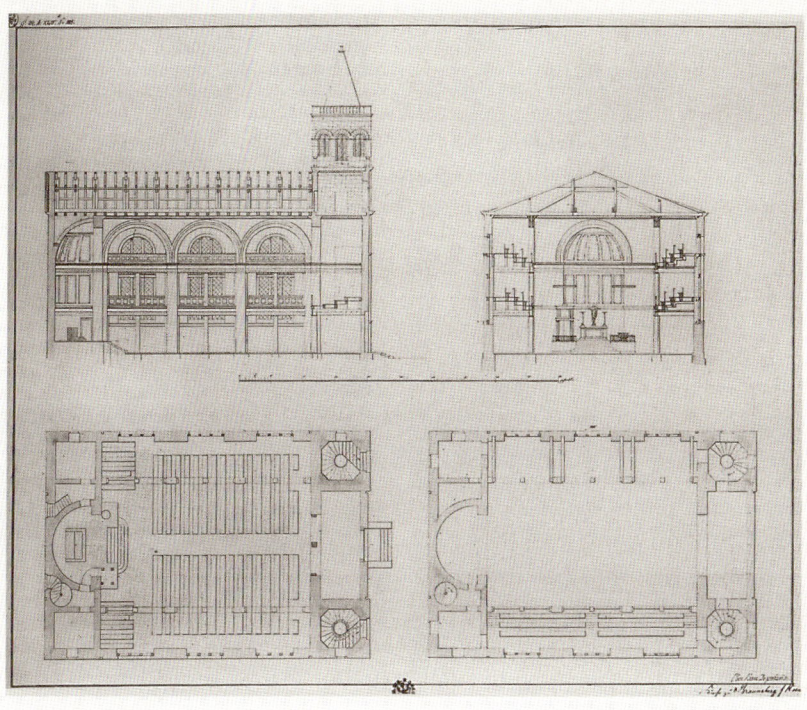

Entwurf von 1826

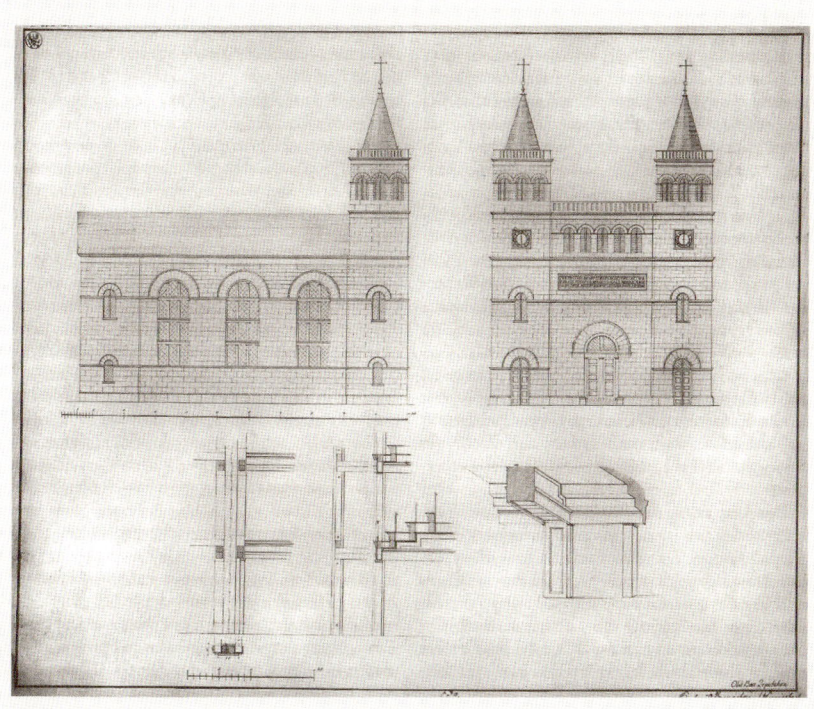

Entwurf von 1826

Braniewo | Ehemalige evangelische Kirche

Im Innern befinden sich zwischen den Türmen eine Vorhalle und darüber die Orgelempore. Die öffnungslose Apsis liegt zwischen den Nebenräumen, wodurch der Innenraum typologisch als Halle zwischen Kopfbauten einzuordnen ist. Das saalartig wirkende Mittelschiff ist mehr als dreimal so breit wie die Emporenschiffe, die mit drei großen Arkaden vom Hauptraum geschieden sind. Für die zweigeschossigen Emporen wählte Schinkel die amphitheatralisch ansteigende Form, wobei die obere höher angelegt wurde als von Schinkel vorgesehen. Die flache Decke war ursprünglich kassettiert bemalt. Die Raumwirkung ist wie bei vergleichbaren Räumen Schinkels harmonisch, da den Schiffsarkaden ein etwa gleich dimensionierter Apsis- und Orgelbogen entspricht.

Schon beim Bau gab es am Ostturm statische Probleme, die aber behoben werden konnten. Die hölzernen Brüstungsgitter wurden 1863 durch eiserne ersetzt. 1896, zur Hundertjahrfeier 1937 und um 1970 fanden Restaurierungsarbeiten statt.

Die Kirche in Braniewo ist ein gutes Beispiel für Schinkels große Kirchbauten. Eva Börsch-Supan verweist im »Lebenswerk« darauf, dass der Entwurf zur typologisch eng verwandten Kirche in Straupitz gleichzeitig entstand. Im Vergleich wirkt der Bau in Straupitz jedoch selbstverständlicher und stringenter entworfen. Am augenfälligsten ist das Verhältnis der Turmhöhen zum Gesamtbau, hier wirken die Türme von Braniewo etwas verkümmert, was auch durch den recht massiv gestalteten Mittelteil der Fassade nicht abgeschwächt wird. AB

Ehemalige evangelische Kirche

Literatur

Eva Börsch-Supan: Die Provinzen Ost-und Westpreußen und Großherzogtum Posen (Karl-Friedrich Schinkel-Lebenswerk, Bd. 18), München/Berlin 2003, S. 424-433.

Hillert Ibbeken/Elke Blauert (Hg.): Karl Friedrich Schinkel. Das architektonische Werk heute, Stuttgart/London 2001, S. 321.

KALININGRADER GEBIET

Der Leuchtturm von **Baltisk (Pillau)** wird traditionell Schinkel zugeschrieben. Tatsächlich wurde der Leuchtturm jedoch 1805 von Regierungsbaudirektor Friedrich Schulz entworfen und bis 1813 von Hafenbauinspektor Petersen ausgeführt.

Das alte Postgebäude in **Sowjetsk (Tilsit)** entstand 1834/35 nach einem in der Oberbaudeputatioin von Severin bearbeiteten Plan des Deichinspektors Gerasch. Eva Börsch-Supan vermerkt diesbezüglich im »Lebenswerk«: »Die Fassade könnte Schinkel angegeben haben«.

In **Gusev (Gumbinnen)** steht noch die profanierte Salzburger Kirche. Sie wurde 1838–40 auf der Grundlage des Normalkirchenentwurfs gebaut, weist aber entwurfliche Schwächen auf, weshalb im »Lebenswerk« eine Bearbeitung durch Schinkel für nicht wahrscheinlich gehalten wird. Das unter Beteiligung Schinkels 1832–36 gebaute Regierungsgebäude, ein qualitätsvoller Sichtziegelbau, ist dagegen Ende der 1960er Jahre abgerissen worden.

Tschernjachowsk (Insterburg)
Denkmal Barclay de Tolly

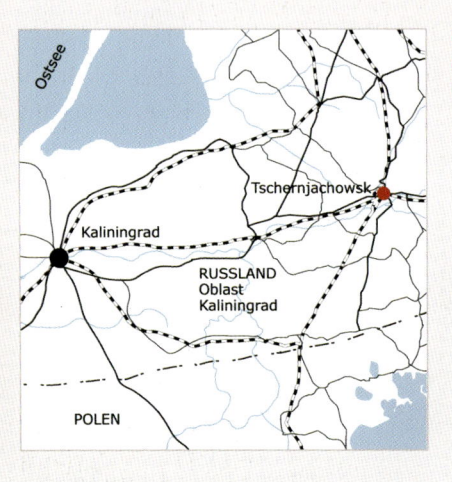

Entwurf	1818
Guss und Ausführung	1819–21
Instandsetzung	1864

Auf einer heute waldartig bewachsenen Anhöhe, etwa drei Kilometer nördlich von Tschernjachowsk beim ehemaligen Gut Szileitschen steht das gusseiserne Denkmal für den russischen Feldherrn Fürst Michael Bogdanowitsch Barclay de Tolly (1761–1818).
Barclay de Tolly hatte 1812 bei Napoleons Zug nach Moskau die erfolgreiche Taktik erdacht, die Armee des Zaren immer weiter ins Landesinnere zurückzuziehen und einer entscheidenden Schlacht auszuweichen. Nach Kutusows Tod übernahm er 1813 den Oberbefehl über das russische Heer und führte dieses in der Völkerschlacht bei Leipzig. 1818 erlag Barclay de Tolly auf einer Erholungsreise im Gutshaus Szileitschen bei Insterburg seinem Herzleiden. Hier an seinem Sterbeort wurde sein Herz beigesetzt, das Denkmal ist also gewissermaßen auch Grabmal. Friedrich Wilhelm III. gab Schinkel den Auftrag zum Entwurf. Schinkel gestaltete zunächst einen nicht überlieferten, offenbar sehr aufwändigen Entwurf, der das Vierfache des ausgeführten Denkmals gekostet hätte und damit teurer geworden als das Kutusow-Denkmal in Boleslawiec (Bunzlau). Nach der Ablehnung dieses Entwurfs durch den König wählte Schinkel die schlichtere Form des Cippus, also eines antiken Denk- oder Grabmals. Die Ausführung verzögerte sich aufgrund der für die Inschriften notwendigen Recherchen. Nach der Fertigstellung waren die Gewässer, auf denen das Denkmal zum Aufstellungsort verschifft werden sollte, zugefroren, so dass sich die Aufstellung nochmals verzögerte. 1821 wurde das Denkmal aufgestellt, grün gefasst und seine Umgebung mit Buschwerk bepflanzt. Es wurde anschließend in den Katalog der Eisengießerei aufgenommen, wo es für 2.177 Taler angeboten wurde.
Die knapp vier Meter hohe Stele erhebt sich auf einer von einem schlichten Eisengitter eingefassten gepflasterten Terrasse und hat einen vierstufigen steinernen Unterbau. Die Stele selbst besteht aus Plin-

the, einem geschweiften Sockel, dem Korpus und der Bedachung. Sie ist auf allen vier Seiten gleich gestaltet, eine Hauptansichtsseite ergibt sich also nur aus den Inschriften. Der Sockel hat lediglich große Festons als Schmuck. Demgegenüber ist der Korpus vierzonig gegliedert und verjüngt sich nach oben, so dass im Zusammenspiel mit dem geschweiften Sockel das Mal optisch eine gewisse Leichtigkeit erhält und gleichzeitig monumentalisiert wird. Die untere Zone des Korpus erinnert durch die doppelte Rahmung des hier befindlichen Trophäenreliefs an einen Sockel. Eva Börsch-Supan konstatiert im »Lebenswerk« eine gewisse Unruhe, die sich daraus erkläre, das statt des Waffenfrieses ursprünglich weitere Inschrifttafeln vorgesehen war. Die zweite Zone wird durch Plastiken des russischen Adlers gebildet, die vor den Korpus gestellt sind. Diese waren nach Entwurf und Eisengießerei bekrönt. Ob die Kronen nicht ausgeführt oder nach 1945 entfernt wurden, ließ sich nicht klären. Die dritte Zone bilden gerahmte, nahezu quadratische Inschriftplatten, deren Lettern wegen der Textfülle erheblich kleiner sind als von Schinkel im Entwurf angenommen. Die oberste Zone wird von drei Lorbeerkränzen eingenommen. Die Bedachung hat vier flache Dreiecksgiebel mit Palmetten- und Akanthusschmuck, sowie schlichte Eckakroterien. Die Inschrifttafeln sind in deutscher und russischer Sprache verfasst und befinden sich jeweils auf der entsprechenden Seite. Die deutsche Inschrift der »Vorderseite« lautet: »Dem edlen Feldherrn, der den Weg der Ehre durch Muth und Tapferkeit in vielen Schlachten sich bahnte, und der im Kriege zur Befreiung der Völker 1813, 1814 u. 1815 als Anführer verbündeter Heere in glorreichen Kämpfen siegte, errichtete dieses Denkmal Friedrich Wilhelm der Dritte.« Die zweite deutsche Inschrifttafel listete Lebensdaten und Ehrenzeichen des Fürsten auf.
Das Denkmal war wegen mangelnder Pflege Mitte des 19. Jahrhunderts in schlechtem Zustand und wurde 1864 umfassend instand gesetzt. Seither ist es gepflegt worden. Da Barclay de Tolly als russischer Feldherr in der sowjetischen Geschichtsschreibung positiv gewertet wurde, wurde das Denkmal auch nach 1945 in Ehren gehalten.

Das Denkmal für Barclay de Tolly ist gewissermaßen das Pendant des Bunzlauer Kutusow-Denkmals. Eva Börsch-Supan vermutet, dass sich in der völlig unterschiedlichen Gestaltung und Dimensionierung auch die unterschiedlichen Persönlichkeiten und ihr öffentliches Ansehen widerspiegeln. Während der »populäre Draufgänger« Kutusow ein großes Denkmal inmitten einer Stadt erhielt, wurde für Barclay

Denkmal Barclay de Tolly, 1993

Tschernjachowsk | Denkmal Barclay de Tolly

nur »eine der üblichen Stelen« gebaut. Die Denkmäler sind in erster Linie als Dokumente der Politik des Königs zu verstehen, der hiermit neben den preußischen auch die beiden großen russischen Feldherren ehren wollte und mit dem finanziellen Rahmen auch die Dimensionen vorgab. Das Denkmal Barclays ist zudem ein schönes Beispiel für Schinkels Gestaltung in zeitgenössisch abgewandelten antikischen Formen.

AB

Literatur

Eva Börsch-Supan: Die Provinzen Ost-und Westpreußen und Großherzogtum Posen (Karl Friedrich Schinkel-Lebenswerk, Bd. 18). München/Berlin 2003, S. 119–124.

RUSSLAND

Eine nähere Verbindung zwischen Russland und Preußen entstand durch den gemeinsamen Kampf gegen Napoleon und die auf dem Wiener Kongreß 1815 gestiftete Heilige Allianz des Zaren, des österreichischen Kaisers und des preußischen Königs. 1817 heiratete die älteste Tochter des preußischen Königs, Charlotte, den Großfürsten Nikolaus, Halbbruder Zar Alexanders I. Damit war eine direkte dynastische Verbindung zwischen Preußen und Russland zur Untermauerung der mit Gründung der Heiligen Allianz beschlossenen gemeinsamen Politik geschaffen. Dem gab der preußische König auch baulichen Ausdruck, 1817 mit dem Blockhaus Nikolskoe

Schloss Orianda auf der Krim, Terrasse mit Blick auf das Meer, Lithographie nach Schinkels Entwurf von 1838

für seinen Schwiegersohn und 1826/27 mit der Anlage der dem zuvor verstorbenen Zaren gewidmeten Potsdamer Kolonie Alexandrowka. Ergänzt wurde diese Anlage 1826–29 durch den Bau der Alexander-Newski-Gedächtniskapelle auf dem Minenberg, nach Plänen von Wassili Petrowitsch Stassow, die Schinkel bearbeitete. 1825 starb Zar Alexander I., und da der nächstgeborene Bruder Konstantin auf den Thron verzichtete, wurde unerwartet Nikolaus Zar und der preußische König war nun Schwiegervater des nach dem britischen König mächtigsten Herrschers Europas. Der Bau einer Kapelle in Peterhof war nicht zuletzt eine Ehrung des preußischen Königs.

1834 lud der Zar Schinkel nach Petersburg ein, aber dieser konnte die Reise aufgrund von Arbeitsüberlastung nicht antreten. Im selben Jahr wurde Schinkel – wie auch Klenze – zum Ehrenmitglied der Petersburger Akademie der Künste ernannt. Schinkel war auch in der Folge niemals in Russland und konnte auch nie so umfangreich bauen, wie dies Klenze mit der Neuen Eremitage, Russlands erstem Museumsbau, vergönnt war.

Schinkels größter, aber nicht gebauter Entwurf für Russland wurde das Schloss Orianda auf der Krim. Die Zarin begann früh an Altersbeschwerden zu leiden, weshalb sie ein Landhaus an der Südküste der Krim bauen wollte. Der Kronprinz vermittelte den Auftrag an Schinkel, der 1838 daraus einen fantastisch anmutenden Entwurf machte. Die antike Vergangenheit der Krim ließ ihn daher – nach einem russisch gemeinten Vorentwurf – einen antikischen Palast erdenken. Dieser sollte sich auf Substruktionen erheben, die einem Museum der Altertümer der Krim Platz gewährt hätten. Bekrönt werden sollte die Anlage von einem tempelartigen Bau, der eigentlich funktionslos war, aber den ästhetischen Höhepunkt des Schlosses bildete. Die Zarin, die einen intimeren Rückzugsort erwartete, stand diesen Planungen verständnislos gegenüber. Neben dem Entwurf zum Palast König Ottos auf der Akropolis in Athen ist das Orianda-Projekt das faszinierendste des späten Schaffens von Schinkel. Ab 1840 wurden diese Entwürfe unter dem Titel »Werke der Höheren Baukunst« als Farblithographien herausgegeben und fanden somit eine größere Verbreitung. Dies wirkte sogar auf die klassische Moderne, indem Ludwig Mies van der Rohe, der wichtigste Schinkel-Rezipient des 20. Jahrhunderts, u. a. den Orianda-Tempel-Gedanken bis hin zur Berliner Neuen Nationalgalerie verarbeitete. Auch wenn Schinkel in Russland nur eine Kapelle verwirklichen konnte, so war doch sein mittelbarer Einfluss groß. Der Architekt Andrei Iwanowitsch Schtakenschneider wurde auf eine Reise nach Berlin und Potsdam geschickt, um die dortige Architektur zu studieren und für Peterhof entsprechende Bauten zu entwerfen. So wurden die Gärtnervilla von Charlottenhof, aber auch einige Persiusbauten vorbildlich für den italienisierenden Villenstil um St. Petersburg. AB

Peterhof
Alexander-Newski-Kapelle im Park

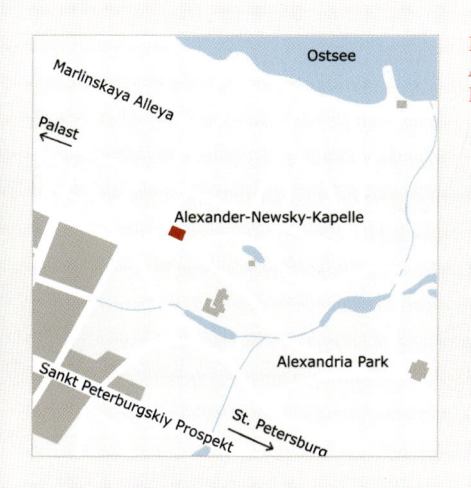

Entwurf 1829
Ausführung 1831–33
Restaurierung 1980er Jahre

Die Alexander-Newski-Kapelle steht auf einer leichten Anhöhe im Alexandriapark, dem nordöstlichen Parkrevier von Peterhof. Sie ist innerhalb des englischen Landschaftsgartens gleichermaßen Funktionsbau, als auch freistehender Blick- und Aussichtspunkt.

Nachdem in Potsdam 1829 die Alexander-Newski-Gedächnis-Kapelle eingeweiht worden war, fasste Zar Nikolaus I. den Entschluss, auch in Peterhof bei St. Petersburg einen entsprechenden Kapellenbau errichten zu lassen. Schinkel erhielt den Auftrag, eine Kapelle in neugotischem Stil zu entwerfen, den das Zarenpaar besonders liebte und in dem schon einige kleinere Bauten verwirklicht worden waren. Schinkel bezeichnete seine Entwurfsaufgabe als »sehr abnorm«, denn: »Das Gebäude in möglichst kleinem Maßstab sollte in reichem Mittelalterstyl gehalten, doch innerlich für den griechischen Gottesdienst eingerichtet werden.« Er entwickelte zunächst Pläne für einen Longitudinalbau, monumentalisierte ihn mit einer Doppelturmfront und fand schließlich zu einer sehr kompakten kubischen Form mit betonenden Eckelementen. Die Pläne wurden 1831 nach St. Petersburg gesandt. Der Bau wurde von Adam Menelaws begonnen und nach dessen Tod im selben Jahr durch Josef Charlemagne fertiggestellt. Dabei wurde allerdings eine wesentliche Änderung bezüglich des Baumaterials vorgenommen. Schinkel formulierte seine Vorstellungen folgendermaßen: »Es wurde angenommen, dass die Hauptmasse in accurat geformten Backsteinen mit glasierten Außenseiten aufgeführt, sämtliche Leistenwerke, die Spitzen, Ornamente und Figuren von gegossenem Eisen darauf befestigt werden sollten. Harmonisches Farbenspiel würde das Eisenwerk zuletzt mit dem Ganzen in Zusammenhang bringen.« Stattdessen wurde die Kapelle aber als Putzbau ausgeführt.

Die Kapelle ist von ihrer Grundform her ein einfacher kubischer Bau unter sehr flach geneigtem Dach. Die Eckelemente,

Peterhof | Alexander-Newski-Kapelle im Park

CAPELLE FÜR DEN KAISERLICHEN GARTEN ZU PETERHOF BEI PETERSBURG.

Aufriss und Grundriss (Sammlung Architektonischer Entwürfe, 1833)

die vorgestellten Portale und Verzierungen lassen den Bau auf den ersten Blick kompliziert erscheinen. Schinkel stellte an die Ecken achteckige Fialtürmchen mit eisernen Helmen, die bis zu den Kreuzen immerhin gut 21 Meter Höhe erreichen. Die Fassaden entsprechen sich in der Gestaltung, nur an der Ostseite ist der Chor ausgestellt. Die drei anderen Fassaden besitzen hier vorgestellte Portale mit seitlichen

106

Fialen und waagerechtem Lilienkranzabschluss. In der Wandzone darüber befinden sich an allen vier Seiten reiche Rosettenfenster von 3 Metern Durchmesser. Eine reich durchbrochene Attika auf Maßwerkfries, bekrönt von einem Lilienkranz, verdeckt das Dach. Als Mittelakzent ist hier über einer Engelsfigur ein kleines Tabernakel vor die Attika gesetzt. Die Fialtürme zu Seiten des Chores sind eine reine Zierarchitektur, der Schinkel aber einen Zweck zuwies, indem er sie für die Fallrohre der Dachentwässerung vorsah. Unter der Kapelle sah Schinkel auch einen Heizungsraum vor, der sowohl den Raum erwärmen sollte als auch die Vereisung des Dachentwässerungssystems verhindern sollte. Das Innere ist ein quadratischer Raum unter

Kapelle

Schnitt (Sammlung Architektonischer Entwürfe, 1833)

Kreuzrippengewölbe, der gegen den Chor durch die Ikonostase abgeschieden ist. Die Portale sind innen durch breite profilierte Rahmen eingefasst, die Schildbögen unter dem Gewölbe und die reichen Rosettenrahmen sind von Maßwerkfriesen umgeben (letzteres war von Schinkel nicht vorgesehen). An der Ikonostase sind die Bogenrahmungen mit Krabben besetzt und von Kreuzblumen bekrönt. Die Kappen des Kreuzrippengewölbes sind mit Sternchen ausgemalt.

Die Kapelle in Peterhof ist trotz – oder wegen – ihres hellen Verputzes eine der reizvollsten Schöpfungen Schinkels im gotischen Stil. Der Auftraggeber wünschte einen »reichen« Stil, Schinkel trug diesem Wunsch auf gekonnte Weise Rechnung. Margarete Kühn würdigt dies im »Lebenswerk« mit den Worten: »So hat sich der endgültige Entwurf zu einer architektonischen Miniatur verdichtet und verfeinert, die durch die elegante Straffheit der Struktur wie durch das reiche, aber streng eingebundene Zierwerk gefangen nimmt.« Schinkel erachtete den Bau als so bedeutend, dass er ihn in seiner »Sammlung Architektonischer Entwürfe« mit zwei Blättern präsentierte. AB

Literatur
Margarete Kühn: Ausland (Karl Friedrich Schinkel-Lebenswerk, Bd. 15), München/Berlin 1989, S. 47–59.
Nina Vernova/Susanne Brammerloh: Peterhof (Die Schätze Russlands, Bd. 63). St. Petersburg 2003.

WOIWODSCHAFT WIELKOPOLSKIE (GROSSPOLEN)

Die Provinz Posen wurde 1815 auf dem Wiener Kongress geschaffen und gehörte gut ein Jahrhundert zu Preußen, bis sie nach dem Ersten Weltkrieg fast vollständig dem neu geschaffenen polnischen Staat zugesprochen wurde. Das Gebiet wird heute zum größten Teil von der Wojewodschaft Wielkopolskie und südlichen Teilen der Wojewodschaft Pomorskie, aber auch kleineren Teilen von Lubuskie eingenommen. Bereits bei der Bildung des polnischen Staates im ausgehenden 10. Jahrhundert bildete das Gebiet um Gnesen und Posen ein kulturelles Zentrum Polens. Anders als Westpreußen war das Gebiet von der mittelalterlichen deutschen Ostkolonisation kaum betroffen und daher fast ausschließlich polnisch besiedelt. Durch die polnischen Teilungen ab 1772 kam das Gebiet kurzfristig zu Preußen, wurde 1807 dem Großherzogtum Warschau zugeschlagen, um 1815 auf dem Wiener Kongress wieder preußisch zu werden. Der Geschichte und der Bevölkerung wurde kaum Rechnung getragen, das Gebiet erhielt zwar innerhalb Preußens einen Sonderstatus als Herzogtum, jedoch der preußische König fungierte in Personalunion als Herzog. Anton Fürst Radziwill wurde zum Statthalter ernannt.

Nach 1815 setzte eine Prussifizierung der Verwaltung ein, in deren Folge sich auch deutsche Händler in den Städten niederließen. Posen galt als rückständigste preußische Provinz, was in Hinsicht auf die Infrastruktur auch den Tatsachen entsprach, bezüglich der Bevölkerung aber auch als Vorurteil gepflegt wurde. Das Gebiet war katholisch und Gnesen sein geistliches Zentrum. Durch den Zuzug protestantischer Bevölkerung wurden, wie z. B. in Gnesen, evangelische Kirchbauten notwendig. Jedoch waren ein Drittel der für die Provinz Posen von Schinkel bearbeiteten Kirchen (-Projekte) für die Katholiken vorgesehen. In der Provinz Posen lag auch das Dorf Naklo (Nakel), für das Schinkel 1819 eine neue Kirche entwarf. Diese 1821–24 gebaute turmlose Kirche gefiel dem preußischen König im Verhältnis der Gestaltung zur Nutzbarkeit und den Baukosten so gut, dass er sie zum Musterbild für den zukünftigen Kirchenbau bestimmte. Das Kirchlein avancierte damit zur »Urmutter« aller später »Normalkirche« genannten Muster-

Skizze zur Kirche in Nakel. Kopie nach Schinkels Entwurf, 1819

entwürfe Schinkels. Dieser also für das Schinkelsche Werk hoch bedeutende Bau wurde leider 1887 einem Neubau geopfert. Das auf dem Wiener Kongress nicht gelöste Problem eines eigenständigen polnischen Staates war zur Zeit von Schinkels Tätigkeit stets virulent. Schinkel war in diesen Konflikt durch seinen Entwurf für das Königsdenkmal in Poznan (Posen) eingebunden. Dieses sollte die beiden ersten christlichen Herrscher Polens, Mieczyslaw I. und Boleslaw Chrobry, ehren, die im Dom zu Gnesen bestattet sind. Unter Federführung von Prälat Wolicki plante man 1816 ein Denkmal für die »Väter der Nation und Gründer des Staates«. Wolicki wandte sich dafür an Christian Daniel Rauch und Schinkel, die offenbar Entwürfe zusagten, aber nicht einsandten, zumal der Aufruf zur Denkmalsfinanzierung in allen drei polnischen Teilgebieten auf den Widerstand der preußischen Verwaltung stieß. Wolicki wandte sich im Folgenden an Fürst Radziwill und an Atanazy Raczynski. 1828 wurde die Denkmalsidee für den Domplatz wieder aufgegriffen. Rauch entwarf ein auf vier Meter Höhe projektiertes Doppelstandbild, Schinkel eine mächtige amphitheatralische Staffagearchitektur. Später wurde das Doppelstandbild von Rauch ohne Schinkels Mitarbeit in einer neu gebauten Kapelle des Doms aufgestellt, wodurch sich der Akzent der Denkmalsidee vom Nationaldenkmal zum christlichen Königtum verschob, und sich dadurch auch der preußische Kronprinz mit dem Vorhaben anfreunden konnte.

Im Gefolge der Pariser Julirevolution kam es 1830 zunächst im russischen Teil Polens zu Aufständen, die schließlich auch auf die Provinz Posen übergriffen. Von preußischer Seite wurde dies mit militärischer Gewalt beantwortet, indem Truppen unter Gneisenaus Führung entsandt wurden, die – ebenso wie die 1831 ausbrechende Choleraepidemie, der auch Gneisenau zum Opfer fiel – die Aufstände beendeten. Die Ereignisse hinterließen bei den Polen in Preußen den Eindruck, dass die Preußen eine polenfeindliche Fremdherrschaft ausübten, wie die Russen im übrigen polnischen Gebiet. Bei der deutschen Bevölkerung in Preußen blieb der Eindruck, dass die Polen keine loyalen Staatsbürger waren.

Schinkels Beziehung zur Provinz Posen war in erster Linie von seinen persönlichen Kontakten mit Radziwill, Raczynsky, Dzyalinski und Otto v. Tresckow geprägt. Der Provinz im Allgemeinen stand er hingegen eher indifferent gegenüber. Er durchfuhr sie während der Ausführung von Schloss Owinska (Owinsk), intensiver bereiste er sie lediglich auf der großen Fahrt von 1834 durch die östlichen Provinzen. Das Reisetagebuch, das während der Fahrt durch Preußen bisweilen Begeisterung für Land und Bauten durchscheinen lässt, wurde auf der Fahrt durch die Provinz Posen allein nüchtern-sachlich geführt.

Die Kirche der Staatsdomäne **Krajenka (Krojanke)** wurde 1846–47 durch einen Ziegelbau ersetzt, für den laut »Dehio« Schinkel die Pläne geliefert haben soll. Ebenso wird dort das 1835 gebaute Herrenhaus von **Sypniewo (Sipnewo)** als Werk Schinkels bezeichnet. AB

Międzychod (Birnbaum)
Ehemalige evangelische, heute katholische Kirche

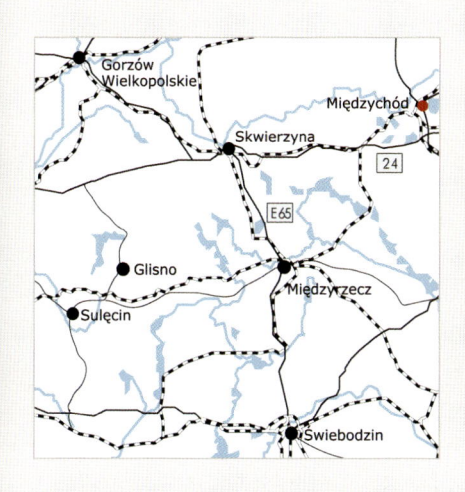

Entwurf	1828/29
Ausführung	1838–40

Die ehemals evangelische, heute katholische Kirche von Międzychod steht frei auf einem Platz der ehemaligen Kolonie Lindenstadt und damit noch heute in einer noch heute recht ländlichen Gegend. Im Gegensatz zu ihr war die alte Kirche in der Innenstadt seit der Gegenreformation wieder katholisch.

Die Kolonie Lindenstadt wurde 1816 königliche Domäne und der König damit zum Patron der evangelischen Kirche, die wegen Baufälligkeit erneuert oder neu gebaut werden sollte. 1828 wurde ein Erneuerungsplan bei der Oberbaudeputation eingereicht und abgelehnt, ein Jahr später reichte Bauinspektor v. Cardinal (vgl. Wolsztyn/Wollstein) einen Neubauentwurf ein, den Schinkel so stark überarbeitete, dass er als Gegenentwurf auf einem eigenen Entwurfsblatt an v. Cardinal gesandt wurde. Bei den danach von v. Cardinal gefertigten Ausführungszeichnungen hielt sich dieser nicht an die Vorgaben, so dass sich Busse im Gutachten beispielsweise explizit gegen das von Cardinal neu in die Planung einbezogene Spiegelgewölbe wandte, das der Bauinspektor gleichzeitig in Wollstein einbaute. Im Gegensatz zum dortigen Bau hielt sich v. Cardinal in Birnbaum nun an die Vorgaben. Die Ausführung erfolgte erst 1838–40.

Die Kirche ist ein rechteckiger Putzbau unter Satteldach, die Ecken sind durch pfeilerartige Bauelemente akzentuiert. Vor die Eingangswand ist ein Turm auf annähernd quadratischem Grundriss gestellt. Die Längswände sind durch große Rundbogenfenster fünfachsig, die Schmalseiten durch Eingang bzw. Lünettennische einachsig definiert. Die Wandgliederung ist sehr schlicht durch schmalen Sockel, durchgehendes Sohlbankgesims, ein Gesims auf Höhe der Bogenkämpfer und ein kräftiges Traufgesims über einer architravähnlichen Zone gegliedert. Hierbei ist das Kämpfergesims über die einfach abgetreppten Fenstergewände verkröpft und als hölzerner Kämpfer über die Fester gezogen. Die Fensterbögen haben

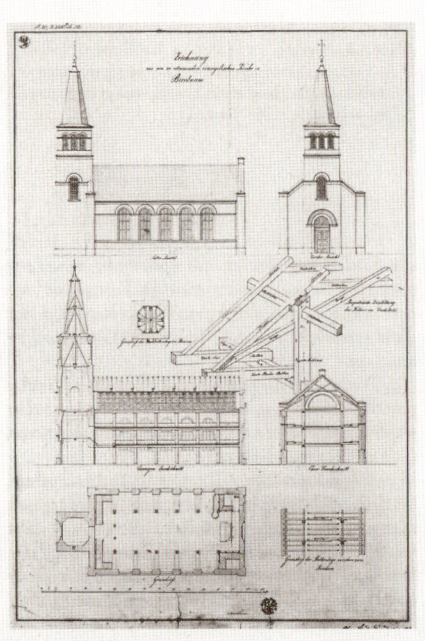

Entwurf, 1829

profilierte Rahmungen, die den »Architrav« touchieren. Der Turm hat nur ein Freigeschoss, das auch als einziges klar mit einem Kaffgesims vom Schaft geschieden ist. Das Eingangsportal ist durch ein Gebälkstück vom darüber liegenden Lünettenfenster geschieden. Beide sind aber durch eine profilierte Rahmung auf Pilastern zusammengefasst. Die Halbbogenrahmung ist von einer weiteren Rahmenblende eingefasst. Im oberen Schaftteil besitzt der Turm je ein Rundbogenfenster mit schlichter Rahmung. Ein Gesims auf Höhe des Bogenkämpfers bindet sie an die Stelle, an der sich Giebelschräge und Turm schneiden. Das Obergeschoss besitzt je drei gekuppelte Schallarkaden. Ihre Gewände sind einfach abgetreppt und auch hier ist ein Gesims auf Höhe der Kämpfer durchgezogen und verkröpft und wiederholt damit in kleinem Maßstab die Gestaltung der Schiffswände, wobei hier durch die Ecken ein stärkerer Pfeilercharakter der Wandstücke erzielt wird. Ein achteckiger, etwas eingezogener Steilhelm mit abgeflachter Spitze bekrönt das Bauwerk.

Das Innere ist eine dreischiffige Halle mit Holztonnengewölbe im Mittelschiff und mit zweifacher Empore auf Holzpfeilern in den Seitenschiffen. Der Raum wirkt heute mehr wie ein Emporensaal, da durch Verglasung der oberen Empore die Seitenschiffe dort nicht mehr wahrgenommen werden können. Die Emporen haben nicht die abgetreppte Form, sondern sind horizontal gebildet. Der Innenraum hat heute durch eine purifizierende Instandsetzung eine völlig andere Wirkung als von Schinkel beabsichtigt. Der Raum war hell gefasst – der erhaltene Orgelprospekt gibt einen Eindruck – und die Holztonne war laut Schinkels Zeichnung einheitlich kassettiert, wobei die in seiner Zeichnung nicht enthaltenen Gurtbögen sicher eine Zäsur bildeten. Das Lünettenfenster der Altarwand hat eine besonders feine Radialsprossung, sonst sind Altarwand und die entsprechende Fassade durch eine als Sakristei genutzte angebaute Apsis verändert.

Die Kirche von Birnbaum ist einer der merkwürdigsten Sakralbauten Schinkels, weil er hier zwei unterschiedliche Kirchen-

Seitenansicht, 1999

Kirche in Międzychod heute

typen kombinierte: zum einen die Großkirche mit zweigeschossiger Empore, zum anderen die Normalkirche. Auf letztere gehen Fensterformen, Eckpfeiler, Giebelwände, Nische der Altarwandfassade und Holztonnengewölbe zurück. Die Normalkirche war aber für den großen Maßstab weniger geeignet. So konnte auch der für die Normalkirche entwickelte Turmtypus bei der Birnbaumer Kirche nicht einfach vergrößert werden. Über die Gründe dieser Kombination können wir nur mutmaßen, dass Schinkel in Hinblick auf den König als Kirchenpatron diesem wie zuvor in Flatow in Bezug auf den Normalkirchenentwurf Folgsamkeit signalisieren wollte. AB

Literatur

Eva Börsch-Supan: Die Provinzen Ost-und Westpreußen und Großherzogtum Posen (Karl Friedrich Schinkel-Lebenswerk, Bd. 18), München/Berlin 2003, S. 455–460.

Złotów (Flatow)
Ehemalige evangelische, heute katholische Kirche

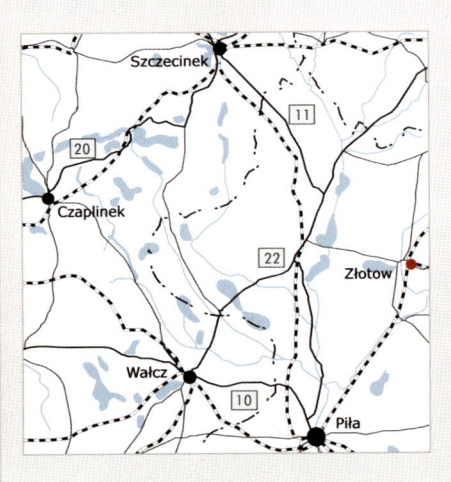

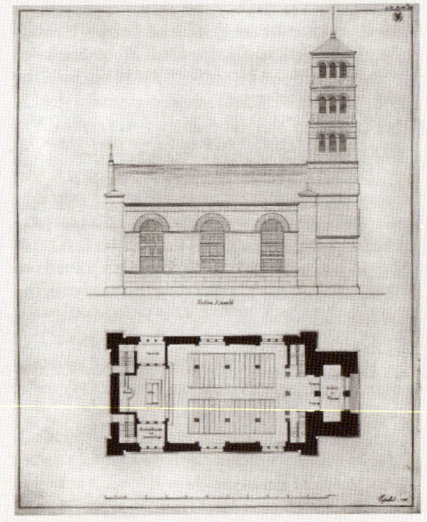

Entwurf 1828
Ausführung 1828–31

Entwurf. Seitenansicht, Grundriss, 1828

Złotów liegt ca. 30 km nordöstlich von Piła (Schneidemühl) und gehörte zu den Gebieten, die 1772 mit der ersten polnischen Teilung an Preußen fiel. Im April 1820 erwarb Friedrich Wilhelm III. die Herrschaft Flatow-Krojanke für das preußische Königshaus. Die Einkünfte daraus kamen später seinem zweitältesten Sohn Wilhelm (König und Kaiser Wilhelm I.) zugute. Als sich der Prinz nach 1856 in seiner Sommerresidenz im Schlosspark Babelsberg einen Wohnturm nach dem Vorbild des mittelalterlichen Eschenheimer Torturms in Frankfurt am Main erbauen ließ, bezog er die gelben Klinker für den Bau aus Flatow und nannte den Turm Flatowturm.

1826 beschloss Friedrich Wilhelm III. als Kirchenpatron der Gemeinde eine neue Kirche zu stiften, da die alte zu klein geworden war. Schinkel erhielt 1828 vom König den Auftrag zum Entwurf der Kirche, der Bau begann noch im selben Jahr und wurde 1831 fertig gestellt. Wohl auf Anweisung des Stifters legte Schinkel dem Bau einen Normalkirchenplan zugrunde. Da für die Gemeinde eine größere Kirche notwendig war, erweiterte Schinkel den Entwurf, erhöhte das Kirchenschiff, fügte im Inneren zweigeschossige Emporen ein und er-

Złotów | Ehemalige evangelische Kirche

Kirche in ihrem heutigen Zustand

höhte den Normalkirchturm entsprechend um ein drittes Geschoss. Die Ausführung des als Ziegelbau mit Putzquadern errichteten Baus ließ zu wünschen übrig, denn immer wieder waren in den folgenden Jahren bis 1874 Reparaturen notwendig. Der heute als katholische Kirche genutzte Bau präsentiert sich nach einer umfassenden Sanierung in gutem Zustand. GS

Literatur

Hillert Ibbeken/Elke Blauert (Hg.): Karl Friedrich Schinkel. Das architektonische Werk heute. Stuttgart/London 2001, S. 331.

Eva Börsch-Supan: Die Provinzen Ost-und Westpreußen und Großherzogtum Posen (Karl Friedrich Schinkel-Lebenswerk, Bd. 18), München/Berlin 2003, S. 343–345.

Turm von Westen, 1999

Owińska (Owinsk)
Schloss

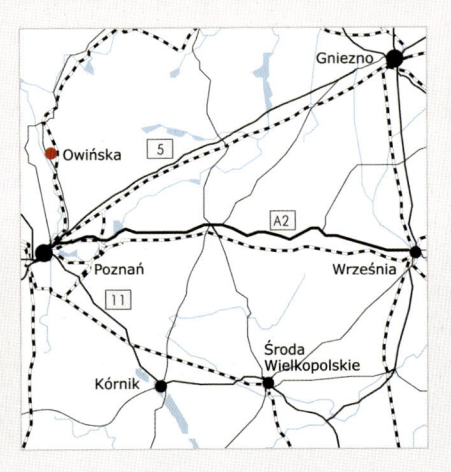

Entwurf	um 1801–03
Ausführung	1804–06
Vollendung der Ausstattung	nach 1826
Restaurierung	1981

Schloss Owinsk liegt wenige Kilometer nördlich von Poznań am östlichen Ufer der Warthe. Lange Zeit war unklar, ob das Schloss, das ursprünglich von einem weitläufigen Landschaftsgarten nebst einem Gut umgeben war, tatsächlich von Schinkel stammt. Klarheit brachten erst die Forschungen Eva Börsch-Supans, die im 2003 erschienenen Band 18 des Schinkel-Lebenswerks zu dem Schluss gelangte:»Familienüberlieferung und Bauformen erweisen es jedoch zweifelsfrei als in seinen wesentlichen Teilen von Schinkel entworfen.« Damit ist der Bau ein bedeutendes Zeugnis für Schinkels Frühwerk. Er gibt wichtige Aufschlüsse für auch in späteren Werken zu findende Gestaltungselemente. Die Tätigkeit in Owinsk fällt in die Jahre nach 1800, als Schinkel zugleich mit Projekten in Bärwinkel, Quilitz (Neuhardenberg) und Behlendorf beschäftigt war. Neuere Forschungen polnischer Wissenschaftler belegen zudem, dass Schinkel sich in den Jahren nach 1800 besonders in den Ostprovinzen um Aufträge bemühte und diese auch bekam. Ein Grund dafür lag zum einen in der begrenzten Auftragslage in Berlin und Brandenburg, zum anderen hatte sein Freund und Lehrer Friedrich Gilly gute Kontakte dorthin aufgebaut. Neben Schinkel wirkte auch Ludwig Friedrich Catel in Owinsk, der wohl insbesondere mit den Wirtschafts- und Nebengebäuden betraut war. Bauherr war der in Berlin und Paris tätige Kaufmann Sigismund Otto von Treskow, der 1797 vom preußischen Staat das frühere Klostergut Owinsk und angrenzende Güter erhielt. Owinsk war 1793 mit der zweiten polnischen Teilung an Preußen gefallen. Treskow muss sehr rasch ein erstaunliches Engagement in Owinsk entwickelt haben, denn 1860 heißt es bei Alexander Duncker: »Gleich nach Übernahme der Güter wurden vom Besitzer große Geldopfer zur Einführung deutscher Kultur und deutscher Wirtschaft gemacht und gleichzeitig auch für äußere Verschönerungen im Hauptorte Owinsk viel getan und viel ver-

Das noch ungenutzte Schloss

wendet, auch das hier befindliche mit großen schönen Park-Anlagen versehene herrschaftliche Schloß, und zwar nach dem Plane des später so berühmt gewordenen Königlichen Oberbaurat Schinkel hat seinen Ursprung aus dieser Zeit. Außer dem gedachten Schloß wurden nächstdem, umfangreiche Wirtschafts- und andere Gebäude ganz massiv und teilweise von gesprengten Feldsteinen aufgeführt, große Planierungen vorgenommen und dadurch dem Orte Owinsk wirklich ein schönes großartiges Ansehen gegeben, welches durch die in neuerer Zeit mitten durchs Dorf gelegte Chaussee noch gewonnen hat.«

Der breit gelagerte verputzte Mittelbau, durch vierzehn Achsen und Giebelrisalite an der Vorder- und Rückseite gegliedert, erhebt sich über zwei Etagen auf einem Sockel aus Raseneisenstein und Feldsteinen. Die Seitenflügel von je vier Achsen sind eingeschossig. Untersuchungen der polnischen Baudenkmalpflegefirma PKZ in den 1970er Jahren ergaben, dass das Gebäude noch während der Bauzeit umgeplant wurde, was die teilweise nicht ganz geglückten Proportionen erklärt. Zu den wichtigsten Veränderungen gehörten die Giebelrisalite, die sicher im Bestreben angefügt wurden, dem Gebäude eine repräsentativere Ausstrahlung zu verleihen. Die Wirkung der Vorderfront wird noch gesteigert durch einen von vier dorischen Säulen getragenen Portikus. In vielem erinnert der Bau an Schinkels Lehrmeister David Gilly, besonders an das ebenfalls um 1800 von Gilly im Auftrag Friedrich Wilhelms III. errichtete Landschloss in Paretz. Auch bei der Gestaltung des Parks bieten sich Vergleiche mit Paretz an. Wie in Owinsk ist das Schloss auch dort eingebettet in einen Park, der sich sowohl vor als auch hinter dem Bau erstreckt. In Paretz fährt man um ein Rasenrondell vor. Eine ähnliche Situation finden wir in Owinsk, nur dass die Vorfahrt noch gesteigert wird, indem sie um einen ovalen Teich herumführt, der gleichzeitig eine Spiegelfläche für das Schloss bietet, ein in Landschaftsgärten beliebtes Motiv. In Owinsk bilden monumentale Torhäuser die Ein- und Ausfahrt, was die Wirkung des Schlosses enorm steigert. Zeitgenössische Beschreibungen rühmten besonders den Landschaftsgarten, in den die nördlich des Schlosses gelegenen Wirtschaftsgebäude mit einbezogen waren, wie auch die Zisterzienserinnen-Klosteranlage mit der von Pompeo Ferrari zwischen 1720 und 1735 errichteten weit ausstrahlenden Kuppelkirche im Süden. Heute ist das Gelände des einstigen Parks weitgehend bebaut. Die Innenräume des Schlosses in Owinsk boten frühklassizistische Gestaltungen, unter denen besonders die Deckenmalereien herausragten. Zu Owinsk gehörte noch ein zweites, auf dem anderen Wartheufer gelegenes Schlossgebäude, das durch eine Sichtverbindung auf das Schloss bezogen war. Das später umgebaute, eher als Villa zu bezeichnende und bis heute erhaltene Schloss Radojewo war ebenfalls von einer Parkanlage umgeben. Ob dieses Gebäude von Schinkel stammt, ließ sich bisher nicht klären.

Die Schlossanlage in Owinsk blieb bis 1945 im Besitz der Familie von Treskow. Danach diente das Gebäude bis in die 90er Jahre als Schule. Im Zusammenhang mit den Schinkel-Ehrungen zu dessen 200. Geburtstag 1981 wurden durch die polnische Denkmalpflege umfangreiche Restaurierungsarbeiten vorgenommen wie die Sanierung der Fassade. 1992 veräußerte der polnische Staat das Schloss an die Gemeinde, die für die Anlage eine neue Nutzung suchte und sie an eine GmbH weiterverkaufte. Keiner der Nutzungspläne wurde jedoch umgesetzt. Im Gegenteil, das ungesicherte Schloss verfiel immer mehr und war dem Vandalismus preisgegeben. Binnen kürzester Zeit wurde der bis dahin gut erhaltene und gepflegte Bau verwüstet: Fenster und Türen eingeschlagen, Parkettfußböden herausgerissen, Dekor abgeschlagen und die Wände beschmiert. Die alarmierte Öffentlichkeit und bürgerschaftliches Engagement konnten weiterer Zerstörung inzwischen Einhalt gebieten. 2004 kaufte die Gemeinde das Schloss zurück und sicherte den Bau. Gegenwärtig wird nach einer der historischen Bedeutung von Owinsk als eines von Schinkels Frühwerken gerecht werdenden Nutzung gesucht. Zur Unterstützung der Bemühungen um die Rettung von Schloss Owinsk wurde ein Förderverein gegründet. GS

Literatur

Jan Skuratowicz: Dwory i palace w wielkim ksiestwie Poznanskim [Schlösser und Paläste im Großherzogtum Posen]. Poznan 1981, S. 23–25, 30, Abb. 18–19.

Eva Börsch-Supan: Die Provinzen Ost-und Westpreußen und Großherzogtum Posen (Karl-Friedrich Schinkel-Lebenswerk, Bd. 18), München/Berlin 2003, S. 148–167.

Alexander Duncker (Hg.): Die ländlichen Wohnsitze, Schlösser und Residenzen des ritterschaftlichen Grundbesitzes in der Preußischen Monarchie, Bd. 3, Berlin 1860/61, Bl. 148 (Owinsk), 156 (Radojewo).

Gniezno (Gnesen)
Ehemalige evangelische, heute katholische Kirche

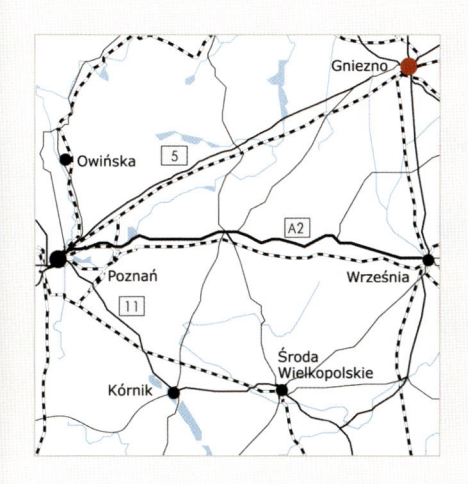

Entwürfe	1824, 1825, 1836
Ausführung	1840–42
Erweiterung	1896

Die frühere evangelische, heute katholische Kirche in Gniezno (Gnesen) ist ein prägnantes Beispiel für einen Kirchenbau, den Schinkel trotz mehrerer von verschiedenen Architekten eingereichter Entwürfe in seinen wesentlichen Elementen bestimmt hat. Die evangelische Gemeinde in Gnesen sollte einen Kirchenneubau erhalten, nachdem das ursprüngliche Gotteshaus wegen Baufälligkeit 1820 geschlossen werden musste. Außerdem war die Gemeinde stark angewachsen, ein weiterer Grund für den Bau einer neuen und größeren Kirche. Schinkels Korrekturentwurf von 1824, der in der Oberbaudeputation nach seinen Angaben angefertigt wurde, bezieht sich auf einen Entwurf des Baurats Carl Gotthard Adler, der eine Kirche im klassizistischen Stil vorgelegt hatte. Obwohl Schinkel in seiner Beurteilung Adlers Entwurf mit »nur einigen Erinnerungen« bestätigt, greift er zugleich massiv ein: Der Klassizismus ist zugunsten des Rundbogenstils zurückgenommen, der Turm stellt eine Variante des Turms der Luisenkirche in Charlottenburg dar. Die Ausführung des Baus zog sich immer wieder infolge von weite-

Ansicht der Turmfront

Korrekturentwurf. Zeichnung der Oberbaudeputation nach Schinkels Angaben, 1824

ren vom Geistlichen Ministerium eingeforderten Gutachten und neuen Entwürfen hin. Zur Ausführung gelangte zwischen 1840 und 1842 ein von Ludwig Schildener erarbeiteter und nach Angaben von Schinkel veränderter Entwurf. Die Kirche mit einer Emporenhalle mit angefügter halbrunder Apsis und Platz für 1.000 Sitzplätze und einem vorgestellten Turm erinnert an Schinkels Pläne für die Vorstadtkirchen in Berlin. Besonders der Turm, stark verwandt mit den Plänen für die Kirche in Petzow von 1839, ist ganz Schinkel zuzuschreiben. Die ursprüngliche Form der Kirche lässt sich an den schmalen Frontwänden hinter dem Turm ablesen. Die dahinter liegenden stark hervorspringenden Seitenwände zeigen die Erweiterung der Kirche von 1896 an, die wegen der vergrößerten Gemeinde notwendig wurde. GS

Literatur

Hillert Ibbeken/Elke Blauert (Hg.): Karl Friedrich Schinkel. Das architektonische Werk heute. Stuttgart/London 2001, S. 323.

Eva Börsch-Supan: Die Provinzen Ost-und Westpreußen und Großherzogtum Posen (Karl Friedrich Schinkel-Lebenswerk, Bd. 18). München/Berlin 2003, S. 489–497.

Antonin

Jagdschloss und Mausoleum

Jagdschloss
Entwurf   1820
Ausführung   1822–24
Restaurierung   1971–81

Mausoleum
Entwurf   1833/34 (?)
Ausführung   1835 (?)
Anbauten   Ende des 19. Jhds.

Das Jagdschloss Antonin liegt 15 Kilometer südlich von Ostrowo nahe einem See in einem ausgedehnten Waldgebiet. Durch seine außergewöhnliche Gestalt und Bauweise nimmt das von 1822 bis 1824 errichtete Schloss unter Schinkels Bauten eine Sonderstellung ein. Der Bau entstand im Auftrag des Fürsten Anton Heinrich Radziwill, der einem bedeutenden litauisch-polnischen Fürstengeschlecht entstammte. Radziwill gehörte zu den bekanntesten Persönlichkeiten seiner Zeit und war 1815 zum Statthalter des nach dem Wiener Kongreß geschaffenen preußischen Großherzogtums Posen berufen worden. Verheiratet mit der Hohenzollern-Prinzessin und Nichte Friedrichs des Großen, Luise, unterhielt er in seinem Palais in der Berliner Wilhelmstraße einen einflussreichen Salon, in dem auch Schinkel oft zu Gast war. Radziwill prägte seine Zeit durch seine Persönlichkeit: als Musiker, als Komponist, als Mäzen der Künste und Künstler sowie als Förderer von Architektur und Bildung. Berühmt wurde er durch seine Musik zu Goethes »Faust«. Als Förderer machte er sich besonders um Frederyk Chopin verdient, der ab Sommer 1829 mehrmals auf Einladung des Fürsten in Antonin weilte. Chopin widmete dem Fürsten das Klaviertrio (op. 8) und die Polonaise für Cello (op. 3). Radziwill ist heute weitgehend vergessen, nicht jedoch seine Tochter Elisa, deren unglückliche Liebesbeziehung zum preußischen Prinzen Wilhelm (späterer König und Kaiser Wilhelm I.) die Gemüter bis heute bewegt. Die Residenz des Fürsten Radziwill als Statthalter befand sich in Posen. Ausgedehnte Familiengüter gehörten den Radziwills in Przygodzice, in dessen Nähe sich der Fürst ein Jagdschloss wünschte. Die Idee dazu ist vermutlich schon 1815 entstanden und einiges spricht dafür, dass Schinkel von Anfang an einbezogen war. Über den Inhalt des Auftrags berichtet Schinkel in der »Sammlung architektonischer Entwürfe« 1824: »Die Aufgabe hierzu ward so gestellt, daß etwa vierundzwanzig Jagdfreunde in dem Schlosse

121

Perspektivische Ansicht des Jagdschlosses (Sammlung Architektonischer Entwürfe, 1824)

ein Unterkommen finden sollten, daß ein großer Saal, mit Kaminen ausgestattet, die Gesellschaft vereinigen, und das Gebäude hoch geführt werden müßte, um den Bewohnern aus den oberen Fenstern eine Übersicht der weiten Waldgegend zu gestatten. Ferner ward verlangt, daß der Bau in Holz geführt werde, teils weil dies Material, im Überfluß vorhanden, den geringsten Aufwand verlange, teils den Vorteil der Wärme und Trockenheit im Innern gewähre, welches bei der Lage desselben zwischen Wiesen und Waldung zu berücksichtigen sehr nötig gefunden wurde.« Schinkel löste die gestellte Aufgabe ebenso eigenständig wie originell. Das Äußere täuscht einen bis auf das steinerne Kellergeschoss ganz aus Holz errichteten Bau vor. Allerdings kam bei der zwischen 1971 und 1981 durchgeführten Restaurierung zutage, dass das Blockholzfachwerk mit Ziegeln ausgefüllt ist. Für den Grundriss ließ sich Schinkel von oktogonalen Formen der barocken Lust- und Jagdschlösser anregen. So bildet die Mitte des Jagdschlosses Antonin ein Achteck, auf dem sich eine drei Etagen hohe offene Halle erhebt. An vier sich gegenüberliegenden Seiten des Achtecks sind auf quadratischem Grundriss über drei Etagen reichende Flügel angefügt, von Schinkel »Pavillons« genannt. Drei der Flügel nahmen die Wohn- und Schlafzimmer auf, der vierte dient als Portalrisalit, Eingang und Treppenhaus. Die einzelnen Etagen der Flügel haben die Form von Würfeln. Der Mittelbau ist eine Etage höher, wo weitere Zimmer untergebracht sind, und wird von einem hohen Dach mit Aussichtsplattform abgeschlossen. Die großen Fenster an den freien Seiten des Mittel-

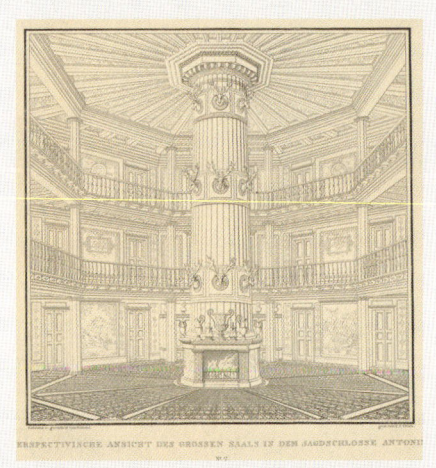

Perspektivische Ansicht des großen Saals (Sammlung Architektonischer Entwürfe, 1824)

baus lassen viel Licht in die große Halle. Als prägendes Element entwarf Schinkel eine mit insgesamt 24 Hirschtrophäen geschmückte Kolossalsäule, die sowohl als Schornstein für die beiden Kaminöffnungen im Sockel wie auch als Träger für die Deckenbalken dient. Die Säule bildet das Zentrum der Halle, verleiht ihr Festlichkeit und Eleganz. Zwei umlaufende Galerien, von denen man die Zimmer der zweiten und dritten Etage erreicht, gliedern die Höhenentwicklung. Das beherrschende Material in der Halle ist naturfarben belassenes Holz. Als Wandschmuck lieferte der Berliner Maler Wilhelm Wach, den Schinkel schon mit der Deckenausmalung im Saal des Schauspielhauses beauftragt hatte, Jagdszenen mit Themen aus der antiken Mythologie, die sich leider nicht erhalten haben.

Hatte Schinkel bei vielen seiner Schlossbauten mit dem Umbau bereits vorhandener Bausubstanz zu tun, so entstand das Jagdschloss Antonin als Neubau und ganz nach seinem Entwurf. Bis in die Details kümmerte er sich persönlich um die Ausführung. Der Bau ist klar gegliedert und überzeugt durch Leichtigkeit und Harmonie wie auch durch seine Originalität. Schon während der Bauzeit geriet der Fürst ins Schwärmen über diesen außergewöhnlichen Bau. In einem Brief an Schinkel heißt es: »Das Schloss gewinnt immer mehr an Schönheit je mehr wir ins Detail gehen, es wird eine grosse Freude für mich sein Sie dort zu bewirten wenn sie einst die Provinz bereisen werden und Ihnen an Ort und Stelle den Ausdruck meiner Dankbarkeit und Freundschaft zu wiederholen.« Antonin avancierte zu einem der bevorzugten Aufenthaltsorte der Familie Radziwill und wurde nicht nur als Jagdschloss, sondern mehr noch als ländliche Residenz für Empfänge, Konzerte und andere Anlässe genutzt. Die besondere Wertschätzung der Radziwills für diesen Ort drückt sich auch darin aus, dass die Fürstin Schinkel nach dem Tode ihres Mannes im Jahr 1833 mit den Plänen für ein Mausoleum in Antonin beauftragte. Der Bau liegt nahe am See unweit des Schlosses. Schinkel entwarf einen Zentralbau auf quadratischem Grundriss mit einem zweiten Geschoss, das als achteckiger turmartiger Aufbau mit Zeltdach ausgebildet ist. Allerdings haben spätere Anbauten die Wirkung des Mausoleums stark verändert. In der Familiengruft wurden u.a. Anton Heinrich Radziwill, seine Frau Luise und die Tochter Elisa beigesetzt.

Schloss Antonin

Heute dient Schloss Antonin als Hotel mit einem gut besuchten Restaurant. Die stimmungsvolle Atmosphäre des Ortes, die schon die Radziwills gefangen nahm, genießen auch die heutigen Besucher. Dazu tragen die regelmäßig in der Halle des Schlosses veranstalteten Konzerte wie ein jährlich im September stattfindendes Chopin-Festival bei. GS

Literatur

Eva Börsch-Supan: Die Provinzen Ost-und Westpreußen und Großherzogtum Posen (Karl Friedrich Schinkel-Lebenswerk, Bd. 18), München/Berlin 2003, S. 167–186.

Zofia Ostrowska-Keblowska: Antonin. In: Karl Friedrich Schinkel i Palacy. Muzeum Narodowe w Warszawie. Warschau 1987, S. 81–102 (polnisch und deutsch).

Kórnik (Kurnik)
Schloss

Ursprungsbau	14. Jahrhundert
Erweiterungen und Umgestaltungen	1426, vor 1574 vor 1780
Umbauentwurf Schinkels	1828
Ausführung	1843–58

Das Schloss in Kórnik liegt südlich der Stadt in einem Park an einem großen See, steht allseitig frei und entwickelt entsprechend allseitig Schauseiten. Die Hauptfassade liegt an der Südseite, der Eingang an der Nordseite.
Das mittelalterliche Wasserschloss war in der Renaissance und im Barock mehrfach tiefgreifend umgestaltet worden. 1826 fiel der Besitz an den 30-jährigen Tytus Graf Działyński. Dieser hatte als besonders eifriger polnischer Patriot bereits eine bedeutende Sammlung von historischen Archivalien, Büchern, Kunstwerken, Militaria und Münzen zusammengetragen, mit denen er das Schloss zu einer »Aula patria« machen wollte, um mit der Pflege polnischer Geistes- und Kulturgeschichte den Keim zur Wiedergeburt eines polnischen Staates zu legen. Da das Schloss erneuerungsbedürftig war, erwachte in ihm der Gedanke, es für diese Sammlung ausbauen zu lassen. Obgleich der Graf eine Architekturausbildung besaß, entwarf er den Umbau nicht selbst, sondern wandte sich an den italienischen Architekten Antonio Corazzi, der sich durch einige klassizistische Bauten in Warschau einen Namen gemacht hatte. Działyński wünschte einen Ausbau in Stilformen der Jagiellonenzeit, also des 15. Jahrhunderts, unter Wahrung der historischen Substanz, da zu jener Zeit die polnischen Könige Gäste der Schlossbesitzer gewesen waren. Corazzi entwarf in Unkenntnis mitteleuropäischer Gotik eine etwas theaterhaft anmutende Fassade aus Versatzstücken oberitalienischer Dekorationsformen der Gotik. Auch der nach diesem unbefriedigenden Ergebnis beauftragte Enrico Marconi lieferte keinen Entwurf nach Vorstellung des Bauherren. Erst daraufhin wandte sich Działyński an »le grand Schinkel«, der nach einer Unterredung im Januar 1828 den Auftrag erhielt und seine Zeichnungen bis Anfang April vorlegen konnte und schließlich mit der vergleichsweise hohen Summe von 300 Talern entlohnt wurde.
Die Grundlage von Schinkels Planung war

124

Perspektivische Ansicht (Sammlung Architektonischer Entwürfe, 1835)

eine einheitliche Aufstockung des vorhandenen Gebäudes und Deckung mit nach innen geneigten, aber oben als Umgang abgeflachten Pultdächern, die in zwei schmale Schächte (in der Erläuterung euphemistisch »Höfe« genannt) entwässern. Die Südseite gestaltete er als Haupt- und Eingangsseite mit einer mächtigen vorgelagerten und damit in den Wassergraben vorgeschobenen Terrasse, zu der eine zweibogige Brücke führen sollte. Um dem Haus eine charakteristische Kubatur zu geben, plante er seitlich an die Ecken Turmelemente, die aber keine Freigeschosse entwickeln, sondern – ein gleichzeitig am Kolberger Rathaus verwendetes Motiv – nur mit einer zinnenbekrönten Attika den übrigen Bau überragen sollten. Dem Mittelteil der Fassade sollte ein dreiachsiger Risalit vorgelegt werden, der mit kleinen Ecktürmchen versehen die ganze Anlage überragt hätte. Schinkel legte in seinen Erläuterungen Wert darauf, dass die neu aufzuführenden Mauern nicht in das alte Mauerwerk eingebunden werden sollten, sondern sich in sich statisch stabil setzen konnten, ohne zu Rissbildung zu führen. Wie in Kolberg und Stolzenfels hätten einheitlich gestaltete Zinnenkränze die unterschiedlich hohen Baukörper optisch aneinander gebunden.

Kaum begonnen wurden die Bauarbeiten 1830 durch politische Ereignisse für lange Zeit lahm gelegt. Der Graf beteiligte sich am polnischen Aufstand, musste nach dessen Scheitern fliehen und wurde in Abwesenheit zum Tode verurteilt. Schinkel glaubte sicherlich nicht mehr an eine Ausführung des wichtigen Projekts und veröffentlichte es 1835 in vier Blättern im Heft 23 der Sammlung Architektonischer Entwürfe. Działyński konnte 1839 schließlich nach Kórnik zurückkehren. Erst nach Schinkels Tod begann er 1843 mit dem Umbau, der schon bald wieder ins Stocken geriet, da er nach erneuter Teilnahme an den revolutionären Ereignissen der Jahre 1846–48 zu einem halben Jahr Festungshaft verurteilt wurde. Bei den Bauarbeiten, die 1849 wieder aufgenommen wurden, wurde kein neuer Architekt beauftragt, sondern der Bauherr selbst entwickelte aus den alten Planungen die Umbauformen. Zeitweilig wurden die Baumeister Marian Cybulski und Wiktor Stabrowski hinzugezogen, die die neuen Umbaupläne zeichneten. Die Fertigstellung des Schlosses 1861 fiel zeitlich

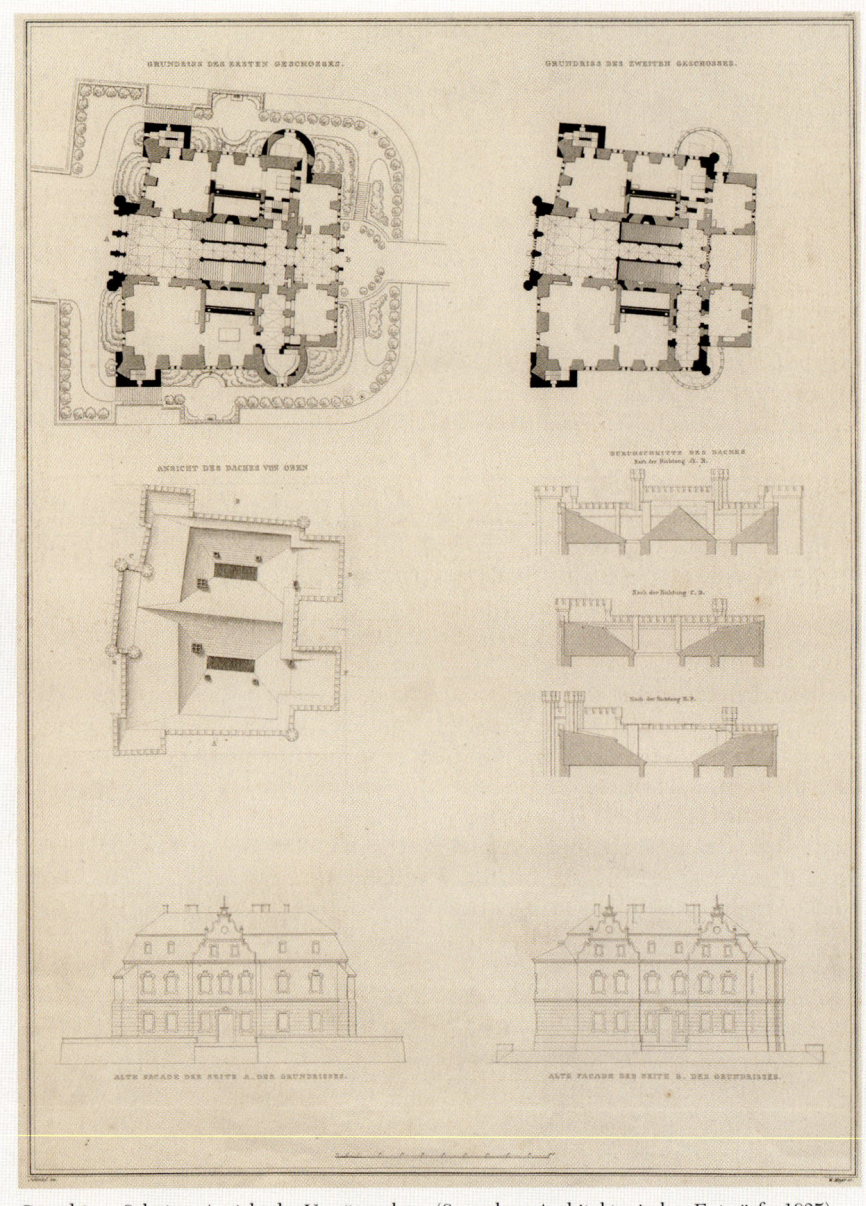

Grundrisse, Schnitte, Ansicht des Vorgängerbaus (Sammlung Architektonischer Entwürfe, 1835)

mit dem Tod des Bauherren zusammen. Bei der Ausführung blieb von Schinkels Entwurf eigentlich nur der Gesamteindruck, wie er ihn in seiner perspektivischen Südwestansicht zeichnete. Alle Details wurden aber abgewandelt, neue Bauideen wie der »Burgfried«, eine Nordvorhalle als Haupteingang und ein Wintergarten vor der Südfassade eingeplant. Besonders ein Vergleich der Ausführung des auf den ersten Blick ähnlich scheinenden Mittelteils der Südfassade mit dem Schinkelschen Entwurf zeigt die völlig veränderte Intention. Schinkel wählte hier durch Zusammenziehung

Schloss Kórnik

der drei Fensterachsen ein Gittermotiv, Dzyalinski und Cybulski führten stattdessen eine auf dem Entwurf von Corazzi basierende hohe Spitzbogennische ein, die im unteren Teil mit dem Wintergarten verstellt ist. In den Details geht der bestehende Bau wieder auf die Ideen des vor Schinkel beauftragten Marconi zurück, aber die räumliche Struktur und der Charakter des Schlosses folgen den Vorstellungen Schinkels. Somit ist sein Entwurf ein bedeutendes Beispiel für sein Schaffen in gotisierenden Formen. Schloss Kórnik ist mit seiner Geschichte und seiner Gestaltung einer der interessantesten neugotischen Bauten Polens aber – wie die Ehrenburg in Coburg – kein wirklicher »Schinkelbau«. AB

Literatur

Barbara Dolczewska: Das Schloss in Kórnik. Kórnik 1991.

Hillert Ibbeken/Elke Blauert (Hg.): Karl Friedrich Schinkel. Das architektonische Werk heute. Stuttgart/London 2001.

Eva Börsch-Supan: Die Provinzen Ost-und Westpreußen und Großherzogtum Posen (Karl Friedrich Schinkel-Lebenswerk, Bd. 18). München/Berlin 2003, S. 186–205.

Barbara Dolczewska: Zamek kórnicki i jego wnetrza. Kórnik 2004.

Śmigiel (Schmiegel)
Ehemalige evangelische, heute katholische Kirche

Entwurf (Zweiter Entwurf)	1825
Ausführung	1827–30
Turmumbau	1862
Neuverputzung des Außenbaus	1968/69

Die ehemals evangelische Kirche steht auf einem platzartigen Grundstück, städtebaulich wirksam mit der Turmseite in der Achse einer auf das Grundstück zulaufenden Straße. Die seit dem 16. Jahrhundert bestehende evangelische Gemeinde musste sich diesen Bauplatz 1818 gerichtlich erstreiten.

Die alte evangelische Kirche war 1814 abgebrannt und 1819 wurde ein Entwurf zu einer quergestellten Kirche mit überkuppeltem Turm vor der Langseite eingereicht, der in der Tradition protestantischer Kirchenbauten des 18. Jahrhunderts stand. Dieser Entwurf wurde erst 1823 in der Oberbaudeputation revidiert und verworfen. Ein zweiter Entwurf von 1825 für eine nun längs gestellte Kirche wurde ebenfalls nicht akzeptiert und ein Gegenentwurf gefertigt, bei dem wohl nur die Baukörperstellung und die Emporendisposition übernommen wurden. Eine Wendung in Schinkels Gutachten weist darauf hin, dass der eingereichte Plan ein Tonnengewölbe vorsah: Schinkel erläutert darin, er habe im Gegenentwurf auf ein solches verzichtet, denn es verursache höhere Kosten, verhindere eine festere Konstruktion und

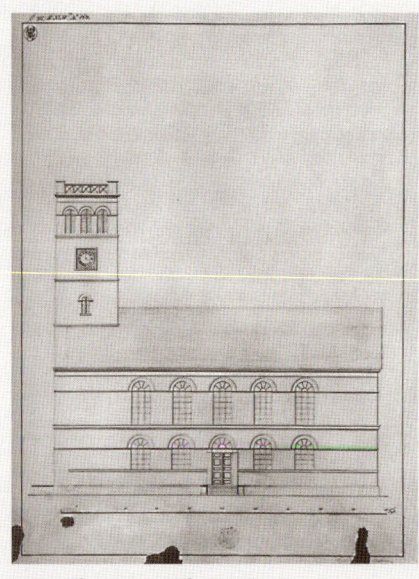

Entwurf, Seitenansicht, 1826

sei der Akustik abträglich. Diese Einschätzung Schinkels ist überraschend, wenn man bedenkt, dass durch die Verbreitung seines Normalkirchentyps auch die Holztonnenwölbung breite Anwendung erfuhr. Der Turm war in Schinkels Entwurf weitgehend in den Baukörper der Kirche eingestellt, was auch nicht Schinkels Prinzip entsprach, diese wegen des unterschiedlichen Setzens der Bauteile statisch zu trennen. Die Kirche wurde 1827–30 nach Schinkels Entwurf ausgeführt.

Die Kirche von Śmigiel ist ein rechteckiger Putzbau unter Satteldach. Die Längsseiten haben fünf Fensterachsen bei breiten seitlichen geschlossenen Wandflächen, die Schmalseiten sind dreiachsig gegliedert. Die Fassaden sind zweigeschossig, ihr Schmuck besteht aus übereinander gestellten Fenstern, die durch Gesimse auf Höhe der Sohlbänke und Kämpfer miteinander verbunden sind. Diese Gesimse umlaufen außer dem unteren Sohlbankgesims den gesamten Baukörper. Das obere Sohlbankgesims und das ebenfalls herumgezogene Traufgesims sind besonders kräftig gebildet. Die Kirche besitzt also ausschließlich horizontale Putzgliederung, die zwar durch die Rundbogenfenster etwas abgeschwächt wird, aber dem Bau trotzdem etwas sehr Lagerndes verleiht. An den Längsseiten ist die untere Mittelöffnung als Tür mit seitlichen Pilastern gebildet. Der Turm hat drei Freigeschosse und setzt den für den Gesamtbau notwendigen Vertikalakzent, der aber durch seine spätere Überformung (s. u.) heute überbetont wirkt. Der Turm hatte nach der ursprünglichen Planung im Erdgeschoss ein großes rundbogiges Portal und darüber ein Fenster, das denen am Schiff entsprach. Die beiden Geschosse darüber hatten kleine Rundbogenfenster, das fünfte Geschoss war als Uhrträger ungegliedert und das abschließende Geschoss durch jeweils drei gekuppelte Schallarkaden geschmückt. Der Turm wurde flach geschlossen und hatte an den Ecken Sockel, zwischen die Eisengitter gespannt wurden.

Katholische Kirche

Das Innere ist ein recht hoher Emporensaal mit eingestellter und leicht eingezogener Apsis, die seitlich von Nebenräumen flankiert wird. Das Traggerüst bilden kannelierte Holzpfeiler von quadratischem Querschnitt. Sie tragen geschossweise einen Architrav, auf dem wiederum der Pfeiler des nächsten Geschosses steht. Die Pfeiler wirken zwar etwas »gestapelt«, gliedern den Raum jedoch auf sehr plastische und ruhige Weise. Zur Klarheit der Struktur trägt das leichte Zurücksetzen der Emporenbrüstungen bei. An der Apsiswand setzt sich dieses Gliederungssystem mit Pilastern fort, was durch die neuzeitliche Ausmalung verunklärt wird. Die Decke ist flach und einheitlich bis zur Apsiswand durchgezogen, wodurch der Raum großzügig wirkt. Die Emporen sind mit amphitheatralisch ansteigenden Sitzreihen versehen.

1862 wurde auf Wunsch der Gemeinde ein spitzer Turmhelm aufgesetzt und den Turmobergeschossen eine reiche Stuckgliederung

Śmigiel | Ehemalige evangelische Kirche

129

verpasst, wobei die ursprünglichen Schallarkaden verkleinert wurden und nicht mehr als Gruppe wirken. Dieser an sich geringe bauliche Eingriff hat das Erscheinungsbild der Kirche völlig verändert. 1968/69 wurde der Außenbau neu verputzt. Dabei verzichtete man auf die Wiederherstellung des unteren Sohlbankgesimses und der Bogenrahmungen, was das Erscheinungsbild empfindlich beeinträchtigt.

An der Kirche von Śmigiel sind zwar durch die äußeren Eingriffe die Schinkelschen Gliederungsprinzipien nicht mehr gut ablesbar. Aber das Innere ist noch immer ein äußerst sehenswerter Sakralraum Schinkels. AB

Literatur

Eva Börsch-Supan: Die Provinzen Ost-und Westpreußen und Großherzogtum Posen (Karl Friedrich Schinkel-Lebenswerk, Bd. 18), München/Berlin 2003. S. 433–438.

Hillert Ibbeken/Elke Blauert (Hg.): Karl Friedrich Schinkel. Das architektonische Werk heute. Stuttgart/London 2001, S. 239.

Buk
Katholische Kirche

Entwurf (Gegenentwurf)	1828
Ausführung	1838–46
Kriegsschaden (Brand)	1945
Wiederaufbau (in schlichter Form)	1946–51

Die katholische Kirche von Buk steht inmitten des kleinen Ortes auf einem Platz und bestimmt mit ihren vergleichsweise aufwändigen Fassaden das Ortsbild. Lediglich die Ostfassade wirkt mit ihren drei weitgehend öffnungslosen Apsiden als Rückseite des Baus.

Ein erster Entwurf eines einheimischen Bauinspektors missfiel Schinkel nicht nur in technischer, sondern auch in stilistischer Hinsicht, so dass er 1828 einen Gegenentwurf anfertigen ließ. Aus dem abgelehnten Entwurf übernahm er dabei den ungewöhnlich gestreckten Baukörper, für den er nun einen streng antikischen Stil ionisierender Ordnung vorsah. Da die Gemeinde nicht vermögend war, vermerkte Schinkel potentielle Einsparmöglichkeiten bereits im Entwurf, so könne etwa der Portikus wenn nötig auch wegfallen. Das unantikisch geneigte Satteldach des Schiffs sollte im Westen hinter einem Riegelbau und im Osten hinter einer Attika versteckt werden. Da sich die Finanzierung in der Tat als schwierig erwies, wurde der Bau erst 1838–46 ausgeführt. Der Gemeinde scheint der Entwurf Schinkels so am Herzen gelegen zu haben, dass sie seine unreduzierte Verwirklichung über einen langen Zeitraum erfolgreich verfolgte.

Die Kirche ist ein Rechteckbau unter Satteldach mit einem westlich vorgesetzten Portikus und drei Ostapsiden, von denen nur die mittlere ursprünglich ist. Die Längsseiten weisen neun Fensterachsen auf, während die Schmalseiten durch Portikus bzw. Apsiden dreiachsig definiert sind. Die jeweils äußeren Achsen der Längsseiten sind als Risalite schwach vorgezogen, was aber auf eine Abänderung der Schinkelschen Planung zurückgeht. Auf die westlichen vorgezogenen Achsen ist gleichsam ein Riegel als Glockenträger gebaut, der ein sehr flaches Satteldach hat und zur Front einen Dreiecksgiebel ausbildet, der mit dem Giebel des Portikus korrespondiert. Auch der Portikus hat ein Satteldach. Seine vier Sandsteinsäulen haben nur zwei korrespondie-

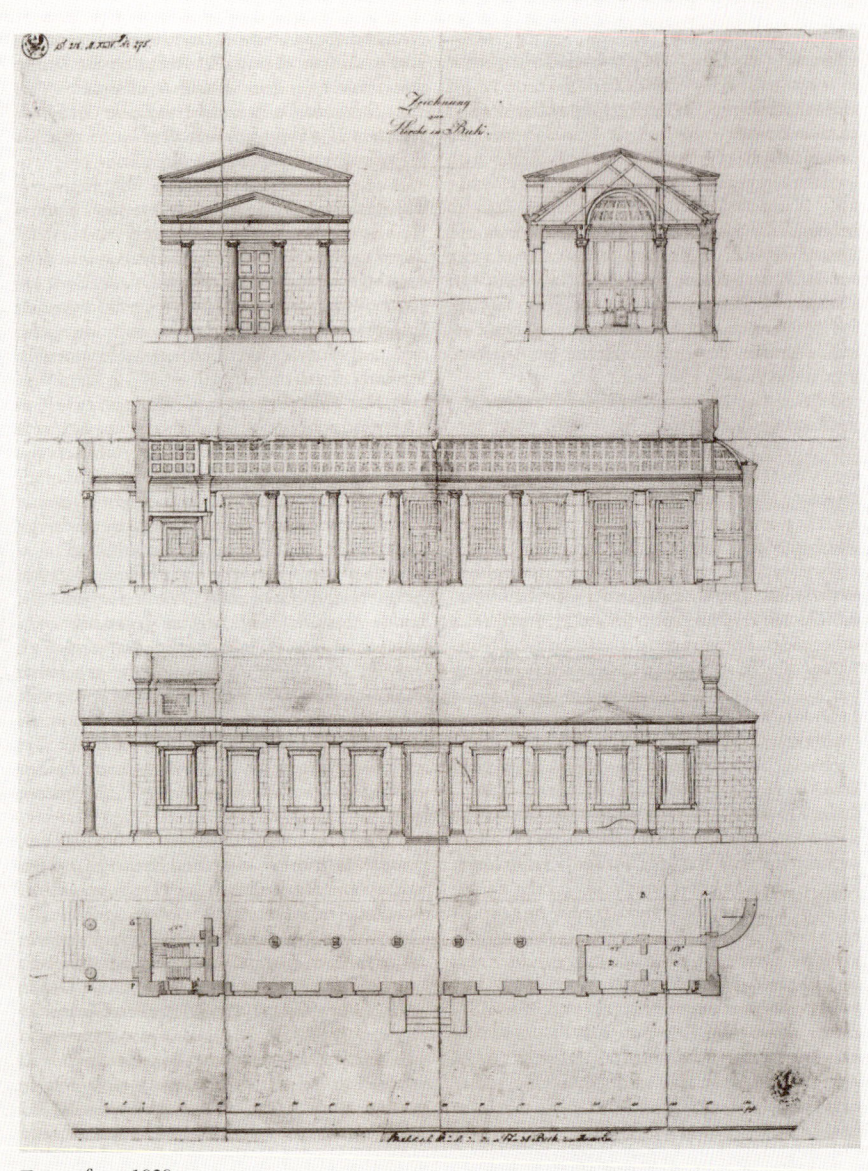

Entwurf von 1828

rende Pfeilervorlagen mit einfachen profilierten Basen und Deckplatten an der Kirchenwand. Die Längswände sind entsprechend dieser Pfeilervorlagen durch Pilaster zwischen den Fenstern gegliedert. Auf ihnen läuft die einheitlich gestaltete Gebälkzone mit weit vortretendem Gesims um das ganze Gebäude herum. Die Fenster besitzen Rahmungen mit Gebälkstückbekrö-nung, die direkt unter die Architravzone des gesamten Gebäudes gesetzt ist. Die Mittelachsen enthalten Türen, so dass die lange Reihung der Achsen einen deutlichen Mittelakzent besitzt. Eine feine Putzquaderung zeichnet sämtliche Fassaden aus. Nicht ausgeführt wurde die Attika mit Dreiecksgiebel auf der Chorwand, die den steilen Giebel verdecken sollte. Damit fällt die Ostfassade – ohnehin beeinträchtigt durch die Anfügung der seitlichen Apsiden und ein nachträglich eingebrochenes, ungegliedertes Fenster – gestalterisch gegen den übrigen Bau ab. Der im Krieg zerstörte Schinkelsche Innenraum war – nach den Zeichnungen zu urteilen – eine dreischiffige Halle auf ionischen Säulen, deren Mittelschiffs-Tonnengewölbe einheitlich kassettiert war. Die Apsis sollte in der Kalotte eine ähnliche Kassettierung und Wandfelderung erhalten.

Der Bau brannte 1945 aus und wurde bis 1951 innen in sehr schlichter Form wiederaufgebaut. Dabei wurde das Portal in der Höhe reduziert, was die Frontansicht sehr beeinträchtigt. Bei einer späteren Renovierung wurde der Raum nach neuem Entwurf klassizistisch ausgestattet. Diese innere Gestaltung harmoniert zwar mit dem Äußeren, da sie durchaus gekonnt ist, hat aber mit dem Raum Schinkels nur die dreischiffige Grundform mit der Mittelschiffstonne gemein.

In der sehr konsequent verfolgten antikischen Stilwahl steht die tempelartige Kirche von Buk gesondert in Schinkels Œuvre. Sie ist, wenngleich nur im Äußeren erhalten, ein wichtiges Beispiel für seine klassizistische Baukunst. Ein mögliches, dann aller-

Portal der Kirche

dings frei verarbeitetes Vorbild ist die Kirche St. Philippe du Roule in Paris, die Schinkel auf der Reise 1826 skizzierte und die ihm Friedrich Wilhelm III. als Vorbild für die Potsdamer Nikolaikirche vorschrieb. AB

Literatur

Hillert Ibbeken/Elke Blauert (Hg.): Karl Friedrich Schinkel. Das architektonische Werk heute. Stuttgart/London 2001, S. 321.

Eva Börsch-Supan: Die Provinzen Ost-und Westpreußen und Großherzogtum Posen (Karl Friedrich Schinkel-Lebenswerk, Bd. 18). München/Berlin 2003, S. 395–400.

Wolsztyn (Wollstein)
Ehemalige evangelische, heute katholische Kirche

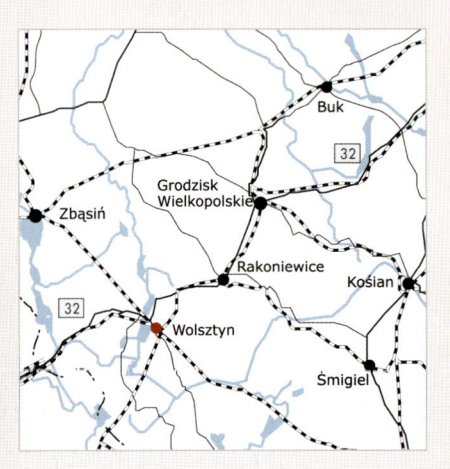

Entwurf 1827, 1829
Ausführung 1830–32

Die ehemals evangelische, heute katholische Kirche von Wolsztyn steht auf dem Kirchplatz und wendet aus städtebaulichen Gründen ihren hohen Turm nach Osten. Mit dem Turm und dem großen Baukörper unter Satteldach bestimmt sie das Ortsbild. Eine evangelische Gemeinde bestand in Wollstein bereits seit Anfang des 17. Jahrhunderts, weshalb sie entsprechend groß war. Die Kirche der Kleinstadt brannte 1810 ab. Erst 1827 wurde ein Bauantrag bei der Oberbaudeputation eingereicht, der vermutlich als quergerichteter Emporensaal mit vor die Längsseite gestelltem überkuppeltem Turm aus den Beschreibungen vorstellbar ist. Dieser Typus galt damals als altertümlich, zudem war der Bau auch in technischer Hinsicht mangelhaft entworfen, weshalb Schinkel einen Gegenentwurf fertigen ließ. Dieser sah einen verputzten Rechteckbau unter Satteldach vor, mit an die östliche Schmalwand gestelltem viergeschossigem Turm auf quadratischem Grundriss. Die Schmalseiten wurden dreiachsig definiert, die Längsseiten fünfachsig mit breiten geschlossenen Wandfeldern zu den Ecken hin. Hier sollten große Rundbogenfenster auf einem durchgezogenen Sohlbankgesims den einzigen Schmuck durch ein Kämpfergesims und Bogenrahmungen erhalten. Demgegenüber war die Eingangsseite zweigeschossig gegliedert, indem über den Nebenportalen kleine Rundbogenfenster angeordnet werden sollten. Den Turmabschluss sollten eine einfache durchbrochene Mauerbrüstung und ein achtseitiger Helm bilden. Das Innere sollte vor der Westwand eine massive eingestellte Apsis zwischen Nebenräumen und zweigeschossige Holzemporen in raumhohen hölzernen Arkaden erhalten. Der überlieferte Entwurf ist von großer Rationalität und Stringenz. Während der Ausführung stellte die Regierung in Posen fest, dass Abweichungen von der Schinkelschen Planung vorgenommen worden waren und ließ die Bauarbeiten 1831 unterbrechen. In einem daraufhin erstellten Gutachten be-

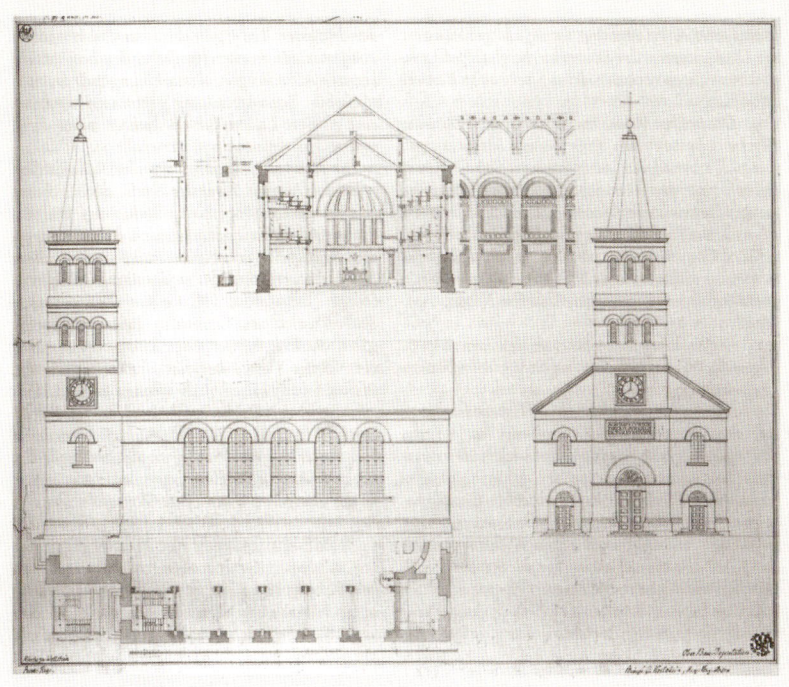

Entwurf von 1828

Kirche

Wolsztyn | Ehemalige evangelische Kirche

Wolsztyn | Ehemalige evangelische Kirche

mängelte die von Schinkel geleitete Oberbaudeputation, dass Risalite für die Emporentreppen gebildet worden seien, mit zudem unsinniger Fensteranordnung, statt der hölzernen Arkaden seien steinerne errichtet worden, verschiedene Deckenhöhen in Mittel- und Seitenschiffen seien willkürlich, wie eine Voute als Decke des Ersteren. Zudem sei der Turm nicht vor das Kirchenschiff gestellt worden, sondern schnitte mit seiner Westwand in das Kirchenschiff ein, was zur Bildung von Rissen führen werde. Wollte man zunächst den ausführenden Bauinspektor v. Cardinal (vgl. Miedzychod) dafür verantwortlich machen, so stellte sich heraus, dass der Pfarrer diese Änderungen bei v. Cardinal veranlasst hatte und sie auch von der Regierung genehmigt worden waren. So konnten nur noch kleinere Korrekturen vorgenommen werden. Der Bau wurde 1832 geweiht. Der Turmabschluss wurde auch verändert, in dem man auf die Brüstungsmauer verzichtete und einen Knickhelm mit Gitter auf dem unteren Helmteil errichtete. Die von Schinkel entworfenen Blattrankenreliefs in den Tympana der Eingangstüren wurden nach dem Entwurf gefertigt, sie gerieten aber in der Ausformung etwas »bäuerlich«.

Der ausgeführte Innenraum ist trotz der Modifizierung durch v. Cardinal im Sinne Schinkels gebildet. Nicht im Sinne Schinkels ist die Bildung der Mittelschiffsdecke als Spiegelgewölbe über weit vorkragendem Kranzgesims, das Verstellen der Apsis mit einem Hochaltar und die Rosettenreliefs der Emporenbrüstungen und die Rundung der Orgelempore. Ein Vergleich mit dem Kirchenraum in Miedzyrzecz (Meseritz) macht die Unterschiede deutlich.

Unter den »Schinkelbauten« ist die Kirche in Wolsztyn ein Grenzfall, weil die Veränderungen der Schinkelschen Planung, besonders in den Details, gravierend sind. Gleichwohl kann sie eher als originäres Werk Schinkels als die Variationen der »Normalkirche« in manchen Dörfern gelten. AB

Literatur

Hillert Ibbeken/Elke Blauert (Hg.): Karl Friedrich Schinkel. Das architektonische Werk heute. Stuttgart/London 2001, S. 331.

Eva Börsch-Supan: Die Provinzen Ost-und Westpreußen und Großherzogtum Posen (Karl Friedrich Schinkel-Lebenswerk, Bd. 18). München/Berlin 2003, S. 438–446.

WOIWODSCHAFT LUBUSKIE (LEBUSER LAND)

Die heutige Woiwodschaft Lubuskie bezieht ihren Namen von der Stadt Lebus (Bundesland Brandenburg). 1124 war hier das Gnesen unterstellte Bistum der Region gegründet worden. Lebus ist seit der Reformation zugunsten des aufstrebenden Frankfurts zur bedeutungslosen Ortschaft herabgesunken. Die Woiwodschaft setzt sich aus ehemals neumärkischen und Posenschen, im Süden ehemals schlesischen Territorien zusammen.

Auf dem alten Friedhof von **Gorzów Wielkopolski (Landsberg an der Warthe)** vermerkt Möller im Schinkel-Lebenswerk das Grabmal der Veronika Röstel (†1813) in Form eines überkuppelten Monopteros. Dieses Grabmal wurde 1819 im Katalog der Königlichen Eisengießerei veröffentlicht und später für ein Grabmal in Flensburg (s. d.) wiederholt.

Die Kirche von **Krosno Odrzańskie (Crossen an der Oder)** wurde anstelle des mittelalterlichen Vorgängers 1825–27 neu gebaut. Sie ist ein neugotischer Bau, dessen sehr schlicht geformtes Schiff etwas unvermittelt zwischen dem mit filigranem Blendwerk und elegant proportionierten Aufsätzen qualitätvoll gestalteten Turm und dem etwas plump mit fialenbekrönten Strebepfeilern geradezu »bewehrten« Chor steht. Trotz einiger durchgehender Motive fallen alle drei Bauteile gestalterisch auseinander. In der bisherigen Forschung wird diese Problematik des 1824 in der Oberbaudeputation bearbeiteten Entwurfs nicht thematisiert, sondern eine euphemistische Würdigung unternommen, obgleich doch die Unstimmigkeit auf Lücken in der Schinkelforschung hinweist.

Rogoziniec (Rogsen), Kirche

Die ehemals evangelische, heute katholische Kirche von **Rogoziniec (Rogsen)** ist zwar ein »Schinkelbau«, stellt aber nur einen wohl 1829 in der Oberbaudeputation nach Schinkels Angaben gefertigte Variation der Normalkirche mit Turm dar. Dabei wurde das Bauprogramm aus Kostengründen reduziert. Durch die Verkürzung des Schiffs wurde die Orgelempore in den Turm gelegt und die Nebenräume seitlich des Altars vor die Hälfte der westlichen Fenster. Statt der Holztonne im Mittelschiff erhielt der Raum ein Spiegelgewölbe. Dadurch konnten die Lünettenfenster nicht der Raumbeleuchtung dienen, das altarseitige Fenster ist entsprechend als Blende ausgeführt. Der Turmhelm ist spitz, um der Kirche mehr Fernwirkung zu verleihen. Wegen finanzieller Schwierigkeiten wurde die Kirche wohl erst 1837 begonnen und 1843 geweiht.

Im »Dehio« zu Schlesien wird die Kirche von **Solniki Małe (Klein Zölling)** vermerkt, 1826/27 »nach Entwurf von K. Fr. Schinkel gebaut von Architekt Wartenberg aus Brieg [...], um 1858–63 umgebaut«.

Die Kirche von **Torzym (Sternberg)** wurde 1828–34 errichtet. Der bei der Oberbaudeputation eingereichte Entwurf wurde unter Schinkel weitgehend verändert und erhielt somit eine konsequente klassizistische, sehr schlichte Form. Ungewöhnlich, aber gestalterisch wirksam ist der in den Obergeschossen oktogonale Fassadenturm. Die sehr einfache Gestaltung mit schlichten Rahmungen und Putzquaderung ist weit entfernt von der Qualität der nahegelegenen Kirchen in Glisno (Gleissen) und Międzyrzecz (Meseritz). Durch eine nicht fachgerechte Renovierung mit Beseitigung der Putzquaderung und farblichem Absetzen von Gliederungen ist der Bau in seiner Erscheinung zudem schwer beeinträchtigt.

Für die Stadterweiterung von **Zielona Góra (Grünberg)** gibt der »Dehio« zu Schlesien die künstlerische Beteiligung Schinkels bei Neubauten, wie dem Gefängnis in der Ul. Luzycka, an.   AB

Słońsk (Sonnenburg)
Kirchturm

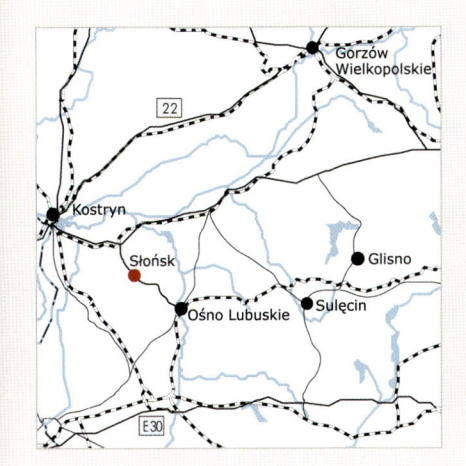

Entwurf und Ausführung 1816–18

Die ehemals evangelische Kirche von Słońsk steht auf dem Marktplatz der kleinen ehemals neumärkischen Ortschaft und prägt mit ihrem hohen Turm das Stadtbild.
1427 kam Sonnenburg in den Besitz des Johanniterordens und war bis 1810 Sitz des Herrenmeisters der Ordensballei Brandenburg. Die dreischiffige spätgotische Kirche besitzt eines der schönsten Netzgewölbe der Region. 1814 wurden Dach und Turmobergeschosse durch einen Brand zerstört. Die Wiederherstellung erfolgte 1816–18 unter Beteiligung Schinkels, der für den Turm einen eigenen Entwurf machte.
Das innen sehr prächtige, aber außen schlichte Kirchenschiff sollte seiner historischen und architektonischen Bedeutung entsprechend durch den Turmbau optisch gesteigert werden. Der Turm ist deshalb doppelt so hoch wie der First des Kirchendachs. Die drei unteren Turmgeschosse sind schlicht und wirken wie gestapelte Würfel, die nur durch einfache Spitzbogenfenster gegliedert und durch Gesimse voneinander abgesetzt sind. Das oberste Geschoss ist indes sehr hoch und in den Wandflächen mit Ziegelblenden reich gegliedert. Es ist im Grundriss etwas eingerückt und hat übereckgestellte Fialen, die mit tabernakelartigen behelmten Ecktürmchen den flachgedeckten Turm überragen. Als Brüstung dient ein Eisengitter, dessen Formen an Fischblasenwerk erinnern und nach oben zinnenartige Elemente aufweist. Zusammen mit den krabbenbesetzten Fialen-Helmen verzahnt sich der Turmabschluss gewissermaßen mit dem Himmel. Diese etwas spielerische Gestaltung ist noch weit entfernt von den entsprechenden klassisch kompakt formulierten Bauteilen der 1824 gebauten Friedrichswerderschen Kirche in Berlin.
Ort und Kirche blieben 1945 unbeschädigt. Bei einer denkmalpflegerischen Instandsetzung wurde dem mittelalterlichen Bauzustand der Kirche der Vorrang gegeben und daher die äußeren Verputzungen der Kirche aus der Zeit Schinkels beseitigt.

Słońsk | Kirchturm

Entwurf zur Neugestaltung des Turms der Ordenskirche, 1816-18

Kirche im heutigen Zustand

Damit ist die bauliche Ergänzung Schinkels etwas verunklärt, denn die Ziegelmauerungen der Turmgeschosse waren mit ihren nicht exakten Lagen und den weiten Überfang-Entlastungsbögen der Fenster nicht auf Ziegelsichtigkeit konzipiert und wirken nun ungewollt urtümlich. Mit teils mittelalterlichen, teils neu eingeführten Putzbändern an Turm und Schiff und den verputzten Helmen der Strebepfeiler hat man versucht, die stuckierten Eckfialen des Turmobergeschosses nicht isoliert dastehen zu lassen.

Der Turm der Słońsker Kirche ist ein typischer neugotischer Bau aus Schinkels Frühzeit als Baubeamter, bei dem noch das malerische Element des Entwurfs vorherrscht. Als Ergänzungsbau eines historischen Gebäudes zu dessen Vervollständigung und Monumentalisierung stellt es eine Art kreative Denkmalpflege der Frühzeit dieser Wissenschaft dar. Der Bau ist interessant im Vergleich zum 1828/29 erbauten Turm der Kirche in Müncheberg. Dort ist Schinkel vorsichtiger in der Prägung des Altbaus durch den neuen Turm und schlichter, ja auch moderner und gibt ein eindeutiges Bekenntnis zum Sichtziegelmauerwerk ab. AB

Literatur

Hans Kania/Hans-Herbert Möller: Mark Brandenburg (Karl Friedrich Schinkel-Lebenswerk, Bd. 10). Berlin 1960, S. 230-232.

Hillert Ibbeken/Elke Blauert (Hg.): Karl Friedrich Schinkel. Das architektonische Werk heute. Stuttgart/London 2001, S. 329.

Glisno (Gleissen)
Kirche

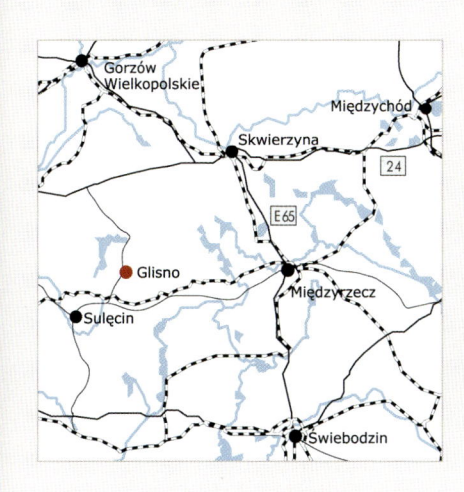

Entwurf	wohl Mitte der 1830er Jahre
Ausführung	bis 1837

Die Kirche in Glisno steht frei auf einer platzartigen Grünanlage seitlich des damaligen Ortes. Weithin ist so ihr hoher Turm in der Landschaft wirksam.

Für diese Kirche sind bislang keine Quellen ermittelt, durch die eine Urheberschaft Schinkels nachgewiesen werden könnte. So stützt sich die Zuschreibung wie beim Rügener Leuchtturm auf die seit langer Zeit gepflegte Zuschreibung an Schinkel und die Qualität der Architektur. Der Überlieferung zufolge beauftragte der Rittergutsbesitzer Israel Moses Henoch Schinkel mit dem Entwurf zu einer Kirche, die Henoch, ein vermögender Kaufmann und Gründer eines Stahlbades in Gleissen, dem Ort zu stiften gedachte. Dies ist ein Sonderfall unter den Patronaten von »Schinkelkirchen«, da Henoch jüdischen Glaubens war. Der Entwurf entstand vermutlich Mitte der 1830er Jahre. Kania und Möller konnten im »Lebenswerk« nur das Jahr der Fertigstellung 1837 angeben.

Die Kirche ist ein wohl proportionierter Rechteckbau, verputzt und unter einheitlichem, flach geneigtem Satteldach. Westlich steht der viergeschossige Turm, dessen niedriges Zeltdach nur aus der Entfernung erkennbar ist. Das Turmuntergeschoss ist etwas breiter und besitzt entsprechend kleine Dachansätze, die mit denen des Schiffs korrespondieren. An den Ecken des Kirchenschiffs sind eckpfeilerartige Vorlagen gegenüber den Wandfeldern mit einer Nut abgesetzt. Diese Eckelemente tragen gewissermaßen das um das Kirchenschiff samt dem Turmuntergeschoss herumgezogene Gebälk. Die Längswände des Schiffs besitzen jeweils vier Rundbogenfenster in schmalen Blendnischen, die bis zum Boden heruntergezogen sind. Eingangs- und Altarseite sind jeweils durch eine Nische mit Doppelportal und Lünettenfenster akzentuiert. Das den Türsturz bildende Gebälkstück ist mit seiner Fries- und Gesimszone über die anliegenden Wandstücke gezogen. Durch kräftige Kaffgesimse sind die Turmobergeschosse gegeneinander abge-

141

Glisno | Kirche

Innenansicht. Aquarellierte Zeichnung von J.F. Stock, 1837

Kirche

142

setzt. Das erste Obergeschoss ist ungegliedert, denn es trug einst die Uhr. Die beiden oberen Geschosse sind durch Gruppen von drei Rundbogenblenden bzw. -Schall-Arkaden plastisch gegliedert.

Das Innere ist ein groß wirkender Emporensaal mit flach gedecktem Mittelschiff, von einheitlicher Erscheinung. Die Emporen und die Decke werden von dorischen Säulen getragen.

Der Bau im klassizistischen Rundbogenstil variiert lediglich die Elemente der Normalkirche, was aber erst auf den zweiten Blick auffällt. Das Gebäude ist entwurflich von bemerkenswerter Stringenz und Geschlossenheit. Der Vergleich mit der etwa gleichzeitig entstandenen und ähnlich strukturierten Kirche von Zilly in Sachsen-Anhalt (siehe dort) offenbart die besondere Qualität der Gleissener Kirche. Der unbekannte ausführende Architekt muss gut ausgebildet gewesen sein. Da sich die Originalsubstanz der Kirche noch hervorragend erhalten hat, ist sie einer der wichtigen Bauten für die weitere Schinkelforschung, selbst wenn sich herausstellen sollte, dass sie nicht von Schinkel entworfen wurde. AB

Literatur

Hans Kania/Hans-Herbert Möller: Mark Brandenburg (Karl Friedrich Schinkel-Lebenswerk, Bd. 10). Berlin 1960, S. 207f.

Hillert Ibbeken/Elke Blauert (Hg.): Karl Friedrich Schinkel. Das architektonische Werk heute. Stuttgart/London 2001, S. 323.

Glisno | Kirche

Międzyrzecz (Meseritz)
Kirche und Pfarrhäuser

Entwurf	1828
Ausführung	1828–32
Weihe	1834
Restaurierungen	1931, 1970er Jahre

Die Kirche von Międzyrzecz steht auf einem eigenen platzartigen Grundstück und ist andererseits in die Bauflucht des »Ringes« (Marktplatz) eingebunden. Somit hat sie eine städtebaulich hervorragende Position gegenüber dem Rathaus und prägt mit ihrem hohen Turmriegel die Nordseite des Platzes. Sie wird beidseitig flankiert von den baulich abgerückten traufständigen Pfarr- und Schulhäusern.

Die Kirche wurde 1828–32 errichtet, ihre Entstehung ermöglicht einen Blick in den Arbeitsalltag Schinkels und der ihm unterstellten Oberbaudeputation. Die Gemeinde hatte ungewöhnlich hohe Summen zum Neubau der abgebrannten Kirche zur Verfügung. Entsprechend aufwändig sollte der große Neubau werden. Die 1828 über die Regierung eingereichten Pläne wurden von der Oberbaudeputation verworfen und es begann eine Neuplanung. Durch eine Abordnung der Gemeinde, die in Berlin vorstellig wurde, erfuhr die Oberbaudeputation zufällig, dass der Kirchenbau nicht nur schon begonnen, sondern bereits bis zum Turmansatz im Rohbau stand. Entsprechend ungehalten reagierte Schinkel gegenüber der Posener Regierung, die offenbar die Bearbeitung verschleppt hatte, so dass nun die ganze Arbeit der Oberbaudeputation für das Projekt hinfällig wurde. Die weitere Arbeit der Oberbaudeputation bestand nun in der Umplanung des bereits Bestehenden. Es wurde festgelegt, dass der Bau einheitlich zweigeschossig sein und Rundbogenfenster erhalten solle. Die Südfront zum Markt erhielt statt der ursprünglich vorgesehenen zwei Giebel mit unterschiedlichen Neigungswinkeln einen Riegelbau, der das Dach verdeckte, aus diesem sollte der Turm erwachsen, wobei leider in der Ausführung ein wichtiges Detail nicht beachtet wurde, nämlich den Turmsockel optisch vor dem Riegelbau beginnen zu lassen. Dadurch wirkt der Turm heute etwas »aufgeschultert«. Der Bau war 1832 fertiggestellt und wurde 1834 geweiht.

Entwurf. Seitenansicht

Die Kirche ist ein verputzter Rechteckbau unter Satteldach. Die Schmalseiten sind dreiachsig, die Längsseiten achtachsig, wobei in jeder Achse zwei Rundbogenfenster übereinander stehen. An den Längsseiten sind die jeweils äußeren Achsen risalitartig vorgezogen und durch kleinere Fenster charakterisiert. Im Süden sind diese Achsen überhöht durch den erwähnten Riegelbau, auf dem sich der Turm mit zwei Freigeschossen erhebt. Der Riegelbau besitzt traufständige flache Satteldächer, der Turm einen steilen Knickhelm mit obeliskähnlich abgestumpfter Spitze. Das wesentlichste Gliederungselement der Fassaden sind Gesimse auf Höhe der Kämpfer und Sohlbänke, die um das ganze Gebäude herumgezogen und bei den einfach abgetreppten Fenstergewänden verkröpft sind. Die Eingangsseite ist durch einen flachen Dreiecksgiebel vor dem Riegelbau ausgezeichnet. Die spiegelsymmetrisch angelegten Pfarr- und Schulhäuser sind zweigeschossig, sie haben zum Markt hin sechs, zur Kirche hin vier Fensterachsen, im Erdgeschoss Rundbogenfenster und im Obergeschoss Rechteckfenster zwischen pfeilerartig gebildeten Wandstücken.

Das Innere der Kirche ist eine hohe, flachgedeckte Emporenhalle mit gerundeter und gewölbter Apsis. Die Pfeilerarkaden reichen mit ihren Rahmungen bis an das reich profilierte Gesims der Kassettendecke. Durch die dominante Gestaltung der Brüstungen der zweigeschossigen Emporen ist diese Kirche, anders als die ihr typologisch nahestehende von Zittau, nicht als dreischiffige Halle, sondern als Saal mit Anräumen charakterisiert (vgl. die ähnlichen Räume in Wolsztyn/Wollstein, Braniewo/Braunsberg und Straupitz). Das Verhältnis von Architektur zur dekorativen Gliederung der Details lässt den Raum festlich, aber weniger monumental wirken als die vergleichbaren Räume Schinkels.

Die Kirche von Meseritz ist ein wichtiger Sakralbau in Schinkels Schaffen. Obwohl sie nur eine Umplanung ist, wirkt sie wie aus einem Guss. Durch das geschickte Eingreifen Schinkels wurde aus dem mangel-

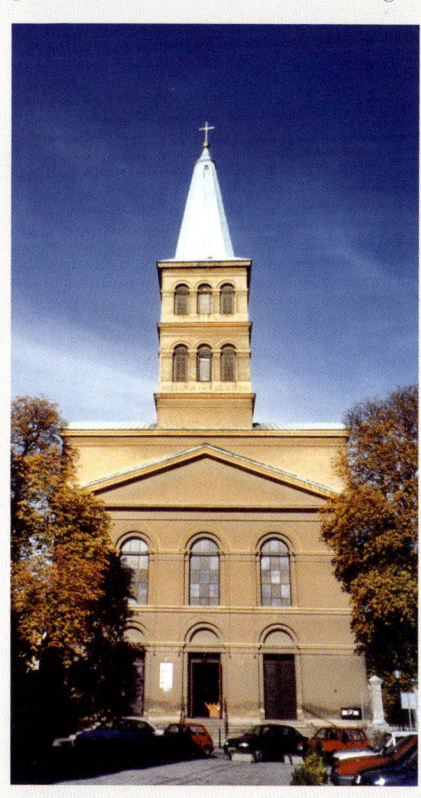

Kirche

Innenraum zum Chor, 1998

haften Bauprojekt ein ausgezeichneter Bau. Bereits 1981 nahm ihn Eva Börsch-Supan in ihre Bearbeitung des Raveschen Schinkel-Bildbandes auf, um damit erstmals einen besonders »sprechenden« Bau aus Schinkels Schaffen in den östlichen Provinzen in den bis dahin gängigen Kanon der Bauten Schinkels zu integrieren. AB

Literatur

Paul Ortwin Rave: Karl Friedrich Schinkel. 2., überarbeitete Auflage (Überarbeitung: Eva Börsch-Supan). München 1981, Abb. 66, 67.

Hillert Ibbeken/Elke Blauert: Karl Friedrich Schinkel. Das architektonische Werk heute. Stuttgart/London 2001, S. 342.

Eva Börsch-Supan: Die Provinzen Ost- und Westpreußen und Großherzogtum Posen (Karl Friedrich Schinkel-Lebenswerk, Bd. 18). München/Berlin 2003, S. 446–454.

SCHLESISCHE WOIWODSCHAFTEN UND KLEINPOLEN

Schlesien erlebte im Spätmittelalter eine Blütezeit, als es vereinigt mit den böhmischen und lausitzischen Besitzungen Karls IV. Teil des ostmitteleuropäischen Handelsgebietes wurde. Zahlreiche prachtvolle Klöster, Schlösser und Bauten in den Städten künden bis heute davon. Der Gewinn Schlesiens 1742 bescherte Preußen eine reiche Provinz. Doch erst zur Zeit Schinkels wurden die landschaftlichen Schönheiten und baulichen Schätze allgemein bekannt. Die Provinz wurde bei der Neuordnung seit 1815 im Gebietsumfang etwas verändert und in die drei Regierungsbezirke Liegnitz, Breslau und Oppeln gegliedert. Das Gebiet war wirtschaftlich und verkehrstechnisch gut entwickelt. Zu Schinkels Zeit hatte die Industrialisierung, die das Gebiet später so nachdrücklich prägen sollte, noch nicht begonnen. Allerdings war die 1796/1804 gegründete königliche Eisengießerei in Gleiwitz ein erster frühindustrieller Großbetrieb. Die 1804 gegründete Königliche Eisengießerei in Berlin, in der viele Gusswerke nach Schinkels Entwürfen entstanden, ging als Nebenstandort der Gleiwitzer Hütte hervor.

In Schlesien hatte die königliche Familie zu Schinkels Zeiten verschiedene Schlösser als Reise- und Sommeraufenthalt in Erdmannsdorf, Fischbach, Kamenz und Liegnitz. Der Schweizermode zollte Schinkel mit einem nicht erhaltenen »Tirolerhaus« auf dem Rotherberg bei Erdmannsdorf Rechnung.

Schinkel selbst hatte keine familiären oder freundschaftlichen Bindungen an Schlesien, so dass er es im Wesentlichen erst 1832 auf einer ausgedehnten Dienstreise kennen lernte. Schinkel baute in Schlesien vergleichsweise wenig, was an der guten baulichen Infrastruktur der niederschlesischen Region und den noch nicht entwickelten oberschlesischen Industrierevieren lag. 1818 wirkte Schinkel beim Umbau des Rathauses in Opole (Oppeln) mit, das heute durch spätere Umbauten völlig verändert erscheint. 1830–33 baute er ebenda das Gebäude der Bezirksregierung, das 1945 zerstört wurde.

Denkmalpflegerisch wurde Schinkel an der Kirche in Legnica (Liegnitz) und beim Fortbau der Kirche in Brzeg (Brieg) tätig. Er fertigte auch auf Initiative des Kronprinzen Wiederaufbaupläne für die Burgruine Swiny (Schweinhaus), die allerdings nicht umgesetzt wurden.

Die heutigen drei schlesischen Woiwodschaften – Dolnoslaskie, Opolskie und Slaskie – haben zwar einen anderen Grenzverlauf, entsprechen aber der traditionellen Dreiteilung in die Verwaltungseinheiten der preußischen Zeit.

Ansicht des Hirschberger Tals mit Blick auf die Kirche in Erdmannsdorf in ihrem ursprünglichen Erscheinungsbild, Aquarell von Johann Heinrich Hintze

Die heutige Woiwodschaft Malopolskie umfasst nur einen Teil des historischen Kleinpolens, das sich östlich an Schlesien anschloss.

Dolnoslaskie (Niederschlesien)

Am Entwurf zum Rathaus von **Głogów (Glogau)**, das 1831–34 von August Soller erbaut wurde, hat Schinkel entwurfliche Korrekturen vorgenommen.

Für den 1826 gebauten, aber 1898 überformten Turm an der Kirche in **Grodziec (Gröditzberg)** erwähnt der »Dehio« die mögliche entwurfliche Urheberschaft Schinkels.

Im Schlosspark von **Karpniki (Fischbach)** steht das gusseiserne Denkmal für Prinz Leopold Victor Friedrich von Hessen-Homburg (†1813). Die tabernakelähnliche Nischenarchitektur geht möglicherweise auf Schinkel zurück.

Die ehemalige evangelische Kirche in **Katy Wrocławskie (Kanth)** stammt im Entwurf von Carl Ferdinand Busse in der Oberbaudeputation. Auf diesen Entwurf von 1831 hat Schinkel sicherlich Einfluss genommen. Bei der Ausführung 1833–36 wurden die Ziegelwände des schlichten, turmlosen Baus farblich zu lebhaft gegliedert. Die Kirche ist ohne die ursprüngliche Innenausstattung erhalten, dient aber gewerblichen Zwecken.

Die barocke Gartenfassade des 1810 säkularisierten Benediktinerklosters von **Legnickie Pole (Wahlstatt)** wurde 1836–41 von Schinkel umgestaltet.

Die Schlosskirche von **Oława (Ohlau)** entstand 1833–35 wohl unter Einflussnahme Schinkels.

Auch beim 1823–24 erfolgten Umbau des dortigen Rathauses wirkte Schinkel beratend mit.

1812 hatte der Feldherr Ludwig Yorck v. Wartenburg das Schloss von **Oleśnica Mała (Klein Oels)** erhalten. Nach seinem Tod 1830 wurde ein baulich aufwändiges, achteckiges Familienmausoleum erbaut, laut Dehio »vermutlich nach Entwürfen Karl Friedrich Schinkels«.

Bei der katholischen Kirche von **Oleszna Podgórska (Krummöls)** stammt der Entwurf von 1832 von August Soller. Schinkel korrigierte ihn und formte ihn wohl zu einem eigenen Entwurf. In jedem Fall auf Schinkel geht die Separierung des Turmes zurück, er machte Vorgaben für Details. Eine weitere Scheidung des Entwurfs zwischen Schinkel und dem »Schinkelschüler« Soller ist schwierig.

Der 1831–37 erfolgte neugotische Umbau von Schloss Leśna (Waldstein) bei **Szczytna (Rückers)** stammt laut Dehio im Entwurf vermutlich von Schinkel. AB

Bolesławiec (Bunzlau)
Kutusow-Denkmal

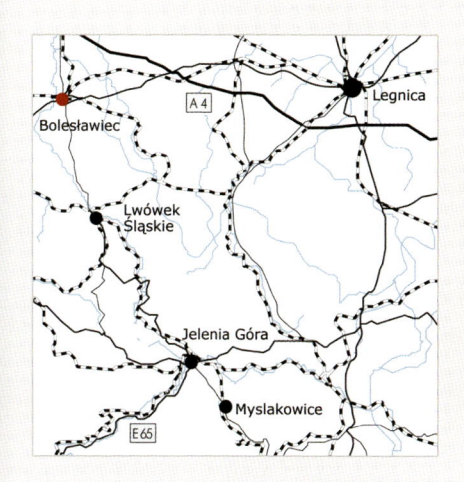

Entwurf und Ausführung	1819
Instandsetzung	1822
Umsetzung	1892/93

Das mächtige, knapp 10 Meter hohe gusseiserne Kutusow-Denkmal befindet sich heute in einer Grünanlage anstelle der ehemaligen Befestigungen der Stadt, wo es in seinen Dimensionen weniger stark wirkt als auf seinem ursprünglichen Standort auf dem Ring (Marktplatz).

Michael Kutusow-Smolenskij war russischer Feldmarschall und hatte im Frühjahr 1813 in Preußen für den gemeinsamen Kampf gegen Napoleon geworben. Er starb im April des Jahres in Bunzlau, bevor die kriegerischen Auseinandersetzungen begannen. In Russland wurde er aufgrund seiner Verdienste in den Schlachten von Borodino, Smolensk und an der Beresina (1812) als Bezwinger Napoleons gefeiert. Wie für Barclay de Tolly in Ostpreußen (vgl. Tschernjachowsk), so bestimmte der preußische König nach den Befreiungskriegen auch ein Denkmal für Kutusow in dessen Sterbeort. Die Errichtung des Denkmals wurde 1819 befohlen und im gleichen Jahr ausgeführt. Es stand auf der Ostseite des Rings, mit dem Rathaus in seinem »Rücken«.

Die Anlage besteht aus einem dreistufigen Unterbau, einem Sockel und dem bekrönenden Obelisken. Der Sockel ist aus zwei Wangen gebildet, die jeweils kleine Treppen einfassen und von je zwei liegenden Löwen bekrönt sind. Diese Löwen entstanden nach einem Modell von Johann Gottfried Schadow. Der Obelisk ist von gesetzten Proportionen, was durch seinen sockelartigen Fuß noch unterstrichen wird. Der Obelisk ist auf allen Seiten mit Inschriften versehen, wodurch die schwere Form erstaunlich leicht wirkt. An den Wangen und am Fuß befinden sich weitere Inschriften. Die große Textmenge ergab sich aus der Zweisprachigkeit des Denkmals, jeweils zwei Seiten in deutscher und in russischer Sprache. Voller Pathos sind auf der Front zunächst alle Würden des Geehrten aufgelistet, auf der rechten Seite steht: »Bis hierher führte Fürst Kutusoff von Smolensk die siegreich fortschreitenden Russischen

Kutusow-Denkmal

Kutusow-Denkmal

Heerscharen, als der Tod seinem ruhmvollen Leben ein Ziel setzte. Er war der Befreier seines Vaterlandes; er war es, der den Weg bahnte zur Befreiung der Völker. Gesegnet sei das Andenken des Helden.«
Das Denkmal musste bereits 1822 instand gesetzt werden, 1892/93 wurde es vom Ring entfernt und auf der Schlosspromenade aufgestellt. Wohl wegen des etwas abgelegenen Standortes überstand es die heftigen Kämpfe am Ende des Zweiten Weltkriegs. Die russischen Inschriften und die Person des Geehrten führten dazu, dass das Denkmal auch nach 1945 erhalten blieb und sich bis heute in gutem Zustand befindet.

Die Urheberschaft Schinkels für das Kutusow-Denkmal ist nur durch den Vermerk in den »Magazinen« (Katalogen) der Berliner Eisengießerei überliefert. Das Denkmal wurde in den Produktkatalog der Gießerei aufgenommen. Es konnte jedem Zweck angepasst werden, da der Obelisk im Guss lediglich Leerzeilen aufwies. Die Lettern der Inschriften waren für das Bunzlauer Denkmal einzeln gegossen und angenietet worden. Unter den ausgeführten Denkmälern Schinkels ist das Kutusow Denkmal mit dem Obelisken ein Einzelfall. Entwürfe zu Obeliskendenkmälern finden sich zwar vielfach im Frühwerk, beim Bunzlauer Denkmal sind jedoch die Proportionen bereits gereift und stehen den rein dekorativen ägyptisierenden Entwürfen fern. Auffällig ist, dass das Kutusow-Denkmal sehr viel größer und repräsentativer gestaltet ist als sein »Pendant« in Tschernjachowsk (Insterburg). Dies erklärt sich aus der besonderen Verehrung, die Kutusow entgegengebracht wurde. AB

Literatur
Günter Grundmann: Schlesien (Karl Friedrich Schinkel-Lebenswerk, Bd. 3). Berlin 1941, S. 148–149.

Mysłakowice (Zillerthal-Erdmannsdorf)

Ehemalige evangelische, heute katholische Pfarrkirche Herz Jesu

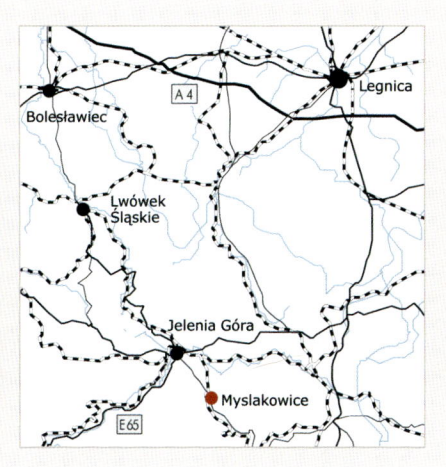

Entwurf	1836
Ausführung	seit 1836
Einsturz des fast fertig gestellten Turmes	1838
Wiederaufbau der gesamten Kirche	1838–40
Umbau durch Friedrich August Stüler	1858

Mysłakowice liegt im Hirschberger Tal wenige Kilometer südlich von Jelenia Gora (Hirschberg). Die Schlossanlage mit der darauf bezogenen ehemals evangelischen, heute katholischen Kirche bildet mit den Schlössern in Fischbach, Schildau und Lomnitz den Kern einer in Europa einzigartigen Kunstlandschaft, die in der Mitte des 19. Jahrhunderts unter maßgeblicher Beteiligung von Schinkel und Lenné entstand. Ähnlich wie in der Potsdamer Kulturlandschaft wurde das gesamte Hirschberger Tal mit seinen zahlreichen Schlössern, Bauwerken und Parkanlagen zu einem übergreifenden Ganzen verbunden: Gleich einem romantischen Landschafts-

Entwurf. Aquarell von Schinkel, 1836

Mysłakowice | Ehemalige evangelische Kirche

Ansicht der Turmfront

Schinkel entwarf die Pläne zum Bau einer evangelischen Kirche in Erdmannsdorf 1836 im Auftrag Friedrich Wilhelms III. Der König stiftete das Gotteshaus der Gemeinde seiner neuen Herrschaft, die er bereits 1831, nach dem Tode des vorherigen Besitzers August Neidhardt von Gneisenau, erworben hatte. Der König wollte Erdmannsdorf zur Sommerresidenz entwickeln und übergab Schinkel verschiedene Aufgaben, u. a. beim Umbau des übernommenen klassizistischen Schlosses. Schinkel, der seit 1832 mehrfach in Erdmannsdorf weilte, verfolgte von Anfang an die Idee einer übergreifenden Gestaltung von Architektur, Landschaft und Garten. Eine besondere Bedeutung dabei nahm die Kirche ein, die er zum einen als landschaftsprägende Höhendominante plante und von der sich zum anderen gleichzeitig besonders schöne Ausblicke in die Gegend ergeben sollten. Für diesen Zweck wurde als Bauplatz für die Kirche eine Terrasse mit einem halbrunden Vorplatz angeschüttet. Schinkel entwarf einen klar gegliederten Bau in den Formen des Rundbogenstils nach dem Vorbild altchristlicher Basiliken. Der Turm ist als Campanile ausgeführt, dem ein rechteckiges Langhaus mit einer halbrunden Apsis folgt. Das flach geneigte, weit vorspringende Dach unterstreicht den italienischen Charakter des Baus und betont zugleich dessen ländliche Einbindung. Auch ein Aquarell Schinkels von 1836, auf dem sich der mit einem hellen Anstrich versehene Baukörper vor den Hängen des Riesengebirges erhebt, zeigt die italienischen Anregungen, die in die Planungen in Erdmannsdorf eingegangen sind. Der besondere Schmuck im Innenraum ist die offene Dachkonstruktion mit Querbindern, die durchbrochenes Maßwerk tragen. Der Blick ins Dach wird von einem blauen Himmel mit goldenen Sternen aufgefangen. Entlang der Wände verlaufen von schlanken Stützen getragene eingeschossige Emporen.

Die Kirche war fast fertig gestellt, als am

gemälde verzauberte das entstandene Landschaftsbild mit den Höhen des Riesengebirges im Hintergrund die Besucher. Große Teile davon blieben bis in die Gegenwart erhalten und mit internationaler Hilfe ist vor allem in den letzten 15 Jahren viel für die Pflege und Sanierung dieser Architektur- und Gartenlandschaft getan worden. Einen besonderen Blickfang im Hirschberger Tal bilden so genannte Tiroler Häuser, erbaut 1838/39 für aus dem Tiroler Zillertal stammende Protestanten, die wegen ihres Glaubens emigrieren mussten. Der preußische König stimmte der Ansiedlung der Glaubensflüchtlinge zu und ließ auf Staatskosten Bauernhöfe im Tiroler Stil errichten. Seit 1998 kann man im ehemaligen Haus der Familie Rieser in der Ul. Starowiejska Nr. 14 eine Ausstellung über die Tiroler Kolonie besichtigen.

8. Juni 1838 der Turm einstürzte und zehn Bauarbeiter unter sich begrub. Der Bauleiter Frey, ein »talentvoller, strebsamer, junger Architekt«, verlor darüber den Verstand und starb 1840. Die Ursache für das Unglück konnte nie ganz ermittelt werden. Der König bestimmte, dass der gesamte Bau noch einmal abgetragen und nach Schinkels Entwurf neu aufgebaut werden sollte. Um im Innenraum mehr Platz zu gewinnen, wurde die Kirche um zwei Fensterachsen verlängert und eine zusätzliche Fensterreihe unter den Emporen eingefügt.

Eine weitere Veränderung erfuhr der Bau, nachdem Friedrich August Stüler 1841 im Auftrag Friedrich Wilhelms IV. das Schloss neogotisch umbaute. Als eine wesentliche Abwandlung setzte Stüler dem Schloss einen weit ausstrahlenden achteckigen zinnenbekränzten Turm auf, der diesem eine größere Wirkung im Gesamtbild des Ortes verlieh. In diesem Zusammenhang erhöhte Stüler den Kirchturm nach dem Vorbild der Kirche in Kreuth am Tegernsee, dem Lieblingsaufenthaltsort der Königin Elisabeth, um ein zusätzliches Geschoss mit einem neogotischen Spitzhelm, was die Ausstrahlung des Gotteshauses in der Landschaft noch verstärkte. Eine weitere Aufwertung erhielt die Kirche durch einen Portikus, der von zwei antiken Marmorsäulen aus Pompeji getragen wird.

Die Kirche in Erdmannsdorf, farbiger Steindruck von Sachse, um 1840

Damit gaben die Ideen Friedrich Wilhelms IV. dem Bau- und Gartenensemble in Erdmannsdorf die endgültige Gestalt, für die sich durch die Verbindung von Elementen des frühen Kirchenbaus (Friedrich Wilhelm IV. plante auch einen Arkadengang um die Kirche, um wie auch bei der Sacrower Heilandskirche eine Basilika vorzutäuschen), des Burgenstils und des »natürlichen« Baustils Tiroler Häuser ein programmatischer Inhalt vermuten lässt: Die Kirche erinnerte an das Urchristentum, das im Bild einer Burg erscheinende Schloss hingegen an die Blütezeit des Mittelalters, während der Tiroler Stil dem Bild das Element der Ursprünglichkeit und Tradition hinzufügte.   GS

Innenansicht

Literatur

Günter Grundmann: Schlesien (Karl Friedrich Schinkel-Lebenswerk, Bd. 3), Berlin 1941.

Eva Börsch-Supan: Schinkel, Stüler und andere preußische Baumeister im Hirschberger Tal. In: Das Tal der Schlösser und Gärten, Jelenia Gora 2001, S. 182–196.

Arne Franke: Erdmannsdorf. Schloss, Park, Kirche, Tiroler Häuser, Schweizer Haus. Potsdam 2005.

Bystrzyca Kłodzka (Habelschwerdt)
Ehemalige evangelische Kirche, heute Museum

Entwurf (Gegenentwurf)	1822
Ausführung	1823,
Neuausführung (nach Brand 1823)	bis 1825
Profanierung	nach 1945
Einrichtung des Streichholzmuseums	1964

Die ehemalige evangelische Kirche hat eine städtebaulich sehr interessante Lage, da ihr Bauplatz im Zuge der mittelalterlichen Stadtfestigung, direkt neben einem alten Stadtmauerturm liegt. Somit tritt sie stadtseitig nur als ein Giebelbau von Wohnhausgröße neben der nicht viel kleineren Schule in Erscheinung. Durch das zur Landstraße außerhalb der Altstadt abfallende Gelände wirkt die Baugruppe aus Turm, Kirche und Schule trotz der kleinen Dimensionen dagegen durchaus monumental.

1821 sollte die kleine evangelische Gemeinde eine Kirche erhalten. Beim Entwurf fasste Bauinspektor Friedrich sie mit dem ebenfalls geplanten Schulgebäude in einem Bau zusammen, um der Kirche durch größere Masse auch mehr städtebauliches Gewicht zu geben. Den eingereichten Entwurf lehnte Schinkel ab und machte 1822 einen Gegenentwurf. Dieser sah vor, Schule, Kirche und Stadtturm als drei Baukörper frei nebeneinander zu stellen und durch gemauerte Torbögen zu verbinden. Die beiden Neubauten sollten eine etwa quadratische Grundfläche erhalten. Bis 1823 wurde die Baugruppe dann auch

Gegenentwurf der Oberbaudeputation, 1822

Ansicht der Rückseite

entsprechend ausgeführt. Die Kirche brannte bereits im selben Jahr aus und wurde bis 1825 wieder hergestellt.

Kirche und Schule sind kubische Bauten unter relativ flachen Satteldächern. Die Kirche ist durch Rundbogenöffnungen ausgezeichnet, demgegenüber besitzt das Schulhaus nur rechteckige Öffnungen. Während die apsidial geschlossene Altarwand ohne Öffnungen ist, haben die drei anderen Fassaden je drei große Fenster. Im Giebel der Eingangsseite befindet sich eine Gruppe von drei mit Kämpfergesimsstücken gekuppelten Rundbogenfenstern. Ein eigenwilliges Motiv dieser Fassade ist das in das untere mittlere Fenster einschneidende Eingangsportal, um welches das Sohlbankgesims herumgezogen ist. Der Sockel unter der Chorseite ist ungegliedert, hier befand sich die Sakristei. Die Gliederung ist auf schlichteste Weise durch Gesimse erreicht. Sohlbankgesims, Kämpfergesims und Traufgesims mit Architravzone fassen die Wandelemente zusammen. Die Rundbogenfenster der Kirche erhielten profilierte Rahmungen mit Schlusssteinen. Hier waren in Schinkels Entwurf konzentrisch angeordnete Putzquaderungen angegeben, der Bau sollte ohnehin durch eine feine Putzquaderung gegliedert werden. Stattdessen wurden nur Eckquaderungen an der Kirche ausgeführt. Für das Schulhaus war im Giebel nur eine Öffnung vorgesehen, ausgeführt wurden drei, so dass die Kirche hier weniger ausgezeichnet erscheint als vorgesehen. Das Innere war bestimmt durch die öffnungslose Altarwand und die gegenüberliegende einfache Orgelempore auf zwei Säulen.

Nach 1945 wurde die Kirche profaniert, heute befindet sich hier ein Streichholzmuseum. Hinter dem die ehemalige Kirche und das ehemalige Schulhaus gespannten Bogen wurde ein Verbindungsbau errichtet. Kleinere abträgliche Veränderungen fanden an den Fassaden statt, besonders an der Eingangsseite mit Rauputz und glatten Rahmungsfeldern der Fenster und durch Hinzufügen von zwar dekorativen, aber nicht zum Charakter des Schinkelbaus passenden eisernen Vordächern.

Das heutige Streichholzmuseum in Bystryca Kłodzka ist wegen der für das kleine Bauvolumen wesentlichen Änderungen der Ausführung (vor allem hinsichtlich der fehlenden Putzquaderung) nur bedingt als »Schinkelbau« anzusprechen. Aber es ist ein aussagekräftiges Beispiel für Schinkels städtebauliches Denken. Die Schaffung einer Baugruppe schien ihm angemessener als ein durch das integrierte Schulhaus optisch vergrößertes, aber trotzdem nicht ausreichend dimensioniertes Einzelgebäude. Diese Überlegung ist am Bau noch heute gut ablesbar. AB

Literatur

Günter Grundmann: Schlesien (Karl Friedrich Schinkel-Lebenswerk, Bd. 3). Berlin 1941, S. 173–174.

Hillert Ibbeken/Elke Blauert (Hg.): Karl Friedrich Schinkel. Das architektonische Werk heute. Stuttgart/London 2001, S. 321f.

Kamieniec Ząbkowicki (Kamenz)
Schloss

Entwurf	1838
Ausführung	1838–73
Letzter Aufenthalt Schinkels	1840
Bauunterbrechung	1847–53
Anlage der Terrassen	1858–68
Kriegsschäden	1945
Plünderung, anschließend Verfall	
Restaurierung	seit 1985

Schloss Kamenz liegt etwa 80 Kilometer südlich von Wrocław (Breslau) und gehört zu den Höhepunkten in Schinkels Spätwerk. Schinkel erhielt den Auftrag 1838, drei Jahre vor seinem Tod, von Prinzessin Marianne, der Frau des preußischen Prinzen Albrecht. Prinz Albrecht war der jüngste Sohn Friedrich Wilhelms III. und der Königin Luise. Marianne hatte die Herrschaft Kamenz von ihrer 1837 verstorbenen Mutter Friederike Luise geerbt, einer Schwester Friedrich Wilhelms III., die mit dem Prinzen Wilhelm VI. von Oranien verheiratet war. Diese hatte die Ländereien eines Zisterzienserinnenklosters schon 1812 im Zuge der Säkularisierung erworben. Angetan von der Schönheit der Landschaft reifte bei Marianne schon bald der Entschluss, in Kamenz eine ländliche Residenz zu errichten. Als Baumeister wurde Schinkel ausgewählt, der sich der Familie schon mit dem Um- und Ausbau des Palais für den Prinzen Albrecht in der Berliner Wilhelmstraße empfohlen hatte.

Nach den Wünschen der Bauherrin entwarf Schinkel, der im April 1838 den Bauplatz besuchte, einen auf einem Hügel liegenden, landschaftsprägenden Bau in neogotischen Formen, dessen Türme zugleich weite Aussichten boten. Stilistisch sind Anregungen aus der norddeutschen und englischen Backsteingotik wie auch von der Marienburg oder »maurisch-sizilianischen Schlössern« erkennbar. Die Hauptfassade des vierflügeligen, viergeschossigen und an den Ecken durch zinnenbekrönte Rundtürme betonten Baus ist nach Südwesten zu den Sudeten hin ausgerichtet. Seine repräsentative Wirkung bezieht der Bau nicht zuletzt auch aus den beeindruckenden Ausmaßen: 88 Meter lang, 61 Meter tief und bis zum Hauptgesims 25 Meter hoch. Die durch hohe spitzbogige Nischen gegliederten Außenwände sind mit Glimmerschiefer, schlesischem Marmor und Sandstein verkleidet und bekrönt von einem keramischen Fries und Zinnen. Die Vorder- und Rückfassade betonen von Türm-

Der zur Ausführung bestimmte Entwurf. Schaubild der Talseite. Zeichnung von Martius mit Sichtvermerk Schinkels 1838

chen flankierte Mittelrisalite. Vor dem Eingang liegt eine als zweischiffige Galerie mit Spitzbogenarkaden gestaltete offene Halle mit einer darüber liegenden, vom Hauptgeschoss aus zu erreichenden Terrasse. Um den rechteckigen Innenhof verlaufen geschlossene Arkaden, von denen die Zimmer zu erreichen sind. Die Innenräume waren alle mit Gewölben versehen, im vorderen Risalit befindet sich der Große Saal, im hinteren das Treppenhaus, der Speisesaal und die Kapelle. Das Schloss wird umgeben von einer durch Ecktürme betonten Umfassungsmauer, in die die Remise und der Stall integriert sind. Vor der Hauptfront entwarf Peter Joseph Lenné, der 1858 in Kamenz weilte, einen von Renaissancegärten inspirierten Terrassengarten mit Springbrunnen, Treppenanlagen und regelmäßigen, kleinteilig gestalteten Beeten. Dieser wurde zwischen 1858 und 1868 angelegt, in etwa zur selben Zeit wie die Orangerieterrassen in Potsdam-Sanssouci. Die Situation ist vergleichbar: ein auf einem Hügel errichteter repräsentativer Bau mit Türmen, dem ein Terrassengarten vorgelagert ist. In Kamenz geht dieser auf bewegtem Gelände über in einen Landschaftsgarten mit Teichen, Aussichtspunkten, Kleinarchitekturen und Bildwerken. Besondere Anregungen scheinen aus dem Schlosspark Babelsberg übernommen worden zu sein,

denn auch in Kamenz gab es eine Siegessäule mit dem Abguss der Siegesgöttin von Christian Daniel Rauch und ein »Schwarzes Meer«, einen künstlichen, von Bäumen beschatteten See. Für die Wasserversorgung wurde im Park ein Pumpen- und Maschinenhaus errichtet.

Als Schinkel starb, war der Außenbau in wesentlichen Teilen fertig gestellt. Die

Der große Saal, historische Aufnahme

Vorderansicht

Weiterführung lag in den Händen seines Schülers Ferdinand Martius, der von Anfang an die Bauleitung innehatte und in Schinkels Auftrag die Ausführungszeichnungen entwickelte. Ihm kam es vor allem darauf an, den Bau ganz nach den Ideen des verehrten Meisters fortzuführen. In seinen Erinnerungen berichtet er, dass er nach Schinkels Tod drei Tage lang eine Trauerfahne auf einem der Türme wehen ließ. Äußere Umstände führten immer wieder zu Bauunterbrechungen. 1847 verließ Marianne Preußen, 1848 kam es infolge der Märzrevolution zum ersten Baustopp. Erst 1853, inzwischen war 1849 ihre Ehe geschieden worden, kehrte Marianne zurück und der Bau wurde fortgesetzt. Ab 1855 nahm dann auch ihr Sohn Albrecht (d. J.) als künftiger Herr auf Kamenz Einfluss auf die weitere Gestaltung. Die gewaltigen Dimensionen des Gebäudes erforderten, dass zeitweilig bis zu 890 Arbeiter auf der Baustelle tätig waren. Ungeahnte Schwierigkeiten führten immer wieder zu Verzögerungen: So berichtet Martius, dass die Bauleute das Mauern der Gewölbe neu erlernen mussten, da diese Fertigkeit nicht mehr bekannt war. Nach 35-jähriger Bauzeit und Kosten von 971.692 Talern wurde das Schloss 1873 zur Vermählung des Prinzen Albrecht mit der Prinzessin Marie von Sachsen-Altenburg fertig gestellt.

Schloss Kamenz ist in Schinkels Werk in mehrfacher Hinsicht ungewöhnlich und harrt bis heute einer ausführlichen wissenschaftlichen Untersuchung und Würdigung. Der Bau strahlt eine ähnlich visionäre Kraft aus, wie sie auch in anderen, nicht ausgeführten späten Plänen Schinkels zu finden ist, etwa in seinem Entwurf zu einem Palast auf der Akropolis von 1834 oder zu einem Palast in Orianda auf der Krim von 1838.

Der Untergang des Schlosses, das den Krieg unversehrt überstanden hatte, begann 1945, als die Rote Armee den Bau in Brand steckte. Danach war es Plünderung und Vandalismus preisgegeben. Wie so oft bei der Rettung von gefährdeten Kulturdenkmalen entstand neue Hoffnung durch eine private Initiative. Wlodzimierz Sobiech, Dozent der Technischen Hochschule in Poznan (Posen), pachtete das Schloss 1985 und begann mit der Restaurierung. Inzwischen kann man Schloss Kamenz wieder besuchen, einige Räume wurden als Hotelzimmer eingerichtet. GS

Literatur:

Günter Grundmann: Schlesien (Karl Friedrich Schinkel-Lebenswerk, Bd. 3), Berlin 1941, S. 71–122.

Landesmuseum Schlesien (Hg.): 900 Jahre Kamenz: Kamieniec Ząbkowicki. Spuren deutscher und polnischer Geschichte. Görlitz 1996.

Woiwodschaft Opolskie (Oppeln)

Wojcice (Woitz)
Katholische Kirche

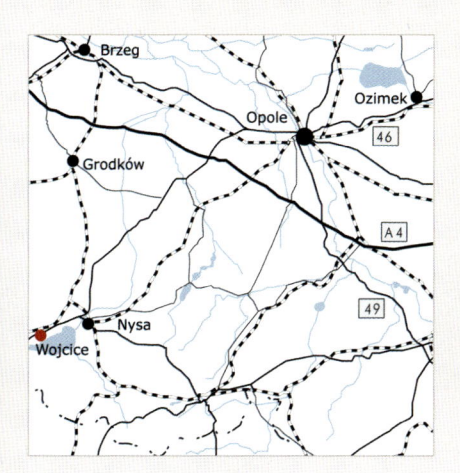

Entwurf 1822
Ausführung 1823–25

Die Kirche des Ortes steht an der Stelle ihres mittelalterlichen Vorgängers außerhalb des Dorfkerns frei auf einem Kirchhof. Damit liegt sie landschaftlich schön, hat aber keine städtebauliche Wirkung, ein Umstand, den Schinkel bei seiner Besichtigung des Baus bedauerte.

Ein 1822 über die Regierung bei der Ober-

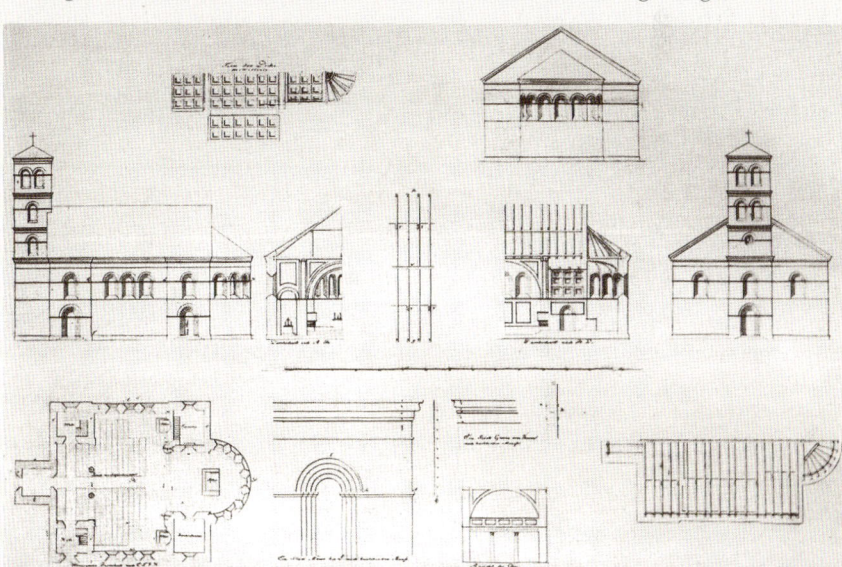

Gegenentwurf der Oberbaudeputation, 1822

Kirche

baudeputation eingereichter Entwurf des Bauinspektors Wollenhaupt aus Neiße wurde nicht akzeptiert und daher ein Gegenentwurf geschaffen. Nach diesem wurde die Kirche 1823–25 unter der Leitung von Wollenhaupt ausgeführt. Laut Dehio wurde sie bereits 1816–18 von F. G. Erdmann errichtet.

Die Kirche ist ein Rechteckbau unter Satteldach mit westlich vorgestelltem Turm unter sehr flachem Zeltdach und einer östlichen Apsis unter halbem Kegeldach. Die fünfachsigen Längsseiten bilden schwache äußere Risalite aus. Alle Öffnungen sind rundbogig und vierfach (am Turm oben dreifach) abgetreppt. Das Gebäude hat einen zweigeschossigen Wandaufbau, in dem in den Risaliten und im Turm unter den Fenstern Türen gebildet sind. Von der Idee her eigenartig sind die Kämpfergesimse an den Portalen, die nur bis zur Gebäudeecke geführt sind.

Trotz der kubischen Außenerscheinung der Kirche ist der Grundriss des Innenraumes kreuzförmig, indem in die Gebäudeecken die Emporenaufgänge und die Nebenräume eingestellt wurden, ihnen entsprechen am Außenbau die Risalite. Zur Verdeutlichung dieser Raumform wurde der östliche Kreuzarm mit kassettierten Tonnengewölben versehen und die flachgedeckten anderen Kreuzarme durch Scheidebögen von der »Vierung« abgetrennt. Im westlichen Kreuzarm wurde eine Empore eingebaut.

Die Kirche von Wojcice ist zwar ein Bau in typisch Schinkelscher Entwurfsweise, aber im Innern von doch etwas heterogenem Raumcharakter. Die Tonnenwölbung im östlichen Kreuzarm überschneidet optisch die äußeren der ungewöhnlicherweise sieben Apsisfenster. Auch will sich das Schirmgewölbe der Apsis nicht so recht dem niedrigeren kassettierten Tonnengewölbe anschließen. Der klar gegliederte Außenbau macht die Bedeutung des Objektes innerhalb des Schinkelschen Œuvres aus. Grundmann schreibt im Schlesien-Band des »Lebenswerks« zu den Fassaden: »Die Verwendung von glasierten Steinen zur Be-

Innenansicht

lebung des Mauerwerkes gibt dem Gebäude bei aller Einfachheit eine gewisse Verfeinerung der Einzelheiten. [...] Da die stilistisch nahestehenden Entwürfe für die evangelische Kirche in Königshütte und die katholische Kirche in Neuwalde nicht ausgeführt sind, hat dieser einzige, auf schlesischem Boden befindliche Bau dieser Art eine besondere Bedeutung.« Schinkel notierte 1832 auf der Dienstreise: »Die Kirche in Backstein ohne Putz, die Gesimse aus glasierten Steinen ausgeführt, ist gut ausgefallen. [...] Diese Kirche ist das erste neue Gebäude auf meiner Reise durch Schlesien, welches mir Vergnügen gemacht hat [...]«. Diesem Vergnügen können wir uns heute nicht mehr anschließen, denn durch einen Verputz ist das Äußere – wie Schinkel gesagt hätte – »verdorben« worden. Auch das Innere wurde durch weitere Ausstattung und Ausmalung in seiner architektonischen Klarheit beeinträchtigt. AB

Literatur

Günther Grundmann: Schlesien (Karl Friedrich Schinkel-Lebenswerk, Bd. 3). Berlin 1941, S. 174–177, 186.

Hillert Ibbeken/Elke Blauert (Hg.): Karl Friedrich Schinkel. Das architektonische Werk heute. Stuttgart/London 2001, S. 331.

Ozimek (Malapane)
Evangelische Kirche

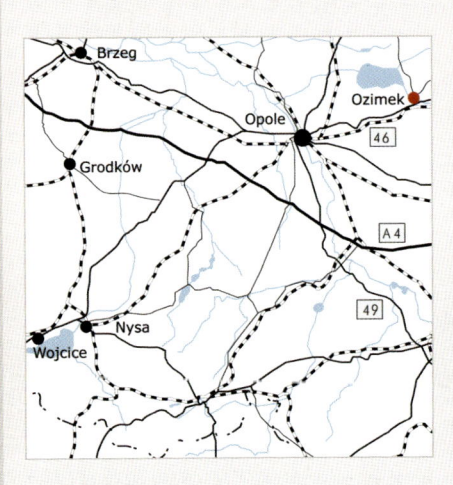

Entwurf (Gegenentwurf)	1818
Ausführung	1821
Turmvorbau	1860er Jahre

Oberhalb des Ortskerns am Wald steht landschaftsbeherrschend die evangelische Kirche.
Die evangelische Gemeinde des nicht weit von Oppeln, aber etwas abgelegenen Eisenhütten-Ortes Malapane besaß nur einen baufälligen Betsaal. Im Zuge der Entwicklung des Ortes wurde 1818 ein Kirchenneubau geplant. Die Oberbaudeputation machte einen Gegenentwurf, der nachweislich auf Schinkel zurückgeht. Dieser Entwurf wurde bei der Ausführung durch Oberbergrat Lehmann 1821 ziemlich exakt umgesetzt. Schinkel vermerkte 1832 im Bericht seiner Dienstreise, sie sei »ganz gut ausgeführt worden.«
Die Kirche ist ein Rechteckbau unter Satteldach mit Apsis unter Halbkegeldach. Die Ecken treten als Turmelemente schwach vor die Wände, sind nur wenig über die Traufe hochgezogen und haben flach geneigte Zeltdächer. Diese Form verleiht dem Bau einen eigenartigen Charakter. Die Schmalseiten sind dreiachsig, die

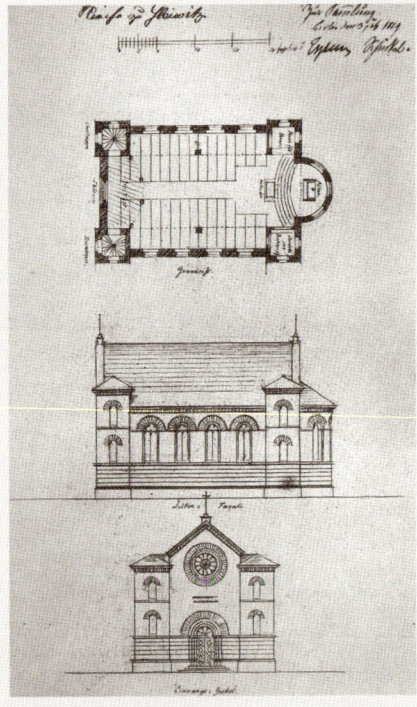

Entwurf. Federzeichnung von Schinkel, 1818

Ansicht der Chorpartie und des später angefügten Turmes

Längsseiten sechsachsig. Ein Sohlbankgesims definiert klar eine Sockelzone, die zudem durch Putzbänderung ausgezeichnet ist. Darüber befinden sich an Schiff und Apsis große Rundbogenfenster, in den Turmelementen zweigeschossig angeordnete kleine Rundbogenfenster. An Apsis und Schiff sind die Fenster mit einem Kämpfergesims aneinander gebunden. Das Sohlbankgesims der Turmelemente sitzt außergewöhnlicherweise etwas höher, dies ist keine Variation der Ausführung. Sämtliche Bögen sind von einer Rahmung mit konzentrisch angeordneten Putzquadern umgeben. Das Gebäude hat also eine sehr feine plastische Gliederung. Apsis und Schiffsfenster sollten nach dem Entwurf ein schlichtes dreiteiliges, wohl in Gusseisen zu denkendes Maßwerk erhalten. Alle Bauteile werden durch ein stark vorkragendes Gesims abgeschlossen, das nicht die Giebeldreiecke abteilt, sondern an der Giebelschräge hochläuft. Es ist konsolenartig durch je fünf vorkragende Ziegel gebildet. Die Eingangsseite ist heute durch einen in den 1860er Jahren vorgebauten Turm nicht mehr klar zu erkennen. Sie besaß ein großes Rundbogenportal mit vierfach abgetrepptem Gewände und im Giebel ein großes gerahmtes Rundfenster.

Das Innere ist durch die Turmelemente, welche die Emporenaufgänge und Nebenräume enthalten, leicht kreuzförmig. Im Entwurf waren seitlich Emporen auf einer Mittelstütze vorgesehen, die aber wohl nie ausgeführt wurden. Außergewöhnlich ist die feine in den Raum einschwingende eiserne Orgelempore auf vier schlanken Bündelpfeilern. Mit ihr korrespondiert die Treppenanlage an der Apsis.

In der zweiten Hälfte des 19. Jahrhunderts ist die einheitliche gusseiserne Ausstattung beseitigt worden. Die Kirche ist – abgesehen vom Turmbau – architektonisch nicht verändert worden. Vor dem Zweiten Weltkrieg waren die Gliederungen durch mehrere Anstriche beeinträchtigt

Die Kirche von Ozimek ist einer der interessantesten, weil eigenwilligsten Kirchenbauten Schinkels. Den etwas exotisch anmutenden Bau würde man ihm ohne Quellenhinweise auf die Urheberschaft wohl kaum zuschreiben. AB

Literatur

Günther Grundmann: Schlesien (Karl Friedrich Schinkel-Lebenswerk, Bd. 3). Berlin 1941, S. 166–168, 171.

Hillert Ibbeken/Elke Blauert (Hg.): Karl Friedrich Schinkel. Das architektonische Werk heute. Stuttgart/London 2001, S. 327.

Woiwodschaft Śląskie (ehemaliges Oberschlesien)

Racibórz (Ratibor)
Ehemaliges Oberlandesgericht, heute Bezirksgericht und Staatsanwaltschaft

Entwurf	1822
Ausführung	1823–26

Das Gebäude des Oberlandesgerichts in Racibórz (Ratibor) ist ein beeindruckendes Beispiel für die Wahl von klassizistischen Formen durch Schinkel, wenn es um ein staatliches Gebäude ging. Seine Änderungen an dem vom Regierungs- und Baurat Krause aus Oppeln bei der Oberbaudeputation eingereichten Plan verfolgten eine größere Klarheit und Regelmäßigkeit des Baus und gleichzeitig eine größtmögliche Zweckmäßigkeit. Das breitgelagerte dreigeschossige Gebäude auf einem hohen Sockel strahlt Ruhe und Würde aus. Eine besonders repräsentative Wirkung entfaltet die 15-achsige Hauptfassade, die durch einen siebenachsigen, von einem flachen Dreiecksgiebel bekrönten Mittelrisalit betont wird. Auch die Kolossalpilaster des Mittelrisalits und an den Ecken des Gebäudes sowie die Putzquaderungen am Sockel und an den Hauptgeschossen unterstreichen diese Wirkung. Schinkel, der den 1826 fertig gestellten Bau auf seiner Dienstreise durch Schlesien 1832 besichtigte, urteilte: »Das Gebäude, ein Projekt von der Oberbaudeputation festgestellt, imponiert sehr. Die Ausführung, von dem Herrn Regierungsrat Krause besonders berücksichtigt, ist sehr gut geraten, welches um so mehr ein Verdienst ist, als die Gewerksleute für jede Arbeit hier erst neu geschaffen werden mußten. Es sind viele Städte und Distrikte, wo es an examinierten Maurer- und Zimmermeistern fehlt.« Das heute als Bezirksgericht und Staatsanwaltschaft genutzte Gebäude blieb im Wesentlichen bis heute unverändert erhalten. GS

Literatur
Günter Grundmann: Schlesien (Karl Friedrich Schinkel-Lebenswerk, Bd. 3). Berlin 1941, S. 129–132.

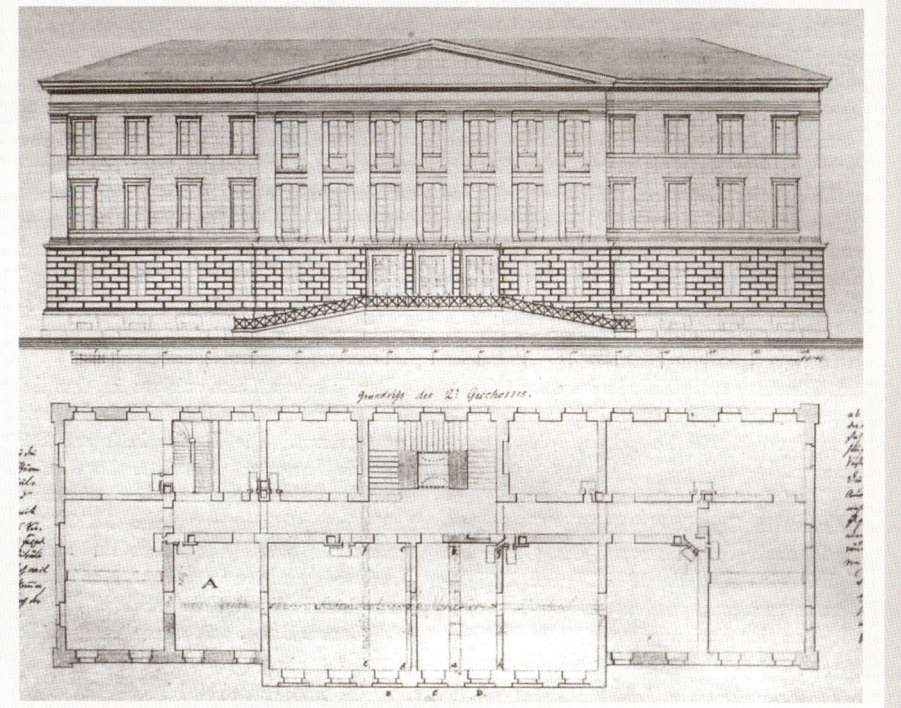

Gegenentwurf Schinkels für das Oberlandesgerichtsgebäude, 1823

Bezirksgericht

Woiwodschaft Małopolskie (Kleinpolen)

Krzeszowice
Katholische Kirche St. Martin

Entwurf	1823
Ausführung	1824–44

Die Kirche von Krzeszowice steht längs der Straße in einer parkartigen Grünanlage, die sich zum Tal des parallel zur Straße fließenden Krzeszowskabachs hinabzieht. Die Positionierung war von Schinkel noch eindrucksvoller geplant auf einer Grottenterrasse über einem zum künstlichen See gestauten Bach.

Schinkels Planungen für Krzeszowice hatten nichts mit seiner staatlichen Tätigkeit zu tun, sondern waren ein reiner Privatauftrag im Ausland. Graf Arthur Potocki gab ihm 1823 den Auftrag zum Entwurf von Schloss und Kirche. Das Schloss erachtete Schinkel offenbar als die wichtigere Aufgabe. Er entwarf hier – frei von Altbauteilen – einen schlicht und kubisch anmutenden Bau, der jedoch ein wahrer Palast auf dem Lande geworden wäre. Das Schloss wurde aber nicht ausgeführt. Schinkel widmete dem Projekt 1826 das ganze Heft 7 seiner »Sammlung Architektonischer Entwürfe«. Die Kirche wurde ab 1824 in einer mit zwanzig Jahren ungewöhnlich langen Bauzeit ausgeführt. Schinkel hat sie auf seiner Reise nach Krakau 1832 also im noch nicht fertig gestellten Zustand gesehen.

Die Kirche ist ein nach Süden ausgerichteter Rechteckbau unter flachem Satteldach. Sie besitzt ein polygonal abschließendes Pseudoquerhaus und im Süden einen Riegelbau aus zwei Chorflankentürmen unter achteckigen Helmen, die mit einer Galerie verbunden sind. Eine Apsis mit 5/8-Schluss bildet den Chor.

Die Fassade ist klar gegliedert. Seitlich sind Eckelemente ausgebildet und von tabernakelähnlichen Aufsätzen bekrönt. In der unteren Zone der Fassade bilden drei gekuppelte Spitzbogenöffnungen zur Vorhalle ein stark plastisches Element. Über den Zwickeln der Bögen befinden sich auf Konsolen vier frei vor die Wand gestellte Heiligenfiguren. Darüber ist eine besonders fein und doch ruhig gegliederte Rosette in die Wand eingelassen, sie wird seitlich lediglich von zwei rechteckigen Wappenfeldern flankiert. Der flache Giebel hat ein

Entwurf. Schaubild der Kirche, lavierte Federzeichnung von Schinkel, 1823

kräftiges Abschlussprofil, das von einem darunter gesetzten Spitzbogenfries und einer bekrönenden Spitzbogenbrüstung in seiner Wirkung unterstützt wird.

Die Seitenfassaden haben einen anderen Aufbau. Hier sind vor allem die Strebepfeiler ein stark vertikal gliederndes Element. Die Fenster sitzen relativ niedrig, über ihnen sind kleine Spitzbogenöffnungen für den Dachraum angebracht. Am Pseudoquerhaus liegen die unteren Fenster noch tiefer, während – entsprechend der inneren Struktur – die oberen Fenster größer als am Langhaus sind.

Das Schiff ist vierjochig und damit ein Joch kürzer als in Schinkels Entwurf. Typologisch handelt es sich um eine Saalkirche mit Seitennischen. Dadurch wird auf den ersten Blick eine dreischiffige Hallenkirche assoziiert. Dieser Effekt wird noch verstärkt durch die bündelpfeilerartig vorgestellten Gewölbedienste. Das Gewölbe ist eine Spitztonne, die jochweise zu den Gurtbögen etwas heruntergezogen ist. Zu den Seitennischen schneiden kleine Stichkappen ein. Durch aufgelegte Rippen, die von den Bündelpfeilern zu den gegenüberliegenden Scheiteln der Gurtbögen reichen, wird der Eindruck eines konstruktiv komplizierten Gewölbesystems erweckt. Die Seitennischen selbst haben eine kleine Spitztonnenwölbung. Sie sind durch eine Art Wandnut vom »Mittelschiff« abgesetzt, was die Illusion der Dreischiffigkeit verstärkt. Über der Vorhalle liegt die Orgelempore, die durch die Fensterrose ihr Licht erhält. Das Pseudoquerhaus besteht im Innern aus zwei Kapellen, die gegen das Kirchenschiff abgemauert sind.

Die Kirche von Krzeszowice gehört zu den besonders interessanten Kirchenbauten Schinkels, weil sie weniger der Rationalität als dem architektonisch Spielerischen verpflichtet ist, aber trotzdem ein in sich geschlossenes Konzept darstellt. Ein Vergleich mit der gleichzeitig entstandenen Friedrichswerderschen Kirche in Berlin ist aufschlussreich. Typologisch sind beide als Saalbauten mit Seitennischen vergleichbar. Aber in Berlin wurde ein klassisch anmutender Bau geschaffen, bei dem für die Seitennischen die Strebepfeiler sozusagen konstruktiv nach innen gezogen sind. In Krzeszowice sind die außen angebrachten Strebepfeiler ein Gliederungselement, das lediglich eine statische Unterstützung dar-

Krzeszowice | Katholische Kirche St. Martin

167

stellt. In der Friedrichswerderschen Kirche werden die klar definierten Kreuzrippengewölbe durch eine theaterhafte Bemalung von Nebenrippen und Gewölbeziegeln gesteigert, in Krzeszowice ist die Gewölbekonstruktion selbst ein theaterhafter Entwurf, der der frühen Neugotik der Zeit um 1800 näher zu stehen scheint. AB

Literatur

Hillert Ibbeken/Elke Blauert (Hg.): Karl Friedrich Schinkel. Das architektonische Werk heute, Stuttgart/London 2001, S. 325.

Margarete Kühn: Bauten und Entwürfe für das Ausland (Karl Friedrich Schinkel-Lebenswerk, Bd. 15). Berlin 1989, S. 244–249.

Wojciech Balus: Uwagi o kosciele w Krzeszowicach Karla Friedricha Schinkla, in: Marmur dziejowy. Studia z historii sztuki, hg. von Ewa Chojecka, Poznan 2002, S. 325–336.

Ansicht von Süden, 2000

SACHSEN

Das heutige Bundesland Sachsen deckt sich weitgehend mit dem Territorium des sächsischen Königreiches nach den Gebietsabtretungen an Preußen nach 1815. Die Oberlausitz um Görlitz und Muskau gehörte allerdings seit 1815 zu Schlesien. Schinkels Spuren in Sachsen sind entsprechend gering. Für den mit ihm befreundeten Fürsten Pückler entwarf er Um- und Neubauten im Muskauer Park, die zwar in den »Andeutungen über Landschaftsgärtnerei« des Fürsten durch die Illustrationen des Malers Wilhelm Schirmer bekannt gemacht wurden, baulich aber nicht umgesetzt werden konnten.

Das östliche Sachsen lernte Schinkel erstmals bei der Durchquerung auf dem Weg nach Italien 1803 kennen. Hier besuchte er auch das barocke Dresden, wobei ihn die landschaftlichen Reize offenbar mehr inspirierten, denn er schuf anschließend das reizvolle Deckfarben-Rundbild mit Blick auf Dresden aus der Ferne, das wie durch ein Fernrohr gesehen komponiert wurde. 1811 besuchte er Dresden auf dem Weg zu seiner Reise ins Salzkammergut.

Nahe Zittau befindet sich der Oybin, jener berühmte Berg, auf dessen eindrucksvollem Felsen Kaiser Karl IV. zunächst ein Cölestinerkloster stiftete und sich dann seitlich davon eine Burg baute. Das bedeutende gotische Ensemble fiel im 16. Jahrhundert Blitzschlag, Unwetter und Fels-Erosion zum Opfer und wurde Anfang des 19. Jahrhunderts als eine der pittoreskesten Ruinenlandschaften Deutschlands entdeckt. Maler wie Caspar David Friedrich und Carl Gustav Carus nahmen sich malend des Themas an und machten den Berg überregional berühmt. Von Schinkel ist keine Einschätzung überliefert, aber er hat auf dem Routenplan seiner Dienstreise durch Schlesien 1832 den »Oibin«, nicht aber Zittau eingetragen.

Auch Dresden bildete ein eigenes, wenngleich kleines Zentrum des deutschen Klassizismus aus, das aber seine Hauptzeit erst nach Schinkel erlangte. Zu Schinkels Zeiten ist neben dem als Ausführenden der Altstädtischen Wache genannten Joseph Thürmer (1789–1833) noch Gottlob Friedrich Thormeyer (1752–1842) zu nennen, dessen eines Torhaus des Leipziger Tores von 1827–29 sich noch erhalten hat.

Die nachweislich nach eigenhändigen Entwürfen Schinkels ausgeführten drei Bauten in Sachsen verdanken ihre Existenz der Ratsuche bei dem mittlerweile überregional bekannten Schinkel.

Zudem werden in Sachsen einige Bauten und Denkmäler mit Schinkel in Verbindung gebracht.

Die Kirche von **Döbern** bei Torgau wurde seit 1827 geplant, aber erst 1833 (Dehio) oder 1840 (Ibbeken/Blauert) fertig gestellt. Sie ist ein extrem schlichter Bau von 1:3-Achsen. Der Westturm wurde erst 1935 gebaut, dabei innen die ursprüngliche Westempore zerstört.

In **Dresden** hat das von Rietschel geschaffene und in Lauchhammer gegossene Denkmal für König Friedrich August I. einen Sockel, den neben Semper auch Schinkel mitentworfen haben soll. Auf diesem Sockel wurde die Bronze 1843 im Zwingerhof aufgestellt und später zum Japanischen Palais verbracht.

Die 1835/36 von Knießel erbaute Kirche in

SACHSEN

Zittau, Rathaus (Sammlung Architektonischer Entwürfe, 1840)

Dürrenuhlsdorf hat große Ähnlichkeit mit Schinkelscher Architektur und könnte somit durch die in der »Sammlung Architektonischer Entwürfe« veröffentlichten Kirchen von Straupitz und Schönberg beeinflusst worden sein.

Die Pfarrkirche von **Elsnig** ist nahe an der Formensprache Schinkels und wird daher im Dehio als »Schinkelschule« geführt.

In **Leipzig** wird als »Schinkelwerk« noch das gusseiserne Motherby-Denkmal am Täubchenweg neben dem Fricciusdenkmal verzeichnet, es ist ein Guss nach einem älteren Entwurf Schinkels.

Die 1840–42 von Wasserbaudirektor Johann Gottlieb Lohse erbaute Kirche in **Saupsdorf** ist in ihrer Gestalt sehr nahe an Schinkels Normalkirchenentwurf, möglicherweise legte der Architekt diesen seinen Plänen zugrunde.

Vom Kunsthistoriker Cornelius Gurlitt (1850–1938) wurde das neugotische Schloss des Grafen Moritz von Brühl in **Seifersdorf** Schinkel zugeschrieben, ohne das die von ihm als Grundlage dafür genannten Zeichnungen von anderen gefunden worden wären. Möglich wäre aber eine Beratung durch Schinkel, der durch die preußischen Mitglieder der Familie mit den Grafen Brühl Kontakte hatte.

Das Rathaus von **Zittau** ist kein Schinkelbau. Entsprechende Zuschreibungen stammen daher, dass Schinkel 1833 das Rathaus in florentinischen Renaissanceformen entworfen und in der »Sammlung Architektonischer Entwürfe« (Heft 27, 1840, Bl. 167/168) veröffentlicht hat. Der Architekt Carl August Schramm begutachtete die Pläne zwar 1834 im Hinblick auf die Realisierbarkeit, die Ausführung wurde aber wegen des Johanniskirchbaus zurückgestellt. Die Bürger wandten sich schließlich mehrheitlich gegen den Schinkelentwurf, so dass Schramm es 1840–45 nach einem eigenen Entwurf, der nur in der Grundhaltung auf den Schinkelentwurf zurückgriff, erbaute. Er ließ dabei dem Bau sehr viel kraftvollere Formen zukommen. Das Rathaus, das den Markt an seiner Ostseite dominiert, ist Schramms wohl bedeutendstes Werk. Er baute im Folgenden u. a. 1843–44 das Hauptzollamt, 1846–48 die Kgl. Sächsische Gewerb- und Baugewerkenschule, 1847/40 das Rathaus in Kamenz, 1848/49 die bei Zittau gelegene Kirche zu Dittelsdorf und 1862–65 sowohl die evangelische als auch die katholische Kirche zu Leutersdorf, die er besonders stilistisch zu unterscheiden suchte. Mit den Bauten Schramms wurde ein stark durch Schinkel geprägter Architekturakzent in der Oberlausitz gesetzt. Schinkel selbst wird in Zittau mit einer Säule vor dem Stadtbad geehrt, deren Datierung in der Literatur sehr differiert, nach Dehio ist sie »von Karl Friedrich Schinkel entworfen«.   AB

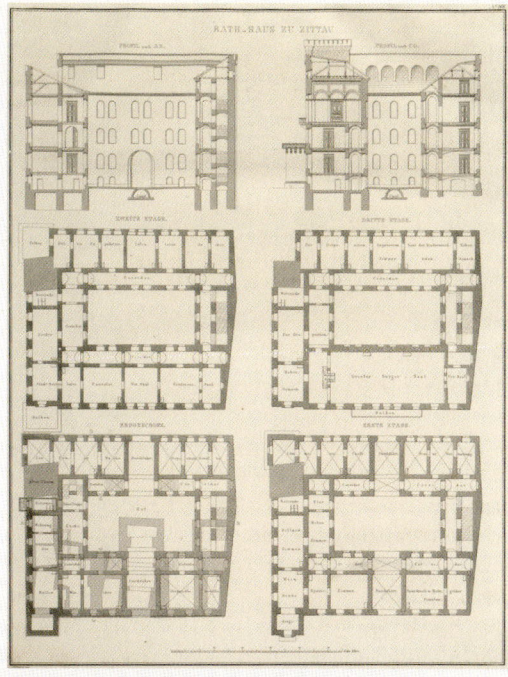

Zittau, Rathaus. Schnitte und Grundrisse (Sammlung Architektonischer Entwürfe, 1840)

Leipzig
Portal des Augusteums der Universität

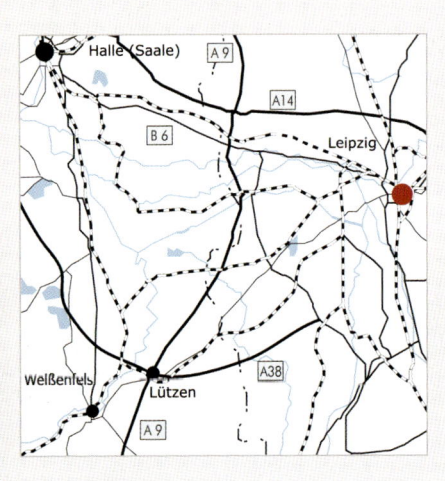

Entwurf (Korrekturentwurf)	1831
Ausführung	1831–36
Umbau des Augusteums, Versetzung des Portals	1897
Beschädigung	im 2. Weltkrieg
Abriss des Augusteums unter Bergung des Portals	1968
Wiederaufbau des Portals	1979–81
Abbau und Einlagerung	2004
Instandsetzung	bis 2009

In Leipzigs Innenstadt wird demnächst wieder, integriert in den Campus der Universität, das schon seit langem aus seinem architektonischem Kontext gelöste Portal des ehemaligen Augusteums stehen.

Als Albert Geutebrück, Stadt- und Universitätsbaudirektor der Stadt Leipzig, Um- und Neubaupläne für die Universität am Augustusplatz erarbeitet hatte, sandte er sie 1831 an Schinkel mit der Bitte um Begutachtung. Für das Augusteum machte Schinkel eine neue Zeichnung als Korrekturentwurf, in dem auch das Portal in der erhaltenen Form neu entwickelt wurde. Geutebrück arbeitete seine Pläne entsprechend um und Ernst Rietschel modellierte die Portalreliefs nach der Schinkelschen Zeichnung. 1836 konnte das Gebäude eingeweiht werden, das Portal befand sich mittig in der Fassade.

Das Portal besteht aus zwei an die Wand gesetzten Pfeilern, die einen Architrav tragen, der – flankiert von zwei knienden, geflügelten Genien – ehemals »Augusteum« beschriftet war. Den Architrav deckt ein kraftvolles Gesims, das seinerseits eine Balusterbrüstung zwischen kräftigen Sockeln als Attikazone des Gesamtportals trägt. Auf den Sockeln standen ehemals zwei weibliche Allegorien. Die Pfeiler sind an jeweils drei Seiten reliefiert und bilden den eigentlichen Schmuck des Portals. Die Reliefs sind in einer arabesken Kandelaberform komponiert: Unten erwächst ein kraterähnliches Gefäß aus Akanthusblättern. Aus ihm steigt ein Stängel empor (flankiert von reichem Laubwerk) und endet in einem Schirm, auf dem drei Genien stehen. Hinter ihnen wächst ein weiterer Stängel, der ebenfalls in einem Schirm endet, auf dem wiederum ein geflügelter Genius steht. Auf den Seitenflächen der Pfeiler wird diese Motivik floral variiert mit Vogelpaaren.

1897 wurde bei dem Umbau der Universität das Portal ausgebaut und als Torzufahrt südlich des Gebäudes wiedererstellt. Dafür wurde die Toröffnung verbreitert und

Portal des Augusteums der Universität

seitlich zwei Fußgängerpforten angefügt. Im Zuge der sozialistischen Neugestaltung des damaligen Karl-Marx-Platzes wurde das Augusteum abgerissen. Dabei barg man das Schinkelsche Portal. Es wurde bis zum 200. Geburtstag des Architekten 1981 in der erhaltenen Form als funktionslose Zierarchitektur wiedererrichtet. Von den 24 reliefierten Steinblöcken sind noch 23 original. Die stark verwitterten Musenfiguren stellte man nicht wieder auf. 2004 wurde zur Neustrukturierung der Universitätsbauten das Portal abermals abgebaut und eingelagert. Sein Wiederaufbau einschließlich Kopien der Musenfiguren soll bis spätestens 2009 abgeschlossen sein.

Das Portal gilt innerhalb Schinkels Werk als ein wichtiges Vergleichsbeispiel für seine Reliefkompositionen im Spätwerk, etwa im Vergleich zur späteren Bauschule in Berlin. Darüber hinaus ist es stilistisch interessant, da die Vorlage nicht wie üblich von Berliner Bildhauern, sondern von dem Dresdner Ernst Rietschel umgesetzt wurde.   AB

Literatur

Hillert Ibbeken/Elke Blauert (Hg.): Karl Friedrich Schinkel. Das architektonische Werk heute. Stuttgart/London 2001, S. 325.

Dresden
Altstädtische Wache

Entwurf (Neuentwurf)	1830
Ausführung	1831/32
Kriegsschäden	1945
Wiederaufbau	1955/56
Instandsetzung	1993 und 1995/96

Die Altstädtische Wache steht ihrer Funktion entsprechend mit ihrer Hauptfassade zum Residenzschloss. Daher scheint sie heute geradezu »verkehrt herum« positioniert zu sein, denn sie reagiert natürlich nicht auf die Monumentalbauten am Theaterplatz, den erst Semper mit Gemäldegalerie und Opernhaus architektonisch formuliert und definiert hat. Daher wird das Gebäude – obwohl an prominenter Stelle befindlich – leicht übersehen.
Kurfürst Friedrich August I. (seit dem 11. Dezember 1806 König) hatte den Bau Anfang des 19. Jahrhunderts befohlen, 1806 wurde mit der Fundamentierung begonnen, durch die Napoleonischen Kriege kam es jedoch nicht zum Hochbau. Als der Bau unter König Anton fortgeführt werden sollte, gefielen dem König die alten Pläne nicht mehr. Über das sächsische Militäroberbauamt wandte er sich an Schinkel. Das Gebäude wurde bei geforderter Nutzung der bestehenden Fundamente von Schinkel entworfen und 1831/32 von Joseph Thürmer ausgeführt. Schinkel war das Gebäude so wichtig, dass er es in die »Sammlung Architektonischer Entwürfe« (Heft 23, 1835, Bl. 144) aufnahm.
Der Bau besteht aus einem erhöhten Mittelbau, an den sich seitlich zwei schmale Flügel anschließen. Während die Firstlinie des Mittelbaus auf das Schloss zuläuft, sind die Seitenteile mit der Firstlinie an der Sophienstraße orientiert, entsprechend sind die flachen Giebel ausgebildet, die durch Akroterien akzentuiert werden. Die Architektursprache ist schlicht und der Bauaufgabe angemessen. Den mittleren Fassadenabschnitt zum Schloss bildet ein Antentempel mit sechs eingestellten ionischen Säulen. Das Giebelrelief wurde zwar von Schinkel entworfen, aber nicht umgesetzt, stattdessen wurde hier die Figur der Saxonia eingefügt. Die Seitenteile des Gebäudes haben etwa quadratischen Grundriss und sind entsprechend in drei Fensterachsen gegliedert. Dabei haben die Fassaden über dem kraftvoll mit Gesims abgesetzten

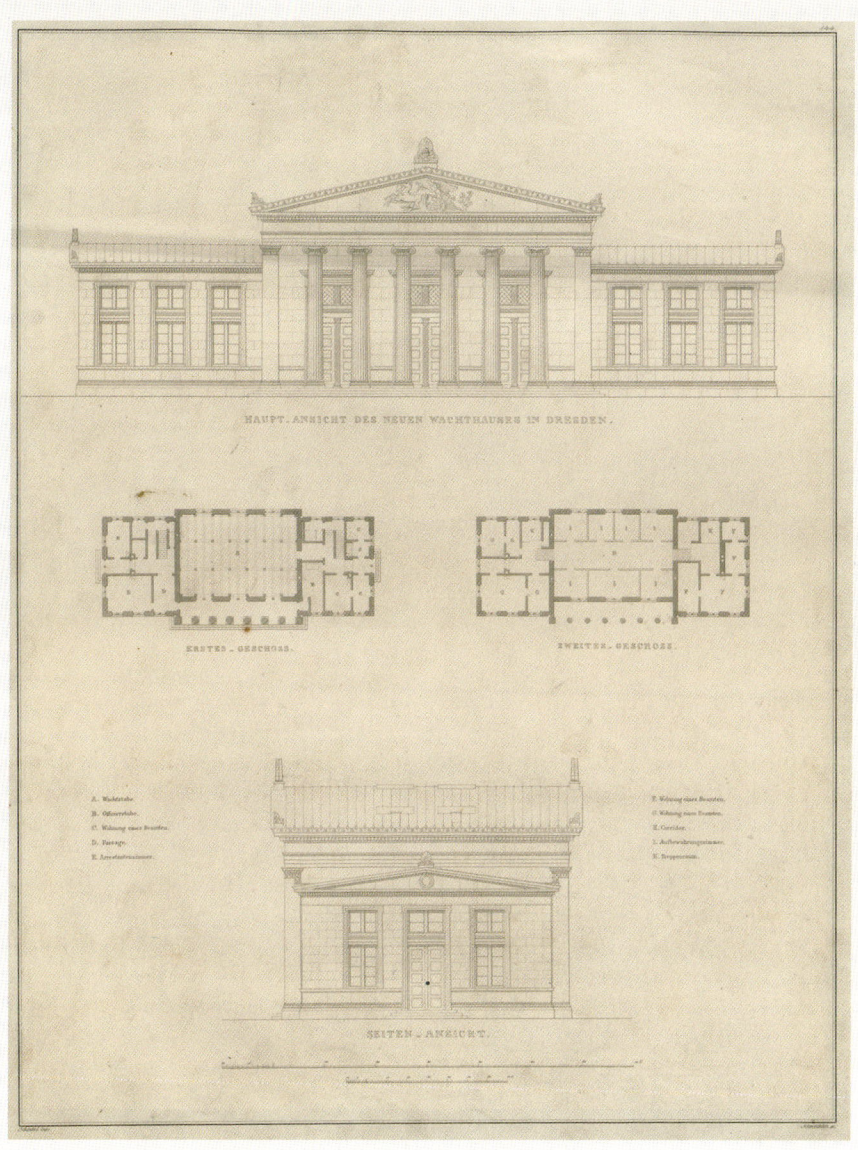

Altstädtische Wache (Sammlung Architektonischer Entwürfe, 1835)

Gebäudesockel eine weitere Sockelzone. Auf dieser sitzen die Rechteckfenster und reichen mit ihrer Rahmung bis an die ungeschmückte Frieszone der Seitenteile, bilden also gewissermaßen mit ihren Sturzbalken den Architrav der Fassaden. Geschickt ist von Schinkel in die Fensterrahmungen mit Pfeilern und Balken eine Art steinerner »Kreuzstock« eingestellt worden. Damit wird die Zweigeschossigkeit des Gebäudes zugunsten einer Monumentalisierung kaschiert. Die heute zur Gemäldegalerie und zur Semperoper gewandte Rückfassade (mit einer Figur des Mars im Giebelfeld) ist entsprechend der Seitenteile sehr schlicht-konstruktiv ausformuliert. Der Grundriss war klar in die Funktionsbereiche gegliedert.

Altstädtische Wache

Die nach 1918 funktionslose Dresdner Wache brannte 1945 vollständig aus. 1955/56 wurde sie im Äußeren historisch getreu wieder aufgebaut, das Innere neu strukturiert. Sie diente dann als Gaststätte und wurde nach Fertigstellung der Semperoper zur zentralen Theaterkasse. 1993 und 1995/96 wurde sie restauriert.

Die Dresdner Hauptwache ist kein Monument, wie das 15 Jahre zuvor für Berlin entworfene Wachgebäude. Sie ist auch keine wirklich innovative Architektur, wie der Berliner Bau. Sie aber als konventionell zu bezeichnen, würde ihre Entstehungsgeschichte und Schinkels Bestreben, sich hier einzupassen, verkennen. Assoziativ erweckt der Gesamtbau Ähnlichkeiten mit Klenzes Bauten am Münchener Königsplatz, mit denen er bei genauerem Hinsehen jedoch nichts gemein hat. Namentlich die Wahl des Antentempel-Motivs verleiht dem Dresdner Bau Festigkeit und Ernst. Durch die Wahl der ionischen Ordnung ist dem Bau eine gewisse Gefälligkeit nicht abzusprechen. Sie stellt einen zwar militärischen, aber doch heiteren Berliner Bauakzent in der Elbmetropole dar. AB

Literatur

Hillert Ibbeken/Elke Blauert (Hg.): Karl Friedrich Schinkel. Das architektonische Werk heute. Stuttgart/London 2001, S. 322.

Zittau
Evangelische Johanniskirche

Entwurf (Umbauentwurf)	1833
Ausführung	1834–37
Instandsetzung	seit 1991

Die Hauptpfarrkirche Zittaus steht – nicht eben städtebaulich prominent – nördlich des Marktes auf einem kleinen Platz, der nur der Westfassade Wirkung verschafft. Der asymmetrische Turmriegel aber prägt mit dem später erbauten Rathausturm, dem Johanneums- und dem Klosterkirchturm die Stadtsilhouette.

Zittau, eine im Mittelalter und der Renaissance blühende Stadt, wurde im Siebenjährigen Krieg 1757 beschossen und weitgehend zerstört. Dabei brannte auch die gotische Pfarrkirche ab. Ein Neubau unter Einbeziehung des nachgotischen Nordturmes von 1709 wurde 1766 nach Plan von Andreas Hüningen in schlichten Barockformen begonnen. Der Bau zog sich über 35 Jahre hin, galt zwar 1801 als abgeschlossen, war aber bautechnisch mangelhaft ausgeführt und blieb somit ein unvollendetes Provisorium. So neigte sich der Südturm bereits zur Seite und die Westfassade zeigte entsprechend tiefe Risse. Die Kirche hat vierachsige Seitenfassaden, eine dreiachsige Chorwand und dazwischen vermittelnde schräg gestellte einachsige Wände. Das Innere war ein an den Schmalseiten halbrund geschlossener Emporenraum.

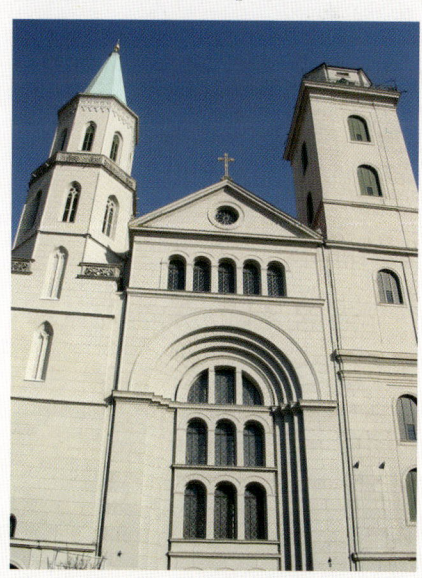

Die von Schinkel umgestaltete Westfassade

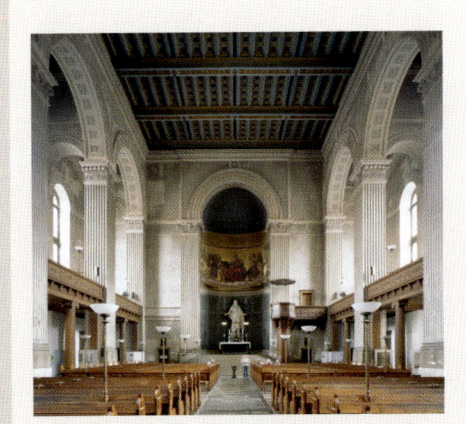

Innenansicht. Blick nach Osten

Schinkel, der Zittau 1832 auf der Dienstreise durch Schlesien kennen gelernt hatte, wurde 1833 von den Zittauer Behörden um ein Gutachten gebeten und entwickelte einen Umbauplan. Zur Ausführung wurde Carl August Schramm (1807–1869) bestimmt. Der aus Zittau stammende Architekt hatte in Dresden studiert und war dann 1829 nach Berlin gegangen, um bei Schinkel seine Kenntnisse zu vervollkommnen. 1834 kehrte er in seine Heimatstadt zurück, wo er bis 1837 den Kirchen-Umbau ausführte und alsbald zum Zittauer Stadtbaudirektor ernannt wurde.

In seinem Entwurf übernahm Schinkel das statische Gefüge der spätbarocken Kirche, wandelte aber die ovale Grundform des Inneren völlig um. Die Kirchenfassaden wurden vereinfacht, der Nordturm erhielt ein oktogonales Obergeschoss in gotisierenden Formen und einen Steilhelm, während der hohe Südturm einfache Rundbogenfenster-Gliederungen erhielt, die kaum noch als »klassizistisch« gelten können. Durch die Rissbildung musste der Mittelteil der Westfassade neu erbaut werden, Schinkel gliederte die neue Fassade durch einen monumentalen abgetreppten Rundbogen, eine darüber liegende Fünferarkade und einen Dreiecksgiebel mit Okulus.

Das Innere wirkt großzügig und festlich und lässt kaum erahnen, dass es sich um einen Umbau handelt. Der klassizistische Kirchenraum wurde gewissermaßen in den spätbarocken Bau eingestellt. Dies ist besonders an der Ostwand erkennbar, die soweit in den Kirchenraum vorgezogen wurde, dass die Wandabschrägungen der Ostwand nicht mehr wirksam werden. Die Seitenwände öffnen sich mit vier großen Bögen auf mächtigen Pfeilern zum Mittelschiff. Im unteren Bereich ist hier zwischen die Pfeiler je eine ionische Holzsäule gestellt, die nicht nur statisch, sondern vor allem optisch die Emporen trägt. Die tiefe, gerundete Apsis ist in die vorgezogene Ostwand integriert, sie hat die Breite der seitlichen Arkaden. Der Altarbereich ist erhöht und ergänzt die Apsis durch eine Halbkreistreppe optisch zum Kreis.

Das Gebäude hat durchgehend als städtische Pfarrkirche gedient. Nach einigen kleineren Reparaturen ist seit 1991 eine langjährige durchgreifende Instandsetzung durchgeführt worden.

Die Johanniskirche stellt im Spätwerk Schinkels einen besonderen Kirchenbau dar. Das Innere ist einer der bedeutendsten klassizistischen Innenräume Sachsens. Der Umbau ist interessant als einziger Fall in Schinkels Werk, bei dem er einen barocken Kirchenbau umzuformen hatte. Dies war ihm immerhin so wichtig, dass er der Johanniskirche vier Blätter in der »Sammlung Architektonischer Entwürfe« (Heft 37, 1840, Bl. 163–167) widmete. Dort ist sowohl der vormalige als auch der umgebaute Zustand dokumentiert. Um ein Denkmalpflegeobjekt handelt es sich nicht, auch wenn der nachgotische Nordturm in gotisierenden Formen vollendet wurde. AB

Literatur

Ulrich Rosner: St. Johannis Zittau (DKV-Kunstführer, Bd. 542). München/Berlin 2000.

Hillert Ibbeken/Elke Blauert (Hg.): Karl Friedrich Schinkel. Das architektonische Werk heute. Stuttgart/London 2001, S. 331.

THÜRINGEN

Das Gebiet des Bundeslandes Thüringen war zu Schinkels Zeiten noch ein Flickenteppich von Kleinstaaten, die erst nach dem Ersten Weltkrieg zu einer größeren Verwaltungseinheit zusammengefasst wurden. Inmitten dieser Kleinstaaten gab es einige preußischen Exklaven, deren bedeutendste Erfurt als größte Stadt Thüringens war. Sie gehörte zur preußischen Provinz Sachsen. Entsprechend wirkte Schinkel als Beamter nur hier. So waren Kanzel und Orgelprospekt im Erfurter Dom von Schinkel entworfen (um 1830, nicht erh.). Im Augustiner-Kloster wurden Westflügel und Altes Priorat 1840-46 nach seinen Plänen umgestaltet.

Im nichtpreußischen Thüringen wirkte Schinkel außer bei den beiden im Folgenden beschriebenen Bauten nur entwurflich. So hatte er bereits 1802/03 für den Fürsten von Reuss einen groß angelegten Umbau des Schlosses Köstritz geplant. Von diesen Entwürfen wurden aber nur Parkarchitekturen ausgeführt, die fast sämtlich verschwunden sind.

Nachdem durch Erbfall Gotha an Fürst Ernst von Sachsen Coburg (s. d.) gekommen war, ließ dieser sich ein neues Hof-

Gotha, Entwurfsskizze für das Herzogliche Hoftheater. Ansicht von Südost, 1837

theater erbauen. Dafür lieferte Schinkel 1837 zwei Skizzen, die in der reichen Gliederung der projektierten Architektur bezeichnend für das Spätwerk sind. Bei der Ausführung veränderte aber der ausführende Architekt Gustav Eberhard die Pläne maßgeblich. Der 1840 fertiggestellte und nach Kriegszerstörung 1958 abgerissene Bau war also weniger ein »Schinkelbau«, als dass er Schinkels Einfluss auf die Architektur seiner Zeit zeigte.

Die Kirche von **Büchel** wurde nach Brand der alten Kirche an neuer Stelle wohl 1834 geplant und war 1834 fertig gestellt. Sie ist ein sehr schlichter Bau mit Westturm. Die Ostseite ist vermutlich in Hinblick auf die Lage zum Dorf mit einer Schauwand versehen.

Ob die erst 1857 errichtete Barfüßerschule in **Erfurt** nach Schinkels Plänen entstand, wie es die Überlieferung will, ist zweifelhaft. Die Kirche in **Gehren** entstand offenbar nach dem Normalkirchenentwurf Schinkels 1830–34.

Die Gemeinde **Frauenwald** am Rennsteig war besonders arm. In der Oberbaudeputation entwarf Oberbaurat Matthias den am Normalkirchenschema orientierten Bau. Schinkel revidierte diese Pläne 1827 und 1829–31 konnte die Kirche ausgeführt werden. Witterungsbedingte Veränderungen waren die Schieferdeckung und die Verschieferung der Ostwand. Bemerkenswert ist die Tatsache, dass man sich 1911 beim Bau des Turms am Normalkirchenentwurf orientierte. Das Innere besitzt auch im Osten eine Empore mit seitlich vorgestellter Kanzel. AB

Weimar
Schloss, Goethezimmer

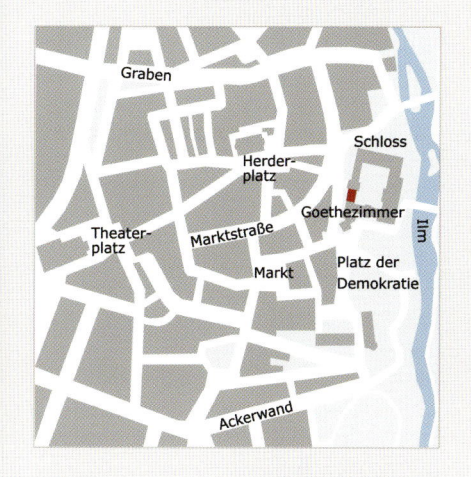

Entwurf	1835/36
Ausführung	1838–40 (?)

Das Goethezimmer befindet sich im Westflügel des Weimarer Schlosses und ist das größte der vier Dichterzimmer, die sich die Großherzogin Maria Pawlowna (Schwiegermutter der Prinzen Wilhelm und Carl von Preußen) beim Wiederaufbau des Residenzschlosses der Herzöge von Sachsen-Weimar-Eisenach einbauen ließ.

Weimar hatte sich unter (Groß-)Herzog Carl August zu einem kleinen Zentrum klassizistischer Architektur entwickelt. Dazu trug nicht zuletzt eine Brandkatastrophe bei. Ein Jahr bevor Carl August die Regierungsgeschäfte von seiner Mutter Anna Amalia übernehmen konnte, brannte 1774 das Residenzschloss völlig nieder. Den Mittelteil des Ostflügels errichtete Johann August Arens (1757–1806) zwischen 1790 und 1794 neu. Prägender noch für Weimarer und Besucher wurde das von ihm für den Herzog 1791–97 erbaute tempelartige so genannte Römische Haus mit den archaisch-harten dorischen Säulen im Unterbau. Die großartige Ausgestaltung dieses Ostflügels übernahm 1801–03 Friedrich Gillys Schwager Heinrich Gentz (1766–1811), in dessen Berliner Münzgebäude von 1798 Schinkel die Bauakademie besucht hatte. 1816 wurde der aus Trier stammende Clemens Wenzeslaus Coudray (1775–1845) zum Oberbaudirektor des Großherzogs berufen. Er schuf in Weimar u. a. das Erfurter Tor (1822–24) und gleichzeitig das großherzogliche Mausoleum, in dem einige Jahre später auch Goethe und Schiller ihre letzte Ruhestätte finden sollten. Den Westflügel des Schlosses errichtete Coudray ab 1820 neu.

Nach Goethes Tod, 1832, kam der Großherzogin der Gedanke, ihn im Westflügel des Schlosses mit einem Gedenkzimmer zu ehren. Der Gedanke wurde schließlich weiter gesponnen, so dass noch ein Schiller-, ein Herder- und ein Wielandzimmer geschaffen wurden. Das Goethezimmer plante Coudray mit Reliefs auszuschmükken. Nachdem Ludwig v. Schorn 1833 die künstlerische Oberleitung zur Ausgestal-

Entwurf

Goethegalerie

tung der Räume übernommen hatte, vermittelte er 1835 den Auftrag als Anfrage an den ihm bekannten Schinkel. Die langjährigen Kontakte zwischen Goethe und Schinkel ließen auch das Großherzogspaar diesem Ansinnen zustimmen. 1836 legte Schinkel die Entwürfe vor, die – typisch für seine Denk- und Arbeitsweise – gewissermaßen den »ganzen« Raum, also Wandgliederung, Decke, Türen und Möbel umfassten. Als Thema der Wandfelder wählte Schinkel aus Goethes »Achilleis« die Götterversammlung und aus dem »Prometeus« die Menschenbeschäftigung, womit er das Programm der Museumsvorhalle in Berlin wieder aufgriff. Diese Thematik wurde bei der Ausführung abgeändert, indem nun auf andere Werke Goethes zurückgegriffen wurde. Schinkel konnte die Entstehung des Raumes bei Besuchen in Weimar 1838 und 1840 verfolgen, eine Ausnahme bei seinen außerhalb Brandenburgs erbauten Werken. Die Ausführung besorgte Bernhard Neher, der auch mit Peter Cornelius das Schillerzimmer schuf.

Das original erhaltene Goethezimmer im Weimarer Schloss ist ein wichtiges Beispiel für eine späte Raumausstattung Schinkels, die allerdings nicht ganz nach seiner Intention umgesetzt wurde. Die Grundkomposition des Entwurfs ist sehr ruhig, fast statisch zu nennen, auch die Farbigkeit ist im Vergleich zu den fürstlichen Wohnräumen in Berlin und Potsdam der 1820er Jahre sehr zurückhaltend. In dem (nicht ausgeführten) Deckenentwurf aber schwingt sich noch einmal eine Zeltdecke in zarter Farbigkeit empor, wie sie bereits in der großen Galerie im Berliner Palais des Prinzen Carl (1828, 1945 zerstört) zu finden gewesen war.

Literatur

Hillert Ibbeken/Elke Blauert (Hg.): Karl Friedrich Schinkel. Das architektonische Werk heute, Stuttgart/London 2001, S. 330.

Martin Steffens: Maria Pawlowna und die Einrichtung von Dichtergedenkräumen in Weimar und auf der Wartburg. In: »Ihre Kaiserliche Hoheit« Maria Pawlowna – Zarentochter am Weimarer Hof. München u. a. 2004, S. 215–235.

Hartmut Reck/Jochen Klauß/Gabriele Oswald: Dichterzimmer. In: »Ihre Kaiserliche Hoheit« Maria Pawlowna – Zarentochter am Weimarer Hof, München u. a. 2004, S. 178–191.

Wöhlsdorf bei Saalfeld
Denkmal für Prinz Louis Ferdinand

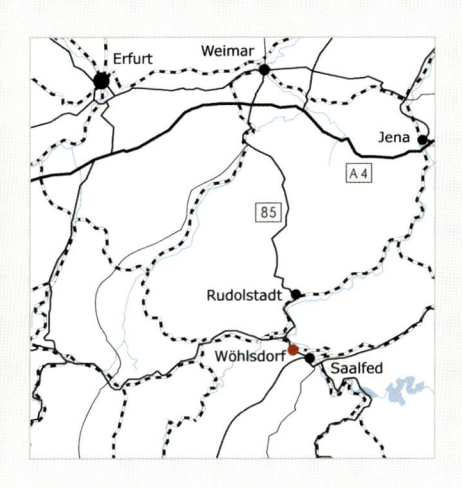

Entwurf	1821
Ausführung	1822–23
Rekonstruktion	1981–84

Am Rande einer modern ausgebauten Straße steht das Denkmal für den Prinzen Louis Ferdinand, der hier am 10. Oktober 1806 in der Vorhutschlacht bei Saalfeld gegen die napoleonischen Truppen fiel. Durch das Vordringen der Besiedlung im 20. Jahrhundert hat das Denkmal seine ursprünglich idyllische Lage in freier Natur eingebüßt und besitzt zudem keine Einfriedung mehr.

Prinz Ludwig Christian von Preußen, genannt Louis Ferdinand, war Sohn des jüngsten Bruders Friedrichs II. Er galt sowohl militärisch als auch musisch als eines der begabtesten Mitglieder der königlichen Familie. Der Tod des 33-Jährigen wurde somit als ein besonderes Opfer für das Vaterland verstanden. Der Prinz wurde in der Gruft des Berliner Doms beigesetzt. Die Initiative zur Errichtung eines wegen der Beliebtheit des Prinzen geforderten Denkmals ging von Prinzessin Luise Radziwill und dem Landesherrn Herzog Ernst I. von Sachsen-Coburg-Saalfeld aus, für den Schinkel 1811–15 die Umbauentwürfe zum Schloss Ehrenburg in Coburg verfasst hatte. Beide gaben Schinkel 1821 den Auftrag zum Entwurf. Er wählte eine sehr gestreckte Stelenform mit einem Relief, dass

Denkmal für Prinz Louis Ferdinand

er sich in Gusseisen dachte. Das Denkmal wurde in Sandstein ausgeführt, das Relief von August Kiss modelliert, der in dieser Zeit seine intensivere Zusammenarbeit mit Schinkel begann. Das Relief wurde in Bronze gegossen und die ganze Anlage am zehnten Jahrestag der Völkerschlacht bei Leipzig am 19. Oktober 1823 eingeweiht.

Das Denkmal besteht aus einem Sockel mit Profil, darauf zwei Stufen. Die eigentliche Stele gliedert sich in Sockel, Korpus und einen allseitig überstehenden Dreiecksgiebel. Dieser ist durch besonders filigran gestaltete Akroterien bekrönt. Das Kiss'sche Relief zeigt einen nackten Jüngling, der mit der Rechten zum Himmel weist, aber den Blick auf den in seiner Linken gehaltenen Lorbeerkranz gesenkt hat. Hinter ihm liegen Schild und Schwert, darüber eine Lyra, die auf die Tätigkeit des Prinzen als Komponist hinweisen soll. Die Inschrift auf dem Korpus lautet »HIER FIEL DER KAEMPFENDE FVER SEIN VATERLAND/PRINZ LUDWIG V: PREVSSEN/AM 10. OCTOBER MDCCCVI«.

Das Denkmal war 1981 in seiner Standsicherheit derart gefährdet, dass es vollständig abgebaut, restauriert und bis 1984 wiedererrichtet wurde.

Unter den Schinkelschen Personendenkmälern (Königin Luise, Gustav-Adolf, Kutusow, Courbière, Barclay de Tolly) hat das für Louis Ferdinand die klassischste Form erhalten. Vermutlich wählte er diese Formen, um das – im Sinne von Bildung – »griechische« Wesen des Prinzen zu betonen. Die Gestaltung griff Schinkel 1827 für den Entwurf des Grabmals v. d. Osten-Sacken in Berlin nochmals auf. AB

Literatur

Hillert Ibbeken/Elke Blauert (Hg.): Karl Friedrich Schinkel. Das architektonische Werk heute. Stuttgart/London 2001, S. 329

Hendrik Bärnighausen/Andreas Teltow: Die Denkmäler für den Prinzen Louis Ferdinand von Preußen in Wöhlsdorf bei Saalfeld. In: Gerhard Werner (Hg.): Prinz Louis Ferdinand von Preußen und das Gefecht bei Saalfeld am 10. Oktober 1806. Saalfeld 1996, S. 31–55.

SÜDDEUTSCHLAND (BAYERN, HESSEN, BADEN-WÜRTTEMBERG)

In den heutigen süd- und mitteldeutschen Bundesländern Bayern, Hessen und Baden-Württemberg wurde nur einmal nach Schinkels Entwurf gebaut. Zur Zeit Schinkels befanden sich in diesem Gebiet Zentren der deutschen Architekturentwicklung. Die dort wirkenden Architekten sind teilweise als Antipoden Schinkels zu sehen.

Abgesehen von dienstlichen Anlässen, wie dem Besuch der Boisseréeschen Sammlung in Heidelberg im Jahre 1816, passierte Schinkel diese Gebiete zunächst nur auf seinen Reisen. Das Hochgebirge kannte er von den Italienreisen und der Reise über Böhmen ins Salzkammergut 1811. Erst gegen Ende seines Lebens fuhr er regelmäßig zur Kur nach Kissingen (1837, 1838, 1839) und verband dies mit Besuchen in München und Gastein, wo er schon 1836 gekurt hatte. Eine umfassende Einschätzung der in Süddeutschland gesehenen zeitgenössischen Architektur durch Schinkel ist nicht überliefert. Neben seinen Reisekontakten bestanden zu Bayern berufliche und über das Königshaus auch dynastische Beziehungen, die aber nicht entwickelt wurden. Schinkels wahrscheinlich letzter Entwurf war ein Haus in München, er plante einen Umbau für seinen Logierwirt. Nach der Rückkehr in Berlin fiel Schinkel in die Agonie.

Das Gebiet der heutigen drei Bundesländer bestand damals im wesentlichen aus den Königreichen Bayern und Württemberg sowie den Großherzogtümern Baden, Hessen-Kassel und Hessen-Darmstadt. Die Residenzstädte München, Stuttgart, Karlsruhe, Darmstadt und Kassel waren die Zentren der modernen Architekturentwicklung. In Kassel etablierte sich die klassizistische Architektur besonders früh, nämlich bereits in der zweiten Hälfte des 18. Jahrhunderts. Simon du Ry begann dort 1763 als Hofarchitekt für den Landgrafen die Residenz auszubauen.

Für das Großherzogtum Baden war in Karlsruhe Friedrich Weinbrenner (1766–1826) der prägende Architekt. Seine Ausbildung in Berlin beeinflusste sein späteres Werk. Da er erheblich älter war als Schinkel, war seine Architektursprache einfacher und schwerer, bisweilen auch derber. Weinbrenners Plan von 1797 für den Um- und Ausbau Karlsruhes, den er sukzessive seit 1801 umsetzen konnte, blieb für ein Vierteljahrhundert Grundlage der Stadtentwicklung. Das Stadtbild prägte er so nachdrücklich, dass sein Schüler und Nachfolger Heinrich Hübsch (1795–1863) trotz einer neuen Formensprache dies nicht zu ändern vermochte.

In Hessen-Darmstadt machte sich der 1806 von Napoleon zum Großherzog erhobene Ludwig I., ein gebildeter, aufgeklärter und beliebter Herrscher, daran, seine kleine Residenz zu einer modernen Stadt auszubauen, ähnlich wie es im nahen Karlsruhe geschah. Er berief den Weinbrenner-Schüler Georg Moller (1784–1852) 1810 zum Hofarchitekten. Moller hatte in Hessen-Darmstadt eine ähnliche Stellung wie Schinkel in Preußen. Er war sowohl Hofbaumeister als auch Oberbaudirektor, womit er das gesamte Staatsbauwesen unter sich hatte. Wie Schinkel war auch er umfassend künstlerisch tätig, so als Maler, Theaterausstatter und Denkmalpfleger. Mollers Bauten und städtebauliche Entwürfe veränderten Darmstadt nachhaltig.

SÜDDEUTSCHLAND

Innere Ansicht des Großen Repräsentations-Saals. »Für das Schloß auf der Acropolis von Athen«. Zeichnung von Schinkel, 1834

Württemberg erlebte eine frühe Blüte moderner Raumausstattungen unter Herzog Friedrich, der seit 1806 von Napoleons Gnaden König wurde und daraufhin viele Schlösser im Stil des Empire neu ausstatten ließ. Dazu berief er den in Frankreich ausgebildeten Nicolaus Friedrich von Thouret (1767–1845). Die wohl einzige Beziehung zu Schinkel besteht in Thourets Rezeption von Schinkels Aachener Elisenbrunnen im Bau des Kursaals von Bad Cannstatt (1824).

Die größten Beziehungen zu Schinkel weisen das Königreich Bayern und sein führender Architekt Leo von Klenze (1784–1864) auf. Auch Bayern war 1806 zum Königreich erhoben worden und der ehemalige Kurfürst nannte sich nun König Maximilian I. Josef. Mit seinem bürgerlichen Selbstverständnis war er nicht die treibende Kraft für ein großes Baugeschehen. Sein Sohn Ludwig (I.) hingegen (1786–1868, reg. 1825–1848) sorgte schon als Kronprinz für die Grundlagen, auf denen er nach seiner Thronbesteigung München zu einer modernen Großstadtresidenz umformen wollte. König Ludwig und der preußische Kronprinz vermittelten Schinkel den Auftrag zum Entwurf eines Palastes für König Otto von Griechenland. Dieser war Ludwigs Bruder und wurde zum ersten griechischen König nach der Befreiung von der osmanischen Herrschaft. Die finanziellen Mittel des Königs reichten jedoch nicht zur Verwirklichung des fantastischen Entwurfs (Abb. links).

Klenze war wie Schinkel Norddeutscher und stammte aus einer katholischen Familie in Schladen bei Braunschweig. Er ging zum Jurastudium nach Berlin, begeisterte sich aber bald für die moderne Baukunst. Infolgedessen studierte er an der Bauakademie und bei David Gilly, in dessen Haus er auch wohnte. Er kopierte auch Blätter von dessen Sohn Friedrich Gilly. Durch ihre gemeinsame Begeisterung für den früh verstorbenen Architekten lernten er und Schinkel sich kennen. Bemerkenswerterweise entwickelte sich daraus jedoch keine berufliche Beziehung, von einer Freundschaft ganz zu schweigen. Während sich Schinkel auf seine Italienreise begab, ging Klenze nach Paris, wo er u.a. im berühmten Büro von Percier und Fontaine arbeitete.

1814 wurde er Kronprinz Ludwig vorgestellt, womit eine bedeutungsvolle Zusammenarbeit ihren Anfang nehmen sollte. 1816 wurde er zum Hofarchitekten ernannt und errichtete mit der Glyptothek sein erstes großartiges Bauwerk. Am Wettbewerb um die Walhalla beteiligten sich sowohl Klenze als auch Schinkel. Der bayerische Kronprinz hatte einen griechischen Tempel gefordert, doch hielten sich mehrere Teilnehmer nicht an diese Vorgabe, darunter auch Schinkel, der sich ein deutsches Nationaldenkmal damals nur im gotischen Stil vorstellen konnte. Damit hatte er keine Chance auf den Gewinn, aber der Wettbewerb wurde ohnehin nicht mit einer Preisvergabe geschlossen. Erst Jahre später (1830–42) wurde der phantastisch-monumentale Bau von Klenze ausgeführt. Klenzes Aufstieg war rasanter als der Schinkels, bereits 1818 wurde er Hofbauintendant und Leiter des gesamten staatlichen Bauwesens in Bayern. Für München bedeutete dies den weitgehenden Umbau der Stadt (Ausbau des Königsplatzes und der Ludwigstraße, Erweiterung der Residenz um Königsbau und Nationaltheater).

Klenze war eine Schinkel in vieler Weise vergleichbare Künstlerpersönlichkeit. Auch er war malerisch hochbegabt und verfasste kunsttheoretische Schriften. Doch blieb er stärker der Rolle des traditionellen Hofarchitekten verhaftet. AB

Coburg
Schloss Ehrenburg

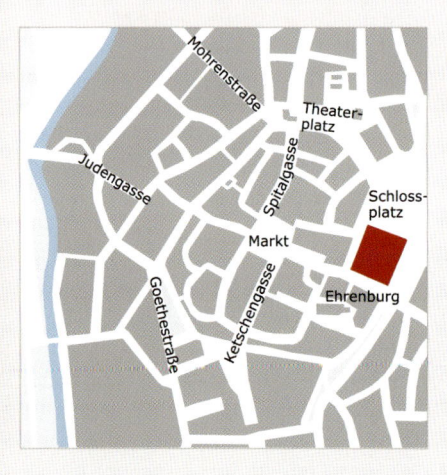

Bau	seit 1543
Umbauentwurf Schinkels	1811–15
Ausführung (reduziert)	wohl 1821–41

Am Rande der mittelalterlichen Innenstadt Coburgs beherrscht das Schloss mit seinem Ehrenhof den weiträumigen Schlossplatz, der vom gegenübergelegenen Theater architektonisch nur schwach gefasst wird und sich nach Osten über den Hofgarten zur Veste hin öffnet.

Coburg ist – historisch gesehen – keine fränkische, sondern eine thüringische Stadt. Sie war seit dem 16. Jahrhundert wettinische Residenz und wurde 1826 eine der beiden Hauptresidenzen des Herzogtums Sachsen-Coburg-Gotha. Der Landesteil Coburg schloss sich erst nach dem Ersten Weltkrieg nach Volksabstimmung Bayern an. Die Ehrenburg entstand ab 1543 anstelle des aufgelassenen Franziskanerklosters und ist damit – nach der Landshuter – die älteste Stadtresidenz im alten Reich. Der Renaissancekomplex war im 17. und 18. Jahrhundert unregelmäßig gewachsen und genügte Anfang des 19. Jahrhunderts nicht mehr dem Repräsentationsbedürfnis des seit 1806 regierenden Herzogs Ernst I. Dieser hatte noch von seinem Vater den verfallenen Rittersitz Rosenau bei Coburg ankaufen lassen und ihn in Mittelalterbegeisterung neugotisch umbauen lassen. So wollte er auch seine Stadtresidenz in diesem Stile umgestalten und gab Schinkel 1810 den Auftrag zu entsprechenden vereinheitlichenden Umbauplanungen. Schinkel entwarf den Umbau für Ehrenburg 1811–15 bis ins Detail und auch für Teile des Inneren. Als Vorbild gab er italienische Prachtgebäude an, orientierte sich also an Bauten, die er etwa sechs Jahre zuvor auf der Reise in Oberitalien gesehen hatte. Dabei entwickelte er für die Fassaden der Ehrenburg ein Raster aus profilierten Stäben, Gesimsen und Rahmungen, das in der Struktur weniger originär gotisch ist als dass es gotisch wirkt. Ergänzt wurde es durch Brüstungsfelder mit wappentragenden Maßwerkfüllungen und bekrönt durch pittoreske, spitzbogige Zinnen, die an venezianische Paläste erinnern. Mit diesem Raster überzog er im Entwurf das ganze Schloss, das er baukörperlich durch Einbeziehung von Marstall, Steintor und Silberbau symmetrisch ausrichten wollte. Die projektierten Pavillonbauten an den Flügeln des Ehrenhofs sollten von einem zurückgesetzten und damit laternenartig wirkenden Geschoss bekrönt werden. Beherrscht werden sollte die Anlage durch eine mittige Turmformation, deren Breite den Seitenfassaden der vorderen Pavillons entsprechen sollte.

Seit 1816 wirkte in Coburg der aus Frankreich gegen Schinkels Empfehlung berufene André Marie Renié Grétry, der aber wohl erst 1821 mit den Verkleidungen der Fassaden begann. Dabei wandelte er viele Details ab, vergröberte manches, wie den Aufsatz des Torturmes, und ließ auch einige wichtige kompositorische Elemente fort, wie die obersten Geschosse auf den Pavillons. Die Ausführung zog sich bis 1841 hin.

Dabei wurde auf die Umgestaltung der Renaissanceteile am Binnenhof verzichtet. Die von Schinkel vorgesehenen Umgestaltungen des Inneren wurden ebenfalls nicht verwirklicht, stattdessen eine Ausstattung im Empirestil bevorzugt, die vermutlich dem Imagegewinn des Herzogshauses Rechnung tragen sollte: 1826 fiel dem Herzog durch seine Gemahlin die Herrschaft über Gotha zu. Ein Jahr später begann er, die völlig vernachlässigte Veste instand zu setzen. 1830–35 wurden die den Schlossplatz säumenden Wirtschaftsgebäude abgerissen und somit der absolutistische Impetus der Dreiflügelanlage unterstrichen. Der Bau des dem Schloss schräg gegenüberliegenden, innen reizvollen klassizistischen Hoftheaters von Karl Balthasar Harres (1837–40) hat mit Schinkels Planungen nichts mehr zu tun.

Der Entwurf zum Schloss Ehrenburg ist in

Schloss Ehrenburg

Ansicht von Norden. Entwurfszeichnung von Schinkel, um 1815

Schinkels architektonischem Werk außergewöhnlich. Die sehr malerische Fassadenbehandlung bei gleichzeitigem barocken Gestus des Baukörpers und strenger Symmetrie wirkt mehr wie die phantastischen Architekturentwürfe seiner Schau- und Bühnenbilder. Dies wird durch die reduzierte Ausführung weniger deutlich, durch sie ist das bestehende Gebäude aber auch nur sehr eingeschränkt als »Schinkelbau« zu bezeichnen. AB

Literatur

Annette Faber: Der neugotische Umbau von Schloß Ehrenburg nach den Plänen Karl Friedrich Schinkels 1810–1840. In: Jahrbuch der Coburger Landesstiftung 30 (1985), S. 281–394.
Rainer Hambrecht: Dokumente aus dem Staatsarchiv Coburg: Karl Friedrich Schinkel und Coburg. In: Blätter zur Geschichte des Coburger Landes (21) 1992, S. 3–10.
Hillert Ibbeken/Elke Blauert (Hg.): Karl Friedrich Schinkel. Das architektonische Werk heute, Stuttgart/London 2001, S. 322.
Herbert Brunner/Lorenz Seelig: Schloss Ehrenburg, Coburg: amtlicher Führer. München 2002.

SAARLAND

Das heutige Saarland war zu Schinkels Zeiten Teil der preußischen Rheinprovinz (zu deren Geschichte vgl. den Einführungstext zu Rheinland-Pfalz), zuvor in weiten Teilen das während der Reformation evangelisch gewordene Herzogtum Nassau-Saarbrücken.

Außer der Kirche zu Bischmisheim sind hier keine Bauten von Schinkel zu finden.

Zur 1838–48 gebauten evangelischen Pfarrkirche in **Grünbach** vermerkt der »Dehio«, dass die von Kommunalbaumeister Leonhard erstellten Pläne »durch die Oberbaudeputation in Berlin (Schinkel?) revidiert« worden seien. Im »Lebenswerk« vermerkt Eva Brües noch die katholische Kirche von **Ottweiler**, die häufig als Werk Schinkels bezeichnet wird, aber 1832–34 ebenfalls von Leonhard erbaut wurde. An ihrem Beispiel zeigt sich aber die Verbreitung Schinkelscher Gestaltungsweisen.

Der »Dehio« verweist weiterhin auf die Kapelle des Alten Friedhofs von St. Johann in **Saarbrücken**, die »1844–46 von C. Hild unter dem Einfluss Schinkels mit dorischem Portikus« erbaut wurde. AB

Bischmisheim
Evangelische Kirche

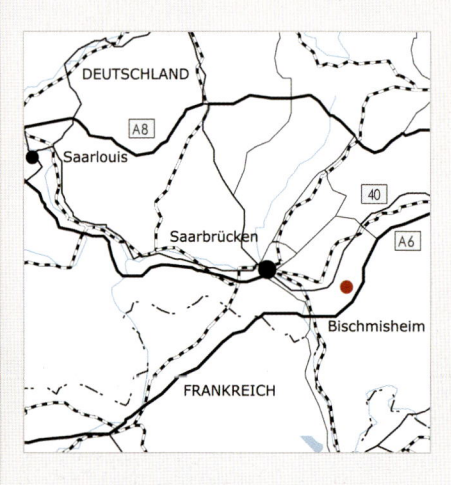

Entwurf (Neuentwurf)	1821
Ausführung	1823–24
Umbauten	1898/99 und 1928/29
Kriegsschäden	1945
Restaurierung	bis 1951

Der kleine Ort Bischmisheim bei Saarbrücken liegt reizvoll auf einem Hügel und in seiner Mitte steht in einer kleinen Grünanlage der auffällige klassizistische Bau der evangelischen Kirche und bestimmt so nachdrücklich das Ortsbild. Schinkel kannte den Ort und die besondere Topografie des Ortes wahrscheinlich nicht und so ist es gewissermaßen Zufall, dass hier der wohl bekannteste Kirchenbau Schinkels der preußischen Rheinprovinz errichtet worden ist. Die alte Dorfkirche – ein Rechteckbau mit vorgesetztem Westturm – musste 1813 wegen Baufälligkeit geschlossen werden. Da das Gebäude zu baufällig war, um wiederhergestellt zu werden, reichten zwei Baumeister aus St. Johann und aus Saarbrücken Pläne zum Neubau ein. Der 1819 gezeichnete Entwurf des Saarbrücker Baumeister Johann Adam Knipper (d. J.) – vom Grundtypus dem Altbau entsprechend – wurde schließlich bei der Oberbaudeputation eingereicht und von Schinkel sowohl in finanzieller als auch in bautechnischer und ästhetischer Hinsicht verworfen. Möglicherweise hatte Knipper einen übertrieben großen Bau vorgeschlagen, da er auch Bauunternehmer war und bei Ausführung damit hätte Gewinn machen können.

Schinkel fertigte 1821 einen regelrechten Gegenentwurf: ein achteckiges Kirchengebäude unter Zeltdach mit bekrönender Laterne unter Spitzhelm. Diesen Entwurf sandte er in zwei einfachen Zeichnungen an Knipper, damit dieser die Details erarbeiten sollte. In der Gemeinde regte sich Widerstand gegen den als ungewöhnlich empfundenen Entwurf. Die Ausarbeitung zog sich in die Länge, möglicherweise hatte man nach dem Abriss der alten Kirche 1822 bereits mit der Ausführung nach dem Knipperschen Entwurf von 1819 zu bauen begonnen. Doch schließlich wurden Gemeinde und Baumeister offenbar überzeugt und Knipper erhielt den Bauauftrag und führte innerhalb eines Jahres von 1823–24 den Bau nach Schinkels Entwurf aus. Schinkel hatte sich den Bau gemäß der

Evangelische Kirche

brandenburgischen Tradition als verputzten Ziegelbau mit Ziegeldeckung gedacht, Knipper schlug dagegen einen Werksteinbau mit Schieferdeckung vor, wie es dann auch handwerklich äußerst sauber umgesetzt wurde.

Der Außenbau ist bestimmt durch die steilen paarig geordneten Türen und Fenster und die feine Profilierung der Bauteile, die durch die Rhythmik der Steinlagen kaum in Erscheinung tritt. Das Innere ist durch hölzerne Emporen auf Holzsäulen domi-

Innenansicht

niert. Die Altarwand ist auf die Emporenseite vorgezogen, so dass der abgetrennte Raum hinter der Kanzel die Treppen aufnehmen kann. Die Gestaltung der Details ist stimmig mit dem Gesamtentwurf, so dass man neben Schinkels Entwurf auch die adäquate Ausführung durch Knipper würdigen muss.

Schon bald drang durch die Schallarkaden der die Glocke tragenden Laterne Wasser ein und führte zu Bauschäden. Erst nach hundert Jahren half man diesem Übelstand durch Einbau einer Betondecke und eines eisernen Dachstuhls 1928/29 ab. Im Inneren hatte man bereits 1898/99 die beiden Säulenpaare seitlich des Altars und des Eingangs durch steinerne Säulen ersetzt. 1945 erhielt der Bau Schäden, die aber bis 1951 beseitigt waren. Die mehrfach restaurierte Kirche konnte ihr Erscheinungsbild im Äußeren und Inneren (abgesehen vom verlorenen Orgelprospekt und kleineren Veränderungen an Altar und Kanzel) gänzlich bewahren.

Schinkel hat sich mehrfach entwurflich mit oktogonalen Kirchenbauten beschäftigt, weshalb es erstaunlich ist, dass die Bischmisheimer Kirche einzigartig in seinem gebauten Werk steht. Im 18. Jahrhundert findet sich der Achteckbau häufiger im 18. Jahrhundert für bei protestantischen Kirchen, wofür etwa die Kirche von Seiffen im Erzgebirge ein bekanntes Beispiel ist. Ein weiterer Bau, den Schinkel sicherlich auf dem Weg von Berlin nach Potsdam häufig passierte, ist die Dorfkirche von Zehlendorf. Im Tagebuch der zweiten italienischen Reise von 1824 findet sich eine Bemerkung Schinkels zum Florentiner Baptisterium: »für evangelische Kirchen vielleicht geeignet«, da allerdings war die Kirche in Bischmisheim, die Schinkel wohl nie gesehen hat, bereits fertiggestellt. AB

Literatur
Th. Hoenes: Die Kirche in Bischmisheim. Ein Werk Schinkels, Saarbrücken 1926.

Ute Kegel: Die Evangelische Kirche in Bischmisheim (DKV-Kunstführer 239), 2. Aufl., München 2003.

Mettlach
Brunnen

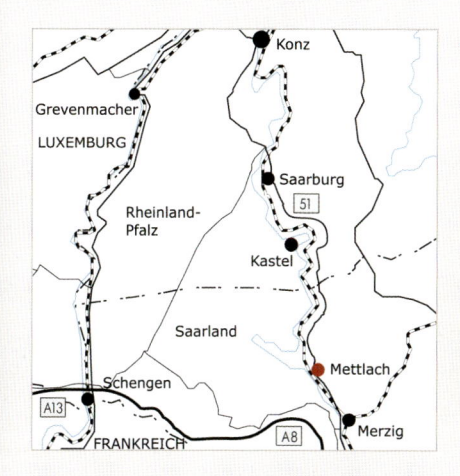

Aufstellung	1838
Restaurierung	1960er Jahre und 2000–03

Einige Tage vor der Beisetzung König Johanns in seiner neuen Grablege an der Saar am 26. August 1838 wurde in der Fabrik des Johann von Boch-Buschmann auf dem Hof der ehemaligen Abtei Mettlach als Geschenk Friedrich Wilhelms IV. ein Gusseisenbrunnen aufgestellt, den sich der Fabrikant als Gegengabe für die Überlassung des Sarkophags König Johanns von Böhmen erbeten hatte (vgl. Klause in Kastel). Der Brunnen steht heute wieder an seinem ursprünglichen Aufstellungsort im Park vor dem ehemaligen Standort der Abteikirche. Es ist ein zweigeschossiger Schalenbrunnen auf zwei kannelierten Säulen unterschiedlicher Größe. Das Wasser wird aus Löwenmasken an der Schalenwand in das jeweils darunter befindliche Becken gelassen. Die Anlage wird bekrönt von einer Ritterfigur, zu der ein Schinkelentwurf bekannt ist. Die Figur ist durch den Wahlspruch »Ich dien« und das heruntergelassene Visier als der blinde König Johann kenntlich gemacht. Der in den 1960er Jah-

Brunnen und Alter Turm der Abteikirche

195

ren und kürzlich erneut instandgesetzte Brunnen ist eine bemerkenswerte Arbeit der Berliner Eisengießerei. Außer an der Königsfigur lässt sich Schinkels Beteiligung an der Gestaltung nicht nachweisen.

Schinkel war 1826 aus Interesse an der keramischen Produktion zu von Boch gefahren und wurde Gast des Fabrikanten. Anlässlich dieses Besuchs fiel ihm die Ruine des so genannten Alten Turms der Abtei auf. Es handelt sich dabei um einen typologisch sehr interessanten, achteckigen Sakralbau vom Ende des 10. Jahrhunderts. Auf Schinkels Betreiben wurde die Ruine vor weiterem Verfall geschützt und Mitte des 19. Jahrhunderts von Eugen von Boch wieder hergestellt. Für die Rettung der mittelalterlichen Abteikirche kam Schinkel zu spät, Boch hatte das baufällige Gebäude bereits 1819 abtragen lassen. AB

Literatur

Eva Brües: Karl Friedrich Schinkel: Die Rheinlande (Karl Friedrich Schinkel-Lebenswerk, Bd. 12). Berlin 1968.

RHEINLAND-PFALZ

Das Gebiet des heutigen Bundeslandes Rheinland-Pfalz war zu Schinkels Zeiten zum größten Teil die preußische Rheinprovinz, die eigentliche Pfalz jedoch bayerisches Territorium. Die Rheinprovinz war zu großen Teilen weit entwickelt. Besonders die linksrheinischen Gebiete, die 1795 dem französischen Staat einverleibt worden waren, waren in gesellschaftlicher, rechtlicher, verwaltungstechnischer und auch infrastruktureller Hinsicht den französischen Standards angeglichen worden. Entsprechend schwierig gestaltete sich hier die Einflussnahme des preußischen Staates.

Schinkel durchreiste das Gebiet erstmalig 1816, tangierte einige Orte an der Strecke Frankfurt-Metz auf dem Wege nach England 1826. Auf der großen Dienstreise durch das Rheinland und Westfalen wurden keine im heutigen Rheinland-Pfalz gelegenen Orte besucht. Mit Trier, einer von der Antike bis zum 18. Jahrhundert hoch bedeutenden Stadt, besaß die Rheinprovinz ein besonderes historisches Erbe. Hier an Mosel und Rhein ließ sich Schinkel durch römische Bauten und Funde und durch landschaftliche Erlebnisse beeindrucken. Die römische Ziegelbauweise, die romanischen Sakralbauten und die Burgen- und Fortifikationsbauten beeinflussten Schinkels architektonische Gedanken nachhaltig.

Weder Trier noch Koblenz waren Zentren der modernen Baukunst der Schinkelzeit, doch besaß letzteres in Johann Claudius von Lassaulx (1781–1848) eine bedeutende Architektenpersönlichkeit. Lassaulx, aus alter Koblenzer Familie stammend, pflegte enge Kontakte zu Persönlichkeiten wie Schinkels Freund Clemens Brentano, Sulpiz Boisserée, Joseph Görres und Felix Mendelssohn-Bartholdy. Er war mit einem Empfehlungsschreiben Brentanos nach Berlin gefahren und hatte dort Schinkel kennen gelernt. Von 1817 bis zu seinem Tode war er gleichzeitig Bauinspektor für Hochbau im Regierungsbezirk und städtischer Baumeister in Koblenz. Hier schuf er Schulhaus (1819), Pfarrhaus (1829) und Mädchenschule (1835) an St. Kastor. Mit den Kirchen von Treis (1824), Gülz (1833) und Vallendar (1837) schuf er interessante Bauten, zu denen Schinkel – nicht verwirklichte – Ausmalungsentwürfe anfertigte. Die fruchtbare Zusammenarbeit zwischen Schinkel und Lassaulx war wegen des eigenständigen Charakters des Koblenzers nicht unproblematisch. In Trier hatte Schinkel es etwas leichter, da Regierungsbaudirektor Carl Friedrich Quednow erst kurz vor Schinkels Reise in der Stadt 1816 seinen Posten eingenommen hatte, er machte Schinkel auch bei seinem Besuch den Cicerone.

In einer Hinsicht prägte das Gebiet Schinkel und die preußische Königsfamilie: im Burgenbau. Als der Kronprinz 1815 seine Rheinreise unternahm, war er angesichts der Burgen, wie er schreibt »matt vor Seligkeit«. Das erste Mitglied der Hohenzollernfamilie, das sich hierfür tatkräftig begeisterte, war Prinz Friedrich (»Fritz Louis«), ein Cousin des Kronprinzen. Er war 1817 von Schinkel dahingehend beeinflusst worden, mittelalterliche Kunst zur Ausstattung seines Berliner Stadtpalais zu sammeln. 1820 baute ihm Schinkel vermutlich eine

RHEINLAND-PFALZ

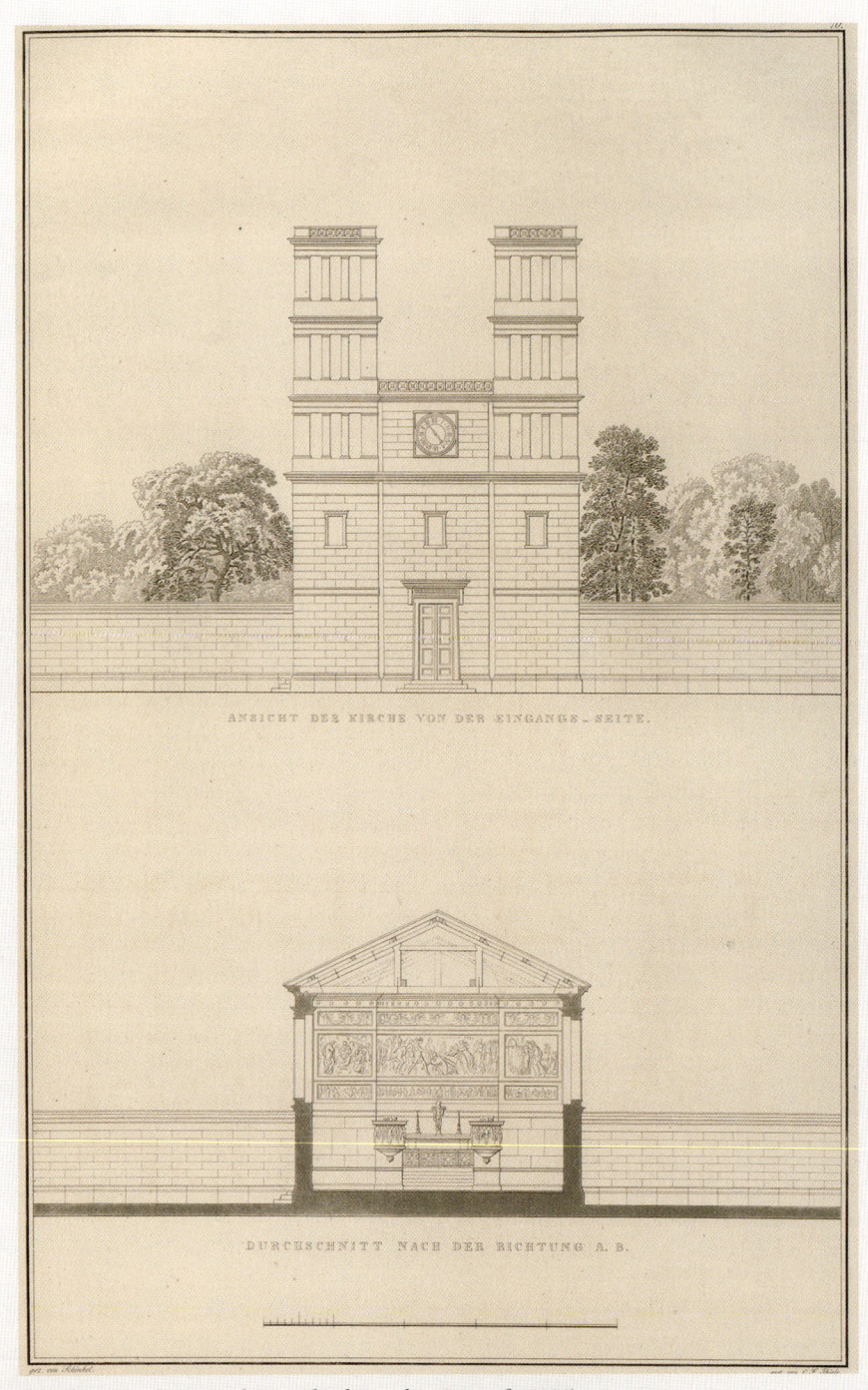

ANSICHT DER KIRCHE VON DER EINGANGS-SEITE.

DURCHSCHNITT NACH DER RICHTUNG A. B.

Schönberg, Kirche (Sammlung Architektonischer Entwürfe, 1826)

Schönberg, die nach dem zweiten Entwurf gebaute Kirche, Postkarte von 1920

nur bildlich überlieferte Rüstkammer dort ein. Friedrich hat wohl auch lanciert, dass die Stadt Koblenz dem Kronprinzen die Burgruine Stolzenfels schenkte. Für sich selbst erwarb der Prinz 1825 Schloss Rheinstein, das 1825–27 unter Leitung von Lassaulx unter »Zugrundelegung von Plänen Schinkels« (Dehio) auszubauen begonnen wurde und 1827–29 vom Koblenzer Baumeister Wilhelm Kuhn unter Abänderung der Pläne fertiggestellt wurde. Prinz Friedrich wurde auch zur treibenden Kraft beim Wiederaufbau der Marienburg in Westpreußen.

Zur Rheinprovinz gehörte damals auch das heute zu Belgien gehörige Schönberg bei Malmédy. Für diesen Ort entwarf Schinkel 1824 eine Kirche, deren reichen Plan er in seiner »Sammlung architektonischer Entwürfe« (Heft 11, 1826, Bl. 70/71) aufnahm. Der von ihm also als vorbildlich erachtete Entwurf ist neben der Kirche in Straupitz und den beiden »Normalkirchen«-Entwürfen ein wichtiges Dokument für die Einführung eines genormten Sakralbauwesens. Die Kirche wurde nach dann nach einem anderen, aber auch von Schinkel stammenden Plan verwirklicht. Dieser wurde allerdings durch Baumeister Ulich verändert und vereinfacht. Im Zweiten Weltkrieg wurde die Kirche zerstört. Der deutschsprachige Ort ehrt den Architekten mit einer »K.-F.-Schinkel-Straße«, der bislang wohl einzigen im Ausland.

Es existierten zwar einige Bauten in Rheinland-Pfalz, die maßgeblich durch Schinkel und die Oberbaudeputation geprägt wurden, wie zum Beispiel die 1822 errichtete evangelische Kirche in Altenkirchen oder die katholische Josephskirche in Stadtkyll von 1824, diese wurden aber bereits im 19. Jahrhundert wieder zerstört. Erhalten ist die schlichte evangelische Kirche in **Oberhonnefeld**, die 1827 29 von Ferdinand Nebel gebaut wurde und deren Pläne »vielleicht von K. F. Schinkel in Berlin revidiert« wurde (Dehio). Anderes wurde nicht verwirklicht, wie die eindrucksvolle Einfassung des Straßentunnels bei Altenahr. Im »Lebenswerk« vermerkt Eva Brües noch die evangelische Kirche von **Grumbach**, die landläufig als Schinkelbau bezeichnet wird, aber 1837–39 von Kommunalbaumeister Leonhard erbaut wurde. In ihr zeigt sich aber die Verbreitung Schinkelscher Gestaltungsweisen. AB

Kastel
Klause

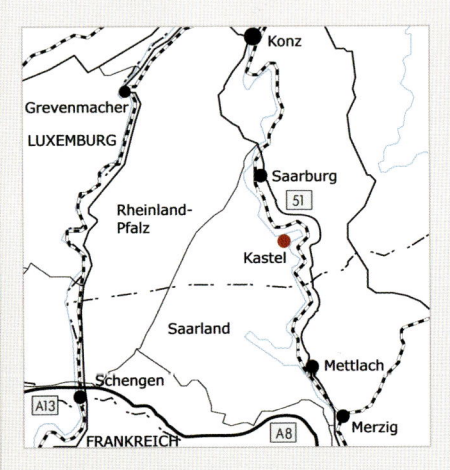

Errichtung der Kapelle	um 1600
Umbauentwurf Schinkels	1835 (?)
Fertigstellung	1838
Aufstellung des Sarkophags	1838
Überführung des Sarkophags nach Luxemburg	1946

In grandioser Lage hoch über der Saar schmiegt sich das Klausengebäude auf einem Felsvorsprung des Buntsandsteinfelsens in die seit der Antike für Kulte genutzten Höhlen. Schinkel hatte den Ort im April 1826 kennen gelernt, als er auf dem Wege nach England die Steingutfabrik des Herrn v. Boch in Mettlach besuchte. Er notierte damals über die Lage: »... im Mittelalter hat sich eine Eremitage an diesen Felswänden etabliert die mit allerlei wunderlichen Höhlen, Treppen, Kapellen pp am schönen Abhang einen reizenden Ort bildet, der häufig von Fremden besucht wird.«

Die Höhlen waren in der Tat seit dem Mittelalter christlich genutzt worden. Gegen 1600 war ein Franziskanerpater in die Klausenhöhle gezogen und hatte einen Kapellenbau initiiert oder zumindest unterstützt. Bis zum Ende des 18. Jahrhunderts wohnte jeweils ein Eremit hier, dann wurde die Klause durch die politischen Verhältnisse aufgegeben und verfiel alsbald.

Im November 1833 besuchte auch der preußische Kronprinz den Steingutfabrikanten v. Boch, dessen Fabrik sich in der ehemaligen Abtei von Mettlach befand (späteres Unternehmen Villeroy & Boch). Johann v. Boch hatte in Mettlach auch einen etwas makaberen Besitz, den Sarg mit der einbalsamierten Leiche des Königs Johann von Böhmen (1296–1346). Den Kronprinzen interessierten sowohl die Produkte des Herrn v. Boch als auch der tote König, der gleichermaßen Vorfahr der Hohenzollern als auch der Wittelsbacher war und somit das Kronprinzenpaar genealogisch verband.

Im preußischen Kronprinzen erwachte nun der Gedanke, die Klause als Grablege des blinden Königs wieder aufzubauen, da dieser einst als Herr von Freudenberg Besitzer von Kastel gewesen war. Die Gemeinde schenkte dem Kronprinzen die Klause und erhielt im Gegenzug ein neues Schulhaus (1839, Pläne wohl von der Oberbaudeputation) und eine Pietà-Skulptur für die Kirche. Herr v. Boch schenkte den hölzernen Sarg mit dem königlichen Leichnam und erbat sich als Gegengabe entweder eine schlesische Mineraliensammlung, eine Granitvase oder einen gusseisernen Brunnen. Schinkel erhielt den Auftrag, einen Entwurf zum Ausbau zu machen, den er lediglich in einer sehr romantisch anmutenden Zeichnung umsetzte. Mit der Ausarbeitung der Pläne und der Ausführung wurde Baurat Quednow aus Trier betraut, der seine Arbeit kommentierte, »es ist schwer, aus der malerischen Zeichnung der Klause überall genau die Absicht des Herrn Verfertigers derselben zu erkennen.« Gleichwohl erledigte Quednow seine Arbeit zur allgemeinen Zufriedenheit und 1838, genau 492 Jahre nach der für Johann tödlichen Schlacht von Crécy, konnte der Holzsarg in einem neu geschaffenen Sarkophag im Kapellenraum der Klause feierlich beigesetzt werden.

Der Bau aus der Zeit um 1600 war ein zweigeschossiger Rechteckbau, der mit einer Schmalseite an den Fels gebaut war. Die andere Schmalseite war gegen das Tal dreiseitig geschlossen. Der Bruch- und Werksteinbau war in gewissermaßen rustikalen Formen gehalten, so besonders in den recht grob gefügten Bögen der Fenster. Das Innere besteht aus einem Vorraum mit Treppe zum Obergeschoss und aus einem kapellenartigen Raum je Geschoss. Der Erdgeschossraum ist mit nachgotischen Kreuzrippengewölben geschlossen, die von sehr kurzen Diensten abgefangen werden, die wiederum auf eigenwilligen, nach oben eingerollten Volutenkonsolen ruhen. Der Dreiseitschluss war öffnungslos. Das Obergeschoss war bis zu den Fensterbögen eingestürzt. Über der Eingangstür lag ein Balkon auf massiven Konsolsteinen.

Zunächst dachte Schinkel daran, das Obergeschoss aufzugeben und den Bau mit einem Zinnenkranz abzuschließen. Stattdessen stellte er jedoch das Obergeschoss wieder her, gestaltete es aber völlig um, indem er regelmäßige Dreierarkaden auf romani-

Schinkels Entwurf zum Wiederaufbau der Klause, 1835

sierenden Säulen ohne Basis einfügte. Da der Obergeschossraum funktionslos war, wurden diese stark plastischen Arkaden offen gelassen. Auf die Balkonplatte wurde ein zweigeschossiges Turmelement gebaut, das im Bereich des Gebäudes eine Art Loggia, in den freistehenden Arkaden darüber die drei vom König gestifteten Glocken aufnahm. Das Gebäude wurde durch einen Rundbogenfries mit darüber liegendem profiliertem Traufgesims abgeschlossen. Im erdgeschossigen Kapellenraum wurden drei Fenster in die bislang öffnungslosen Talseitenwände gebrochen. Alle Fenster der Kapelle wurden mit Steinplatten geschlossen, die stern- und rautenförmigen Öffnungen besitzen Verglasungen in Gelb und leuchtend Blau mit roten Akzenten. Die Tür zum Vorraum wurde mit einem Gitter verschlossen.

Zum 500. Todestag des Königs ließ Friedrich Wilhelm IV. 1846 ein kleines histori-

Ansicht von Norden mit den Sandsteinhöhlen

sches Steinkreuz durch ein hohes, denkmalartiges ersetzen. Der König hatte noch zu Schinkels Lebzeiten Grundstücke im Umkreis der Klause akquiriert. Pläne zum Bau von Aussichtstürmen oder Denkmalsäulen, gegen die sich Schinkel gewehrt hatte, wurden nicht weiter verfolgt. So kam die Anlage nahezu unverändert über die Zeiten.

Die Instandsetzung der Klause bei Kastel war einerseits eine Aufgabe der Denkmalpflege, andererseits eine höchst romantische Bauangelegenheit, mit der der preußische Kronprinz einen Vorfahren ehren wollte. Der Bau ist daher gleichermaßen Zeugnis für die politische Haltung des Kronprinzen, für romantisches Landschaftsgefühl und für Schinkels treffsichere und knappe Entwurfsweise bei einem Maximum an Effekt. Das Entwurfsblatt war dem König so wichtig, dass er – bevor er sich davon zugunsten des Schinkelmuseums 1845 trennte – eine Kopie von dem renommierten Landschaftsmaler Biermann anfertigen ließ. Schinkel entwarf auch den 1838 aufgestellten Sarkophag für König Johann, der von einer Bronzeplatte auf Wappen tragenden Löwen bedeckt ist. Diese Bronzeplatte ist eine Inschrifttafel, die sowohl über das Schicksal des spätmittelalterlichen Königs als auch über die Intentionen des preußischen Kronprinzen berichtet und am Kopfende von einer Krone geziert ist. Sie ist ein bemerkenswertes Beispiel für ein von Schinkel entworfenes Metallkunstwerk. In der Grundidee geht die aufgestützte Bronzeliegeplatte wohl auf das um 1530 geschaffene Bronzegrabmal des Kurfürsten Johann Cicero (heute in der Predigtkirche des Berliner Doms) zurück, das in der Werkstatt von Peter Fischer geschaffen wurde. Schinkel machte 1835 einen Entwurf für das Grabdenkmal Ludwig des Römers in Form einer liegenden Bronzetafel, auf den er nun wohl für das Königsgrab zurückgriff.

König Johann (1297–1346) wurde als Herzog von Luxemburg geboren, ehelichte die Tochter des böhmischen Königs Wenzeslaus und erlangte über sie die böhmische Königswürde, die er zeitlebens verteidigen musste. Er erblindete früh, was ihm den Namen Johann der Blinde eintrug, seine Aktivitäten jedoch wenig eingeschränkt zu haben scheint. 1346 gelang es ihm, dass sein Sohn Karl zum deutschen König gewählt wurde (späterer Kaiser Karl IV.), und als Verbündeter Frankreichs kämpfte er im selben Jahr gegen die Engländer und fiel am 26. Juni in der Schlacht von Crécy. Die Engländer übergaben den Leichnam Karl IV., der ihn einbalsamieren und ins Benediktinerkloster Altmünster überführen ließ. Grabesruhe war König Johann nicht vergönnt, denn durch Kriege wurde der Sarg von Kloster zu Kloster verbracht, bis er schließlich 1795 in Septfontaines bei Luxemburg in den Besitz der Familie (von) Boch überging, die ihn 1809 nach Mettlach bringen ließ, wo Boch in der eben erworbenen ehemaligen Abtei seine Firma einrichtete. Hier ließ sich der preußische Kronprinz die königlichen Überreste schenken, um sie in der Klause bei Kastel beizusetzen. Diese Geschichte war Stoff genug, um eine Inschriftplatte zu füllen. Doch wollten Schinkel oder der Kronprinz noch einen dreidimensionalen Akzent setzen und so verfiel man auf den Gedanken einer Krone, in die ein Reichsapfel gestellt ist. Schinkel nahm dafür auftragsgemäß die so genannte böhmische Krone der Münchner

Residenzschatzkammer als Vorbild. Das zu Schinkels Zeiten passend scheinende Objekt erwies sich aber bei späterer kunsthistorischer Analyse als ein Fehlgriff. Die Krone ist nämlich erstmals in England urkundlich dingfest zu machen, sie ist entsprechend des geringen Durchmessers wahrscheinlich eine Frauenkrone und stilistisch erheblich später anzusetzen als die Zeiten König Johanns.

In der Tafel wurde das obere Quadrat von den Textzeilen ausgespart, ein achteckiger Zierfries mit Rankenwerk eingestellt und darin die Krone positioniert. Die Komposition ist interessant, weil sie mittelalterlich wirkt, tatsächlich aber in ihrer Mischung aus Relieftafel und Vollplastik und in der klassizistischen Proportionierung völlig unmittelalterlich gestaltet ist.

Als Friedrich Wilhelm IV. – nunmehr König – 1842 von der Grundsteinlegung des Kölner Doms und der Einweihung von Schloss Stolzenfels nach Kastel kam, fiel ihm auf, dass die Kapelle seit dem Umbau keinen Altar mehr besaß. So wurde ein neuer Altar gebaut und an der gegenüberliegenden Wand eine Stammtafel Friedrich Wilhelms IV. und seiner Gattin Elisabeth nach Persius' Entwurf al fresco gemalt, um die dynastischen Bezüge augenfälliger zu machen. Somit war das künstlerische Ensemble des Kapelleninneren im Sinne des Königs komplett.

Nach dem Ersten Weltkrieg wurde Johanns königlichem Leichnam von Seiten der Alliierten politische Bedeutung zugemessen und von Kastel nach Metz überführt. Die Deutschen führten die Leiche im Zweiten Weltkrieg wieder nach Kastel, von wo sie die Alliierten 1946 wieder fort-

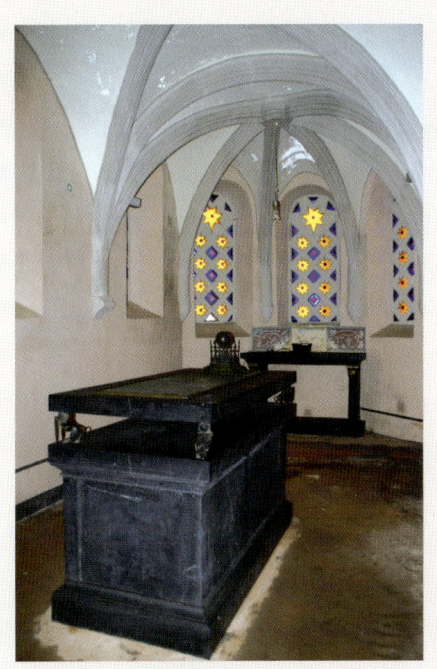

Sarkophag in der Kapelle

holten. Diesmal wurde der als Herzog von Luxemburg geborene Johann in die Kathedrale von Luxemburg überführt – Johann selbst hatte testamentarisch verfügt, er wolle in der Abtei von Clairefontaine bei Arlon (Belgien) beigesetzt werden, dort wurde er nie bestattet. AB

Literatur

Eva Brües: Die Rheinlande (Karl Friedrich Schinkel-Lebenswerk, Bd. 12). Berlin 1968.

Werner Bornheim, gen. Schilling: Klause bei Kastel. Mainz 1979.

Hillert Ibbeken/Elke Blauert (Hg.): Karl Friedrich Schinkel. Das architektonische Werk heute. Stuttgart/London 2001.

Magnus Backes: Staatliche Burgen, Schlösser und Altertümer in Rheinland-Pfalz. Koblenz 2003, S. 94f.

Koblenz
Schloss Stolzenfels

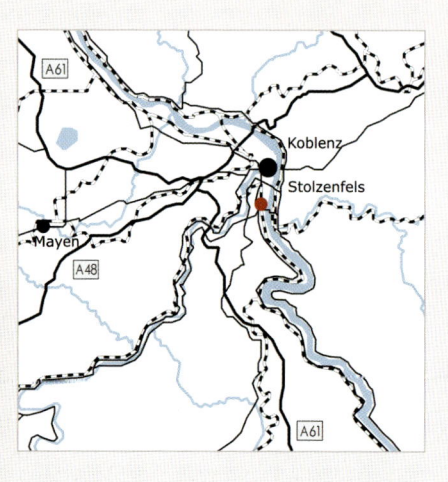

Ursprungsbau	um 1250
Zerstörung	1689
Umbauentwurf Schinkels	1825
Ausführung	1835–39

Beherrschend gegenüber der Mündung der Lahn liegt hoch über dem Rhein die ehemalige Burg Stolzenfels, in der Fernwirkung wie im Detail ein Hauptwerk der deutschen Romantik. Wirkungsvoll hebt sie sich mit ihren lichtocker verputzten Bauteilen von dem umgebenden Höhenwald ab. Ursprünglich war Stolzenfels als erste kurtrierische Burg am linken Rheinufer unter Erzbischof Arnold II. von Isenburg (1242–59) erbaut und 1689 von französischen Truppen im Pfälzischen Erbfolgekrieg zerstört worden. Von der mittelalterlichen Burg standen seither noch der fünfeckige Bergfried (Rauer Turm), die vorgelagerte hohe Schildmauer, die Ruine des langgestreckten zweigeschossigen westlichen Wohnbaus, die Ruine des aus verschiedenen Bauteilen bestehenden zweigeschossigen östlichen Wohn- und Palasbaus mit dreigeschossigem Wohnturm und ein den eigentlichen Burgbereich nach Norden abschließender Zwinger.

Nachdem die Rheinlande 1822 zur preußischen Rheinprovinz vereinigt worden waren, wurde Koblenz zum Verwaltungs- und Militärzentrum mit Oberpräsidium und Generalkommando bestimmt. Mit den Festungen Ehrenbreitstein und Kaiser Alexander, die von 1815–26 ausgebaut wurden, besaß Koblenz die größten Befestigungen in Deutschland. Die Stadt war entsprechend häufig von Mitgliedern der königlichen Familie besucht worden. So schenkte die Stadt Koblenz 1823 die nutzlos gewordene Burgruine dem Kronprinzen. Zunächst wollte er sie nur als Zentrum einer von Lenné anzulegenden Parkanlage nutzen, dann entschloss er sich, sie als seinen rheinischen Wohnsitz auszubauen. Johann Claudius von Lassaulx erhielt den Auftrag, eine Bauaufnahme zu erstellen und unter Wahrung der erhaltenen Substanz einen Ausbauplan zu entwickeln. Die Bauaufnahme wurde in einem noch heute erhaltenen Korkmodell umgesetzt. In dieser Phase wurde Schinkel vom Kronprinzen eingeschaltet. Er überarbeitete Lassaulx' Pläne grundlegend. Daraufhin setzte Lassaulx diese Planung mittels der Ehrenbreitsteiner Festungsbaumeister Wussow, Naumann und Schnitzler um, veränderte sie aber zu Schinkels Missfallen an einigen Stellen.

Bemerkenswert an Schinkels Planung ist die mit einfachsten architektonischen Mitteln erreichte Vereinheitlichung und Zusammenfassung der vorhandenen Bausubstanz zu einer durch Achsbezüge und Symmetrien bestimmten Architektur. Er formte den Ostflügel zur Schauseite, indem er den fast völlig zerstörten Torbau südlich des Wohnturmes zum Gegenstück des Saalbaus bildete. Eine optische Vereinheitlichung nahm er durch eine gleichartige Gestaltung der verlorenen Zinnenkränze vor. Bemerkenswert ist auch die Behandlung des Bergfrieds, der in seinem historischen Obergeschoss ganz leicht vorkragt. Schinkel genügte auch hier ein einfacher Zinnenkranz, der diese leichte Vorkragung zur Geltung gebracht hätte. Heute ist der Turm durch einen nochmals vorspringenden kragenähnlichen und kleinlichen Zinnenkranz der folgenden Architektengeneration abgeschlossen. Die Planung für die östlichen und nördlichen Teile der Kernburg hat Schinkel nur in der Gesamtdisposition vorgenommen, ihre Ausformulierung erfolgte erst später.

Ost- und Westflügel sind im Norden durch eine dreischiffige Treppendurchgangshalle verbunden, in der offenbar an Schinkels neugotischen Plan für ein Luisenmausoleum von 1810 angeknüpft wurde. Diese Durchgangshalle führt zum Pergolagarten, der aus dem Nordzwinger gebildet worden ist. Die Achse ist auf den Adjutantenturm ausgerichtet, der an der Nordseite der Burg einen Akzent setzt.

Im Inneren stammt nur die eigentliche Architektur der Säle im Westflügel von Schinkel, er hat sie dem historischen Bestand der Bausubstanz eingefügt, ihre Ausstattung wurde erst nach seinem Tode besorgt. Die Säle sprechen mit ihren flach gespannten Rippengewölben eine klassizistische Sprache. Andererseits schlägt sich im Großen Rittersaal mit den Rippengewölben über zwei schwarzen Säulen Schinkels Beschäftigung mit der Marienburg in Westpreußen unübersehbar nieder.

Schinkels Entwurf für den Wiederaufbau der Burg Stolzenfels, 1825

Schloss Stolzenfels

Nach Schinkels Tod wurde die Bauplanung von Persius, Stüler und Strack fortgeführt. 1842 wurde Stolzenfels, noch nicht vollendet, mit einem Köstümfest und Fackelzug eingeweiht, nachdem der König zuvor den Grundstein zum Weiterbau des Kölner Domes gelegt hatte. Die spätesten Bauteile, wie die Kapelle (nach Entwurf von Carl Schnitzler 1845 vollendet) und der Einfahrtsturm mit Kastellanshaus, haben mit der Schinkelschen Planung nichts mehr zu tun, sie heben sich dadurch ab, dass sie unverputzt sind. Stolzenfels wurde nach dem Tode des Königs nicht weiter überformt und wurde nach der Abdankung der Hohenzollerndynastie zum Museumsschloss. Es ist eines der besterhaltensten Bauten der Schinkelzeit.

Das aus einer Burgruine geformte Schloss Stolzenfels ist ein wichtiges bauliches Zeugnis aus der Zeit Schinkels. Zum einen ist es in seiner substanzbewahrenden Vorgehensweise im Hinblick auf Denkmalpflegebestrebungen bemerkenswert, denn hier gab es keinerlei dynastische oder familiäre Verbindungen, die sentimentale Gründe zur Bewahrung hätten liefern können. Andererseits wurde mit dem Bau auch eine Rheinburgen-Mode eingeleitet, die später manch krude Blüte hervorbringen sollte. AB

Literatur

Eva Brües: Karl Friedrich Schinkel: Die Rheinlande (Karl Friedrich Schinkel-Lebenswerk, Bd. 12). Berlin 1968.

Hillert Ibbeken/Elke Blauert (Hg.): Karl Friedrich Schinkel. Das architektonische Werk heute. Stuttgart/London 2001.

Richard Hörner: Schloss Stolzenfels. Wörth am Rhein 2005.

Jan Meißner: Stolzenfels. Regensburg 2006.

NORDRHEIN-WESTFALEN

Das Gebiet des heutigen Bundeslandes bestand zu Schinkels Zeiten aus der eigenständigen preußischen Provinz Westfalen und dem Nordteil der ebenfalls preußischen Rheinprovinz. Es war in Bezug auf Handel, Verkehr und Gewerbe erheblich weiter entwickelt als die altpreußischen Provinzen. Die linksrheinischen Gebiete waren 1795 dem französischen Staat einverleibt worden und ihre Infrastruktur wurde dem hohen französischen Standard angeglichen. Dies betraf Verwaltung, Recht und Gesellschaft. In den Großstädten wie Köln, Bonn und Aachen, aber auch im rechtsrheinischen Düsseldorf gab es ein durch die Geschichte und Kultur geprägtes Selbstbewusstsein, das es der preußischen Regierung schwer machte, ihre Belange durchzusetzen. Namentlich im Bauwesen sah man sich durch die preußische Oberbaudeputation bevormundet. Für Schinkel erwies sich die Arbeit im Rheinland und Westfalen als völlig verschieden von der in Preußen oder Posen. So musste er sich gegenüber den Baubeamten in den Großstädten überaus diplomatisch verhalten.

In Düsseldorf wirkte Regierungsbaudirektor Adolf von Vagedes (1777–1842). Er war hier schon tätig, als Düsseldorf noch Teil des Großherzogtums Berg war. Sein Ratinger Tor (um 1810) in Form zweier dorischer Tempelbauten wird allgemein als Vorbild für Schinkels Potsdamer Tor in Berlin angenommen. Mit dem Umbau des Hontheimschen Palais zur Residenz des Großherzogs hatte er 1806–13 sein eigenständiges Können unter Beweis gestellt. Entsprechend schwierig gestaltete sich die Zusammenarbeit zwischen Schinkel und

Köln, St. Kunibert von Südosten, Federskizze von Schinkel, 1816

Vagedes, der oft versuchte, seine ursprünglichen Baupläne durchzusetzen. Das 1825 als Umbau der Jesuitenschule entstandene Regierungsgebäude von Düsseldorf ist als Gemeinschaftswerk beider anzusehen. Beim Bau des (nicht erhaltenen) Gymnasiums musste sich Vagedes den Revisionen der Oberbaudeputation fügen, die den Bau zu einer sehr schlichten, aber durch seine Proportionen bestechenden Architektur werden ließen.

In Köln wirkten als klassizistische Architekten Johann Peter Weyer (1794–1864) und Matthäus Biercher (1897–1869). Der von Bircher stammende Entwurf zum Kölner Regierungsgebäude (1829–30, nur teilweise erhalten) wurde in Berlin kaum korrigiert. Auch die Zusammenarbeit in Aachen mit Peter Joseph Cremer (1785–1863), dem späteren Regierungsbauinspektor, gestaltete sich fruchtbar. Er und Schinkel schätzten sich wohl, denn Cremer ließ sich den Auftrag für den Elisenbrunnen in Aachen von Schinkel geradezu entziehen. Für Cremers dortiges Regierungsgebäude von

207

Entwurf zu einem der 12 Engel der Chorkapellen des Kölner Doms, Federzeichnung von Schinkel, 1834

1828–30 entwarf Schinkel nur den Schmuck des Giebelfeldes neu (nach Kriegszerstörung verloren).

Schinkel bereiste das Gebiet 1816, 1824, 1826, 1830, 1833 und 1838, wobei Köln als einziger Ort jedes Mal aufgesucht wurde. Da Schinkel das Gebiet in vor- bzw. frühindustrieller Entwicklung erlebte, sah er hier eine gänzlich andere Siedlungstopographie, als sie heute existiert. Für Schinkel war das Gebiet besonders durch den Reichtum an mittelalterlicher Baukunst wichtig. Er gewann zahlreiche Anregungen für sein architektonisches Schaffen und rettete durch seine Fürsprache verschiedene Bauwerke, u. a. den so genannten Dom in Altenberg, die Kölner Kunibertskirche und den Bonner Münsterkreuzgang.

Der Instandsetzung des unvollendeten Kölner Doms und seinem Fortbau galten Schinkels vordringliche Interessen. Nach einer Bauuntersuchung 1816/17 entwickelte er ein Konzept zur Wiederherstellung. Die Umsetzung gestaltete sich verwaltungstechnisch relativ unproblematisch, da sich der preußische Staat mit der Wiedererrichtung des Erzbistums Köln 1821 zur Übernahme der Baulast verpflichtete. 1823 begannen die Bauarbeiten und 1833 wurde Ernst Friedrich Zwirner als erster Dombaumeister nach Köln entsandt. Auch wenn der Ausbau des Domes erst nach Schinkels Tod erfolgte, so existieren doch noch 12 musizierende Engelsfiguren nach seinem Entwurf am bzw. im Dom. Er zeichnete sie 1834 und bis 1838 wurden sie von Joseph Wilhem Imhoff ausgeführt und in den Nischen über den Chorkapellen aufgestellt.

Für westfälische Orte verfasste Schinkel einige eindrucksvolle, aber nicht realisierte Entwürfe, so für die Kirche in Hemer (1818), die Kirche in Arnsberg und die Kirche in Appelhülsen mit Turmriegel wurde nicht verwirklicht. Die einzig nach Entwurf Schinkels gebaute Architektur war die eindrucksvolle romanisierende Kirche in Neheim von 1820–22, die aber bereits 1912 einem Neubau weichen musste.

Denkmalpflegerisch hat sich Schinkel in Westfalen um die Apostelkirche in Münster, die Marienkirche Stift Berg in Herford, die Marienkirche in Dortmund, die Klosterkirche Kappenberg und den eigentümlichen zweigeschossig in Arkaden geöffneten Westflügel des Klosters Asbeck bemüht. Enge Beziehungen scheint er zu Soest entwickelt zu haben, hier bemühte er sich um St. Patroklus und die damals noch unvollendete Wiesenkirche sowie um das Osthofentor. Die Denkmalpflege hat Schinkel besonders durch die Erstellung eines Denkmalinventars von Westfalen befördert. Kein Schinkelbau ist das in Sichtweite zum

Elisenbrunnen liegende Theater in **Aachen**, dessen Grundstein wie der des Brunnens 1822 gelegt wurde, das aber bereits 1825 fertiggestellt war. Es wurde nach einem Entwurf Johann Peter Cremers erbaut, den Schinkel lediglich korrigiert hatte. Das Relief des sehr großen Giebelfeldes entwarf Schinkel mit der Komposition eines stehenden Apolls als Beschützer der Musen, die hier durch Thalia und Melpomene vertreten sind. Es wurde von Wilhelm Joseph Imhoff plastisch umgesetzt.

Die evangelische Kirche in **Arnsberg** wurde 1822–24 erbaut. Der kreuzförmige klassizistische Bau, den Clement und Buchholz im Auftrag der in der Stadt ansässigen Regierung 1821 entwarfen und der bisweilen als »Schinkelbau« geführt wird, wurde von Schinkel nur korrigiert.

In **Bonn** wird gemeinhin noch die alte Anatomie (Akademisches Kunstmuseum) im Hofgarten als Schinkelbau geführt. Dieses erste eigenständige Gebäude der 1818 gestifteten Bonner Universität stammt aber nicht von Schinkel, sondern vom Universitätsbaumeister Friedrich Waesemann.

Auch die alte Universitätssternwarte **Bonn** an der Poppelsdorfer Allee wird oft als Schinkelbau bezeichnet. In Wahrheit wurde sie 1836 von Waesemanns Nachfolger, dem Universitäts-Bauinspektor Peter Joseph Leydel, 1836 in Zusammenarbeit mit dem Astronomen Argelander entworfen. Bei der durch den Kronprinzen forcierten Revision beließ Schinkel 1838 die Baukörpergliederung und das vorgesehene Baumaterial, führte kleine, aber wichtige Korrekturen durch, wie beispielsweise den Ersatz der Segmentbogenfenster durch rechteckige. Wichtigste Korrektur aber war die Befreiung des Leydelschen Entwurfs von seinen unnötigen Zierraten. Damit erst konnte der Entwurf zu seiner vollen Wirkung gelangen. Erst 1840–45 wurde er als schlichter Ziegelbau ausgeführt.

Die stilistische Kontrolle des Bauwesens von Berlin aus war im Rheinland schon von daher fragwürdig, dass man – anders als in den östlichen Provinzen Preußens – stilistisch durchaus auf der Höhe der Zeit war und die in Berlin erdachten Bauformen nicht unbedingt eine Zier des rheinischen Ortsbildes sein mussten. Ein Beispiel dafür ist etwa der Kirchturm von **Kirschseiffen** in der Eifel. Dieser entstand 1822–24 nach einer Zeichnung der von Schinkel geleiteten Oberbaudeputation von 1820 und ist bis heute in Gliederung und Maßstab ein Störfaktor im Landschafts- und Stadtbild.

Das gusseiserne Denkmal in **Minden** für den 1823 verstorbenen Festungskommandanten Ernst Michael v. Schwichow wurde zwar nach Entwurf Schinkels gefertigt, aber dem 1819 von der Königlichen Eisengießerei veröffentlichten Katalog entnommen. Der Ursprungsentwurf ist wohl für das Alberthal-Grabmal in Gölsdorf/Brandenburg (siehe dort) entstanden. Das Denkmal wurde 1823 vor dem Simeontor auf dem Grab Schwichows gesetzt und später zum heutigen Standort am Schwichowwall überführt.

Die Laurentiuskirche in **Neuastenberg** wurde 1837/38 angeblich nach Plänen Schinkels erbaut, ist jedoch sehr stark überformt. Auch den Entwurf der 1821 von Bauinspektor Felderhoff gebauten Kirche in **Niederpleis** (St. Augustin), die später durch Erweiterungen überformt wurde, korrigierte Schinkel.

Schließlich sei die Auferstehungskirche in **Peckelsheim** im Eggegebirge erwähnt, die 1828 von Bauinspektor Eberhard aus Höxter entworfen, von der Oberbaudeputation revidiert, aber erst 1840–42 verändert ausgeführt wurde.

Bonn
Grabmal Barthold Georg Niebuhr

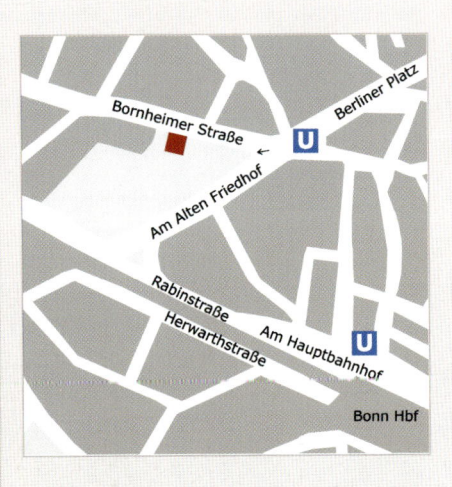

Entwurf	1834–36
Ausführung	1838–41
Restaurierungen	1862, 1900 und 1922
Wiederaufbau nach Kriegsschäden	1969

An einer Wand des Alten Friedhofs steht das Grabmal des Historikers, Bankiers und Juristen Barthold Georg Niebuhr (1776–1831). Es gehört wie Grabmale von Delbrück in Zeitz und Ancillon in Berlin zur Gruppe der Grabmale, die Friedrich Wilhelm (IV.) seinen Erziehern und Lehrern gesetzt hat, und steht hier zeitlich in der Mitte.

Niebuhr war zunächst als Staatsmann in dänischen Diensten. Durch Vermittlung des Freiherrn v. Stein wechselte er 1806 in den preußischen Staatsdienst. Nach Gründung der Berliner Universität hielt er dort Vorlesungen zur Römischen Geschichte. 1816–23 war er preußischer Gesandter beim Heiligen Stuhl und ließ sich dann in Bonn nieder, wo er als Professor an der neu gegründeten Universität wirkte.

1833 besuchte der Kronprinz das einfache Reihengrab seines väterlichen Freundes und dessen nur neun Tage später gestorbener Frau und fasste den Entschluss, ein Grabmal erbauen zu lassen. Schinkel erhielt die in Bonn zusammengestellten Unterlagen und den Auftrag zum Entwurf. 1834 legte er seine Pläne vor. Sie sahen

Grabmal

Dritter Entwurf von Schinkel und dem Kronprinzen Friedrich Wilhelm, 1835

eine Überbauung des Grabes mit einer dreijochigen Halle auf acht schwarzen Säulen in gotisierenden Formen vor. Da der Kronprinz dieses ablehnte, legte Schinkel einen zweiten Entwurf als Wandgrabarchitektur vor. Eine die Friedhofsmauer hoch überragende Wand bildete die Rücklage, davor sollte auf Engelskonsolen eine Rundbogenädikula gestellt werden, die mit Bogen und Giebel die Rücklage überragt hätte. Ein Wandgemälde sollte in der Ädikula die Kardinaltugenden darstellen. Die Grabstätte selbst sollte von einem Sarkophagdeckel ähnlichen Stein gedeckt werden, der im Verbund mit der eigentlichen Grabtafel an der Wand zwischen den Engelskonsolen stehen sollte.

Auch dieses lehnte der Kronprinz ab, er wünschte eine mehr auf Italien weisende Gestaltung und machte zum dritten Entwurf eine Skizze, die Schinkel entsprechend in Baupläne umsetzte. Die Wand mit Ädikula wurde ähnlich dem zweiten Entwurf beibehalten, neu aber war die Einführung einer Sockelplatte, auf der eine sarkophagähnliche Scheinurne mit Portraitrelief des Ehepaares stehen sollte. Für den Bogen war nun ein Christusmedaillon vorgesehen. Die Gesamtanlage aber sollte nun seitlich erweitert und von halbhohen Mauern eingefasst werden, auf denen Pfeiler geplant waren, die eine mit Wein berankte, pergolaähnliche Lattung tragen sollten. Die Anlage mit viertelkreisförmigen Eckbänken im Stil antiker Exedren erweckte weniger Grabmal- als Lauben-Assoziationen. An den Wänden waren zahlreiche Inschriftplatten geplant.

Nachdem aber auch dieses Projekt verworfen worden war, wurde 1836 der vierte Entwurf genehmigt und ausgeführt. Vom dritten Entwurf wurde dabei die Ädikulagliederung übernommen, Grabplatte und Grabtafel nur gering verändert und die Inschrifttafeln der Wandflächen vereinheitlicht, bzw. zusammengezogen. Die Einfriedung geschah mit einem Eisengitter, das nur in den Zwickeln Schmuck in Form von Akanthusvoluten besitzt. Für die Ausführung des bildhauerischen Schmucks, also der Engelskonsolen und dem Bildnisrelief des Ehepaars, wurde 1838 Christian Rauch beauftragt. Im gleichen Jahr besuchte Schinkel auf einer Reise die fast fertiggestellte Anlage. Rauchs Ausführung der Skulpturen zog sich jedoch noch bis 1841 hin.

Die wegen ihrer Höhe und Feingliedrigkeit anfällige Architektur musste 1862, 1900 und 1922 restauriert werden. 1969 entschloss man sich daher, das angegriffene Marmorrelief durch eine Kopie zu ersetzen.

Das Niebuhrgrab in Bonn ist in der sehr abstrahierten Stilform zwischen Renaissance, römischer Antike und Romanik ein schönes Beispiel für Schinkels Spätwerk. Noch mehr aber ist es ein Zeugnis für die Geisteshaltung und den Stilwillen des Kronprinzen. Die von ihm ausgewählten Zeilen der Inschriften stammen aus Salomos Weisheiten und Sprüchen (Altes Testament), aus Jesus Sirach (Neues Testament) und aus den Oden des Horaz (römische Dichtung). Somit sollte in der Verbindung von antiken und christlichen Elementen der Charakter des Verstorbenen und gleichzeitig eine dankbare, aber auch würdige Schülerschaft dokumentiert werden.　　　　　　　　　　　　AB

Literatur

Eva Brües: Karl Friedrich Schinkel: Die Rheinlande (Karl Friedrich Schinkel-Lebenswerk, Bd. 12). Berlin 1968.

Hillert Ibbeken/Elke Blauert (Hg.): Karl Friedrich Schinkel. Das architektonische Werk heute. Stuttgart/London 2001, S. 321.

Aachen
Elisenbrunnen

Entwurf (Änderungsentwurf)	1823/24
Ausführung	1825–27
Umbau	1880
Wiederaufbau nach Kriegsschäden	bis 1953
Rekonstruktion der Farbfassung	1984

Der Elisenbrunnen dominiert städtebaulich die Nordwestseite des Friedrich-Wilhelm-Platzes. Dieser ist der Teil des ringförmigen Straßenzuges anstelle der ersten mittelalterlichen Stadtbefestigung. Zu Schinkels Zeiten war dies eine weniger frequentierte Verkehrsstraße, heute ist der Friedrich-Wilhelm-Platz ein stark befahrener Straßenplatz.

Aachen verdankt seine Existenz den schwefelhaltigen Thermalquellen, die sowohl den Ausschlag zur Anlage einer römischen Militärsiedlung gaben als auch seine Rolle als Lieblingsresidenz Karls des Großen bestimmten. Im 17. und 18. Jahrhundert war Aachen mit Spa und Bath das führende Modebad seiner Zeit. Durch die Revolutionskriege verlor es diesen Rang vollständig, wurde aber Departementhauptstadt. Napoleon plante aufgrund seines Selbstverständnisses als Erbe Karls des Großen eine Neubelebung des Badewesens mit zahlreichen Neubauten, wozu es durch seinen Sturz nicht mehr kam. Der Bau des neuen Trinkbrunnens durch Schinkel wiederum markiert die Indienstnahme der Stadt durch den preußischen Staat.

Nachdem 1818 der preußische König die in französischer Zeit verstaatlichten Quellen wieder an die Stadt zurückgegeben hatte, wurde der Wunsch nach einem zeitgemäßen Trinkbrunnengebäude laut. Landbauinspektor Peter Joseph Cremer entwarf daraufhin eine Anlage aus zwei im rechten Winkel zueinander gestellten Kolonnaden auf einem Grundstück am Holzgraben. Als Bauplatz bestimmte die Stadtverwaltung jedoch das Grundstück des in Folge der Säkularisierung abgerissenen Kapuzinerklosters am nunmehr nach dem preußischen König benannten Platz. Hierfür entwarf Cremer einen neuen Plan, der aber nicht bildlich überliefert ist. Aus den Beschreibungen kann geschlossen werden, dass es sich um eine überkuppelte dorische Tholos (Säulenrundbau) mit Umgang handeln sollte, der seitlich niedrige Wandelhallen angeschlossen würden, die in über-

213

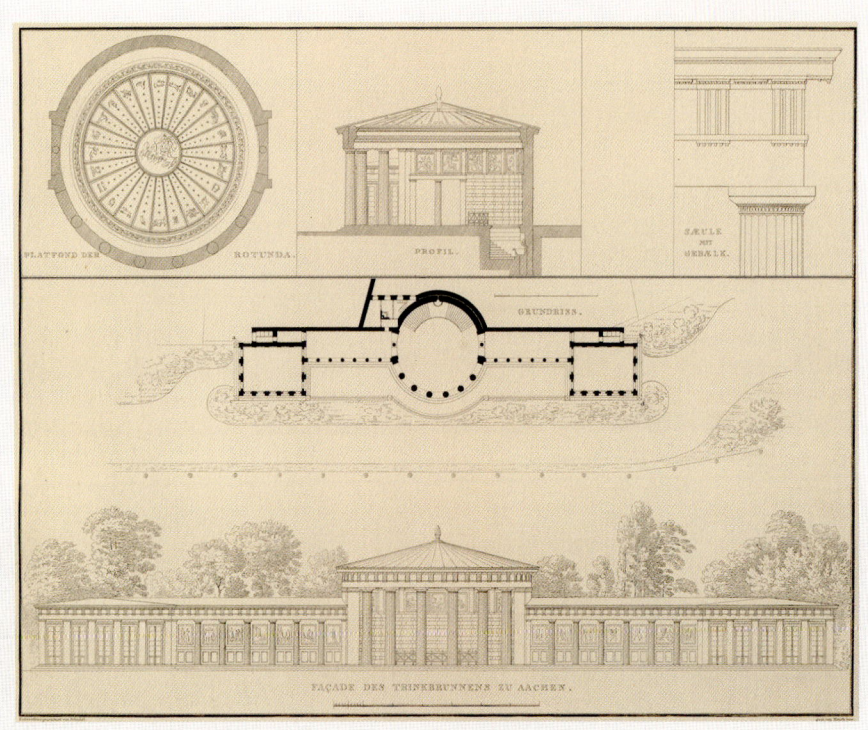

Elisenbrunnen (Sammlung Architektonischer Entwürfe, 1824)

giebelten Flügeln enden sollten. Die Wandelhallen wären um die Tholos herumgeführt worden. Dieser Entwurf, dessen Umsetzung auf über 20.000 Taler veranschlagt war, wurde vom Stadtrat unter der Voraussetzung angenommen, dass der preußische König die Hälfte der Bausumme übernehmen würde. Da dieser dazu bereit war, erfolgte am 16. November 1822, dem 25-jährigen Regierungsjubiläum des Königs, die Grundsteinlegung. Die Namensgebung fand ein Jahr später am Vermählungstag des Kronprinzen und der bayerischen Prinzessin Elisabeth statt.

In der nun folgenden Bearbeitung des nochmals veränderten Cremer-Entwurfs durch Schinkel wurde dieser so radikal umgeformt, dass er seither als eigenhändiger Schinkel-Entwurf gilt und Schinkel ihn auch in der »Sammlung Architektonischer Entwürfe« (Heft 4, 1824, Bl. 30) veröffentlichte.

Der Bauplatz lag etwa 100 Meter von der Kaiserquelle entfernt, die ihn über eine Rohrleitung versorgte. Das Grundstück war sehr schmal gehalten, um dem auf dem Klostergrundstück etablierten Hauptzollamt möglichst viel Raum zu belassen. Schinkel behielt daher die Grundkonzeption einer rückwärtig zum Zollamt hin geschlossenen Baugruppe aus mittigem Säulenrundbau und angeschlossenen Wandelhallen bei, formte ihn aber in rein griechischen Stilformen um. Der Bau hatte nun einen Rundbau mit Zeltdach auf einem Säulenkranz, die niedrigen Wandelhallen endeten in verglasten, rechteckigen Pavillons. Cremer war stark durch die römisch inspirierte französische Architektur geprägt. Wie selbstverständlich hatte er einen Kuppelbau auf dorischen Säulen entworfen, wie es ihn damals in zahlreichen Kurorten gab. Schinkel kritisierte dies in seinem Revisionsgutachten als nicht stimmig und entwarf ein Zeltdach mit bekrönendem Pinienzapfen. Seltsam ist die Weise, auf der Schinkel zu dieser Lösung gelangte, die nach unserer heutigen archäologischen Kenntnis der dorischen Ordnung der Griechen korrekt ist. Schinkel meinte, er wolle dem Rundbau ein Zeltdach geben, wie es durch Plutarch vom Odeion des Perikles überliefert wurde. Seit der Veröffentlichung des Stichwerks von Steward und Revett »The Antiquities of Athens« (1787) hielt man das Dionysostheater für eben dieses Odeion, das sich nach seiner Ausgrabung in späterer Zeit neben dem Theater als Rechteckbau erweisen sollte. Dem Fehlschluss von der Rundung des Theaters auf das Dach des Odeions ist also die »rein griechische« Form des Elisenbrunnens geschuldet.

Die Ausgestaltung des Gebäudes dachte sich Schinkel farbig, sie »würde am heitersten durch Gemälde erreicht, wie sie in den griechischen Hallen üblich war.« Für die Decke der Tholos schlug er den Tierkreis vor, für ihre Rückwand »allgemeine Symbole für die Kräfte der Natur«, für die zweizonigen Wandbilder der Wandelhalle die Geschichte des Äskulap. Damit führte Schinkel hier den Baugedanken ein, der ihn gleichzeitig am Museumsbau in Berlin beschäftigte, die »bunte Halle« an der Agora in Athen als Kommunikations- und Bildungsort.

Der Bau wurde 1825 begonnen und von Cremer – trotz Einfügung von Pilastern an der Rückwand der Wandelhallen – zu Schinkels Zufriedenheit (er besah den Bau auf der Rückfahrt der Englandreise) bis 1827 ausgeführt. Die Ausmalung kam nur sehr reduziert zur Ausführung, zumal sich zeigte, dass sie durch die Schwefeldämpfe schwer beeinträchtigt würde. Als Schmuck sollte nun eine Marmorbüste der Kronprinzessin dienen, für die Friedrich Tieck den Auftrag erhalten hatte.

Der baumbestandene Friedrich-Wilhelm-Platz war die ursprüngliche Promenade. Nach der starken Verkehrszunahme wurde anstelle des Hauptzollamtes 1851 der Eli-

Elisenbrunnen

sengarten angelegt und die Trinkstelle dorthin verlegt, wodurch der rückwärtig öffnungslose Elisenbrunnen gewissermaßen »falsch« stand. Der Aachener Architekt Friedrich Ark machte daher den Vorschlag, vor die Rückwand eine Kolonnade im Maßstab der Wandelhallen zu stellen, wozu es aber nicht kam, so dass der Missstand bis heute vorhanden ist.

Schinkels Bedenken gegenüber dem in Holz ausgeführten Architrav waren berechtigt, 1880 war eine umfassende Instandsetzung des Dachwerks nötig, bei der der Architrav massiv erneuert und ein eiserner Dachstuhl aufgebracht wurde. Im Zweiten Weltkrieg wurde der Elisenbrunnen stark zerstört. Nach der Enttrümmerung standen nur noch die ruinöse Rückwand und die untersten Trommeln der Säulen. Von Seiten der Stadtverwaltung wurde ein Neubau in zeitgenössischen Formen favorisiert, doch führten Proteste aus der Bevölkerung zum kopierenden Wiederaufbau, der 1953 abgeschlossen wurde. Die 1984 vorgenommene Farbfassung in Lichtgelb und Weiß entspricht der Schinkelschen Intention.

Der Elisenbrunnen – Schinkels einziges Werk der Baugattung Kurarchitektur – ist einer seiner reifsten Schöpfungen in griechischer Bauweise. Es ist kein wirklich innovativer Bau, aber ein städtebaulich prägendes Werk von identitätsstiftender Wirkung. Der Blick über den Elisenbrunnen auf die Turmgruppen von Münster, Rathaus und Foillanskirche ist zur Epochen übergreifenden Stadtvedute Aachens schlechthin geworden.　　　　　　　　　　AB

Literatur

Eva Brües: Karl Friedrich Schinkel: Die Rheinlande (Karl Friedrich Schinkel-Lebenswerk, Bd. 12). Berlin 1968.

Caroline Weber: 175 Jahre Elisenbrunnen. Aachen 1998.

Aachen
Kongressdenkmal im Farwickpark

Entwurf	1836/37
Ausführung	1839–44
Kriegsschäden (Abbau und Einlagerung)	1914
Wiederaufbau	1927

Im Stadtgarten, nördlich der Altstadt Aachens, steht das Kongressdenkmal inmitten des pergolaflankierten Rosengartens als eine Parkzierarchitektur und hat damit seinen ursprünglichen, städtebaulich prägenden Standort – erhöht vor dem Adalberttor – verloren.

Der Aachener Kongress vom 29. September bis zum 21. November 1818 markiert den Beginn der stark restriktiven Phase der Restauration. Es nahmen die siegreichen Mächte der Befreiungskriege teil, federführend aber waren die Stifter der »Heiligen Allianz«, der russische Zar Alexander I., der österreichische Kaiser Franz I. und der preußische König Friedrich Wilhelm III. Auf dem Kongress wurden Unterdrückungsmaßnahmen gegen die bürgerlich-nationale Opposition in Deutschland beraten, der Zar legte dazu die Denkschrift »Über den gegenwärtigen Zustand Deutschlands« vor. Die Kongressverhandlungen bildeten eine Grundlage für die im Folgejahr abgehaltene Karlsbader Konferenz und die am 20. September 1819 vom Bundestag einstimmig angenommenen Beschlüsse. Zudem wurde auf dem Aachener Kongress Frankreich wieder in das Konzert der europäischen Großmachtpolitik aufgenommen. Einen Höhepunkt markierte ein Feldgottesdienst unter freiem Himmel am Platz vor St. Adalbert anlässlich des fünften Jahrestages der Völkerschlacht bei Leipzig, an dem die drei Monarchen teilnahmen.

Anlässlich des Kongresses wurde der Kapuzinerboulevard zu Ehren des Königs in Friedrich-Wilhelm-Platz umbenannt. Ein politisch besetztes Denkmal besaß Aachen im Norden der Stadt auf dem Lousberg. Dort hatte die französische Verwaltung 1807 einen weithin sichtbaren Obelisken als zentralen Messpunkt der »Départements réunis de la rive gauche du Rhin« errichtet. Dieser wurde 1813 umgerissen, jedoch bereits 1814 wieder restauriert und mit einer neuen Inschrift versehen: »Denkmal / gallischem Uebermuthe einst geweihet / und mit dem Tyrannen zugleich gestürzt / am XI. April MDCCCXIV / wiedererrichtet der Wissenschaft / und deutschen Kraft / Am Tage der feierlichen Huldigung / der preussischen Rheinländer / Am XV. Mai MDCCCXV«.

Zur Erinnerung an den Aachener Kongress sollte nun ebenfalls ein Denkmal errichtet werden. Peter Joseph Cremer und Adam Franz Friedrich Leydel legten 1822 Pläne in Form einer Säule und eines Obelisken vor. Ob sie nun durch eine Zeichnung von Schinkels Kutusowdenkmal in Bunzlau angeregt wurden, oder ob das Lousbergdenkmal den Anstoß gab, muss dahingestellt bleiben, zumal das Denkmalprojekt zunächst nicht weiter verfolgt wurde. Den Aachenern war es aber wohl wichtig, denn 1836 nahm man einen Besuch des Kronprinzen zum Anlass, ihn den Grundstein an der Stätte des Feldgottesdienstes von 1818 legen zu lassen und so das Projekt zu befördern. Tatsächlich erhielt Schinkel einen Auftrag und legte im folgenden Jahr eine Zeichnung vor, die eine farbige Ansicht nebst einem Grundriss zeigte.

Nach dieser Zeichnung führte Cremer die Pläne aus, die er Schinkel 1838 bei dessen Aufenthalt in Köln zur Revision vorlegen konnte. 1839 wurden die Fundamente gelegt, die Baustelle jedoch zunächst stillgelegt. Erst 1841–44, also nach einer für das kleine Gebäude langen Bauzeit, wurde das Kongressdenkmal unter Leitung von Stadtbaumeister Friedrich Ark fertiggestellt. Ark veränderte etwas die Proportionen und vereinfachte die von Schinkel erdachte Umgebung.

Das Denkmal ist eine kleine Baldachinarchitektur unter flachem Satteldach, deren Bögen vorn auf zwei toskanischen Säulen ruhen. Die Rückseite mit Eckpfeilern ist geschlossen und besitzt eine halbrunde Apsis, in der ein Altar steht. Der kleine Dachstuhl ist offen und die inneren Dachflächen sind kassettiert mit gemalten Sternen. Auf der Stirnseite, zwischen Archivolte und dem allseits vorstehenden und profilierten Gesims, sind drei Medaillons mit den Bildnissen der Monarchen angebracht. Seit der Auflösung der Heiligen Allianz, die spätestens mit dem Ende des Krimkrieges 1856 anzusetzen ist, war auch kein politisches Interesse mehr an dem Denkmal vorhanden. Es markierte nunmehr ein ehemals wichtiges Datum der Stadtgeschichte. Beim Bau des Landgerichts wurde das Kongressdenkmal 1914 abgebaut und eingelagert. Erst 1927 – also noch während der belgischen Besatzungszeit Aachens – wurde es an der heutigen Stelle wiedererrichtet.

Das Kongressdenkmal ist ein gefälliger Bau und wird auch heute entsprechend als Gartenpavillon genutzt. Die Wahl des Typus einer Sakralarchitektur war sowohl den drei Herrschern als Stiftern der Heiligen Allianz als auch dem Anlass der Erinnerung,

Kongressdenkmal

einem Dankgottesdienst, angemessen. Stilistisch weist es im Spätwerk Schinkels auf die nachfolgende Architektengeneration hin. Den materiell etwas undifferenzierten Eindruck hat Schinkel allerdings nicht zu verantworten. Er dachte sich die kleine Kapelle mit vielfarbigem Material – schwarze Säulen, gelbliche Zierteile, bräunlicher Korpus und ziegelrote Umpflasterung – und demnach mit heiterem Charakter des europäischen Südens. Ark standen jedoch nur graue und weiße Steinarten zur Verfügung.

AB

Literatur

Eva Brües: Karl Friedrich Schinkel: Die Rheinlande (Karl Friedrich Schinkel-Lebenswerk, Bd. 12), Berlin 1968.

Hillert Ibbeken/Elke Blauert (Hg.): Karl Friedrich Schinkel. Das architektonische Werk heute, Stuttgart/London 2001, S. 316.

Wesel
Denkmal für die Offiziere des Regimentes Schill

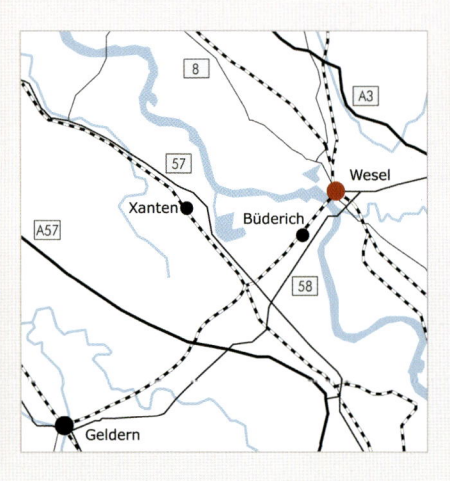

Entwurf	1833
Ausführung	1834/35
Kriegsschäden	im 2. Weltkrieg
Wiederaufbau	1953

Südöstlich der Altstadt von Wesel steht in der idyllischen Situation der Lippewiesen das gusseiserne Denk- und Grabmal für elf Schillsche Freikorps-Offiziere, die hier 1809 erschossen und begraben worden sind. Wesel war einst nahe der Lippemündung in den Rhein gegründet worden und im Mittelalter eine bedeutende Stadt (Schinkel beriet die Instandsetzung des ehemals berühmten, 1945 zerstörten spätgotischen Rathauses). 1680–1730 wurde Wesel zur Brandenburgisch-Preußischen Festung mit Zitadelle ausgebaut. Ab 1806 wurde diese Festung napoleonisch weiter ausgebaut und ab 1816 – in »neupreußischer« Zeit – abermals verstärkt. Vor dem Hintergrund der Rolle als »Eckpfeiler« der nordwestlichen Befestigungsanlagen des Staates ist die Entstehung des umgangssprachlich »Schill-Denkmal« genannten Monumentes zu verstehen.

Der aus Sachsen stammende Ferdinand von Schill hatte 1807 vom Preußischen König den Auftrag erhalten, aus eigenen Mitteln Freikorps für den Kampf gegen die napoleonische Armee aufzustellen. Diese genossen in der Bevölkerung große Popularität und wurden 1808/09 der preußischen Armee eingegliedert. Schills eigenwilliger Charakter wollte aber nicht auf die Abstimmungen mit der Heeresleitung zur Koordination von militärischen Aktionen warten und begann nach Veröffentlichung seines in Dessau gedruckten Aufrufs »An die Deutschen« eigenmächtige Operationen, von denen die Besatzung und Verteidigung von Stralsund vom 25. bis 31. Mai 1809 die Aufsehen erregendste und letzte sein sollte. Schill fiel, als die Stadt von der Übermacht der Gegner eingenommen wurde. Seine Offiziere wurden gefangen genommen und auf der Festung Wesel arretiert. Elf von ihnen wurden zum Tode verurteilt und vor der Stadt exekutiert.

Nach dem Sieg über Napoleon kam in der Bevölkerung der Wunsch auf, diesen in ganz Deutschland als Helden und Märtyrer verehrten Offizieren ein Denkmal zu setzen. Diesem Denkmals-Bestreben lässt sich eine im Schinkel-Nachlass befindliche, aber wohl nicht von ihm stammende Zeichnung zuordnen. Auf dieser umstehen elf Bäume einen würfelförmigen Gedenkstein, was auf eine Denkmalgestaltung ganz im Sinne der Ideen Rousseaus hinweist. Die Regierung jedoch lehnte jegliche Denkmalsabsichten ab, hatten sich doch Schill und seine Soldaten in den Augen des Königs und seiner Armee des Ungehorsams schuldig gemacht. So blieb das Projekt fast zwei Jahrzehnte unausgeführt. 1833 wandten sich Weseler Militärs an Friedrich Wilhelm III. mit der Bitte, er möge die Aufstellung eines einfachen Denkmals gestatten, man habe bereits Schinkel um einen Entwurf gebeten. Der Aufruf zur Unterstützung eines Denkmalvorhabens erging an die ganze preußische Armee und führte zu der stolzen Summe von angeblich 35.000 Talern. Der zeitliche Abstand zu den Ereignissen scheint den König zum Einlenken bewogen zu haben. Er erteilte die Genehmigung und gab Schinkel den Auftrag zum Entwurf. Schinkel plante ein stelenartiges Gusseisenmal, dessen Reliefs von August Kiss modelliert wurden und das in der Berliner Eisengießerei produziert werden sollte. In Wesel bereitete man die Stätte zur Aufstellung vor, indem man die Offiziere exhumierte, an der Grabstätte ein Gruftgewölbe baute und darin die gefundenen Gebeine in einem Bleisarkophag beisetzte. Geplant war die Einweihung zum 25. Jahrestag der Exekution, da aber der Guss noch nicht vollendet war, wurde das Denkmal erst 1835 eingeweiht.

Über einem dreistufigen steinernen Unterbau erhebt sich die heute weiß gefasste Eisen-Stele, klar in Sockel, Korpus und Giebelabschluss gegliedert. Die Gebälkzone ist als einteiliger Fries gebildet, auf dem symmetrisch Schilde mit Waffen und Helme auf den mittigen Lorbeerkranz bezogen sind. Das darüber liegende Gesims ist durch einen Zahnschnitt akzentuiert, wie

Schilldenkmal

der Giebel seine Akzente durch die Akroterien erhält. Auf den Längsseiten befinden sich figürliche Reliefs, auf den Schmalseiten Lorbeerlaub-Gehänge. Das Relief der einen Seite zeigt in der Bildmitte einen Opferaltar mit Darstellung des preußischen Adlers. Auf dem Altar liegt ein Richtbeil, über das sich von links die Borussia trauernd neigt. Von rechts schreitet leichtfüßig eine geflügelte Viktoria mit Palmwedel heran und hält einen Lorbeerkranz über den Altar. In der Zone zwischen Relief und Sockel sind die Namen der elf Geehrten verzeichnet. Das Relief der anderen Seite ist plastischer, es zeigt einen sich erhebenden preußischen Adler, unter dessen Standleiste elf Sterne auf die »Verewigung« der Offiziere hinweisen.

In späterer Zeit wurde das Denkmal schwarz gefasst, im Zweiten Weltkrieg beschädigt, jedoch bis 1953 wiederhergestellt. Das umgebende Gitter wurde erneuert, die Vorplatzpflasterung ist modern.

Schilldenkmal

Das Schill-Denkmal in Wesel ist ein besonders schönes Beispiel für Schinkels Spätwerk im Bereich der klassizistischen Denkmalskunst. Sicher in der Gliederung und fern jeder Effekthascherei ist es zudem ein beachtliches Objekt des damaligen Eisenkunstgusses. Es ist bemerkenswert, dass das Altar-Relief in seiner Idee und Komposition noch das Pathos der nachnapoleonischen Zeit atmet. Das Denkmal ist ein landschaftsbezogenes Monument und hat entsprechend keine eindeutige Vorder- und Rückseite. Es wurde so aufgestellt, dass das flachere Relief mit den Namen darunter der Stadt zugewendet ist, während man beim Betrachten des stark plastischen Adlerreliefs im Hintergrund die Stadt Wesel sieht. AB

Literatur
Eva Brües: Karl Friedrich Schinkel: Die Rheinlande (Karl Friedrich Schinkel-Lebenswerk, Bd. 12), Berlin 1968.

Wesel-Büderich

Evangelische Kirche
Katholische Kirche St. Peter

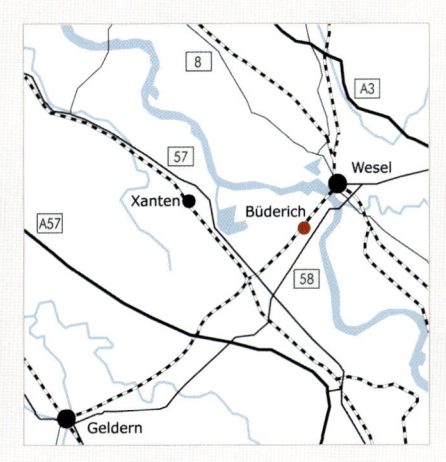

Evangelische Kirche
Entwurf	um 1815–1820
Ausführung	1820–22
Umbauten	1877, 1898, 1935
Kriegsschäden	1945
Restaurierung	1991–99

Katholische Kirche
Entwurf	um 1815–20
Ausführung	1819–21
Umbau nach Einsturz	Mitte des 19. Jhds. und 1910
Restaurierung	1958–60

Die evangelische und die katholische Kirche von Büderich stehen sich mit ihren Türmen an den Schmalseiten des längsrechteckigen Marktplatzes gegenüber, wobei die geostete katholische Kirche mit ihrem Westturm im Süden steht, während die genordete evangelische mit ihrem Südturm direkt die nördliche Schmalseite des Marktes dominiert. Beide Kirchen beherrschen inmitten der Anfang des 19. Jahrhundert neu angelegten Ortschaft das Stadtbild. Büderich lag auf der linken Rheinseite gegenüber der Lippemündung in den Rhein. Nachdem sich durch die Niederlage Napoleons bei Leipzig die politische Situation geändert hatte und sich die französischen Truppen hinter die Rheinlinie zurückzogen, war es nötig, das Glacis der Zitadelle freizulegen, und so wurden die Bewohner 1813 auf die Umgebung verteilt und der Ort eingeebnet. Ab 1815 wurden Neubaupläne für den Ort entwickelt und im Wesentlichen 1817–20 an neuer, westwärts verschobener Stelle unter dem Namen Neu-Büderich verwirklicht. Die Ortslage war als großes Längsrechteck mit zwei Längs- und drei Querachsen definiert. Die mittlere Querachse wurde innerhalb der Längsachsen als Marktplatz aufgeweitet. Hier plante man die öffentlichen Gebäude. Die eingereichten Pläne zu Schul- und Pfarrhäusern akzeptierte die preußische Oberbaudeputation, nicht aber die Kirchenentwürfe. Der leitende Architekt Otto v. Gloeden entwarf beide im Rundbogenstil und unterschied sie nur baukörperlich, in dem er die am Ostende des Platzes, also geostet projektierte, katholische Kirche breiter anlegte und mit einem seitlich gestellten Turm vorsah. Schinkel griff hier so stark ein, dass die Bauten als sein Entwurf angesehen werden können.

Zunächst veränderte er die evangelische Kirche, dies war sein erstes Gutachten für eine Kirche in der Rheinprovinz. Er beließ die Kirche als Saalbau mit Südturm, gestaltete sie aber klassizistisch um. Interessant ist hier die Wahl des Baumaterials. Für die

223

Evangelische Kirche

Wandflächen sah er Ziegel vor, für die Gliederungen Verputzungen. Die Längswände erhielten eine gleichmäßige Folge von Pfeilern zwischen Kaffgesims und Gebälk. Von den acht zwischen den Pfeilern liegenden Flächen wurden zwei geschlossen. Die somit paarig angeordneten Fenster bildeten mit den seitlichen Pfeilern ein architektonisches Element, das an das griechische Thrasyllos-Monument erinnert, das Schinkel gleichzeitig zum Vorbild für die Rahmungen der Turmfenster am Schloss Tegel und am Berliner Schauspielhaus einsetzte. Die Kirche erhielt einen pyramidal gedeckten Turm und eisernes Maßwerk in den Fenstern. Die Ausführung erfolgte 1820–22.

Bei der katholischen Kirche behielt er den von Gloeden vorgesehenen Rundbogenstil bei, differenzierte aber die Öffnungen. Der Turm wurde an die Westseite als Pendant zur evangelischen Kirche gesetzt und mit einem oben abgestumpften Spitzhelm versehen. Das Schiff wurde in der vorgesehenen Breite belassen, aber zur Vermeidung aufwändiger Dachkonstruktionen dreischiffig unterteilt. Somit entstand eine Hallenkirche, deren Schiffe von weiten Arkaden auf Rundpfeilern geschieden wurden. 1819 wurde der Grundstein gelegt und nach zweijähriger Bauzeit die Weihe vollzogen.

Das bauliche Schicksal der beiden Kirchen war wechselhaft. Bereits Mitte des 19. Jahrhunderts stürzte die Decke von St. Peter ein, wofür wahrscheinlich Mängel bei der Bauausführung verantwortlich waren. Die Wiederherstellung erfolgte in einfachsten Formen, so dass der Raumeindruck heute durch das Fehlen sämtlicher Abschlussgesimse beeinträchtigt ist. 1910 wurde der Kirchenraum um ein Joch nach Osten mit drei romanisierenden Apsiden erweitert und die Stützen überformt. Der Turm erhielt ein weiteres Obergeschoss mit achtseitigem, spitz auslaufendem Helm. Bei der Renovierung 1958–60 wurden die Marmorierungen der Rundpfeiler aus Schinkels Zeiten wiederhergestellt.

Die evangelische Kirche erhielt 1877 einen hohen Turmhelm über Giebeln, 1898 wurde das Kircheninnere ausgemalt und stukkiert und 1935 ummantelte man den Turm

Katholische Kirche

Wesel-Büderich | Evangelische und katholische Kirche

mit Ziegeln, wodurch sämtliche Proportionen verloren gingen. 1945 wurde die Kirche stark beschädigt und hat seither im Inneren nur noch Reste der ursprünglichen Gliederung wie das gusseiserne Maßwerk. 1991–99 wurde die Kirche grundlegend saniert, dabei versuchte man das Erscheinungsbild wieder dem ursprünglichen Entwurf Schinkels anzunähern, in den Details blieb die Gestaltung jedoch abstrahiert.

Die Kirchen von Büderich sind ein Grenzfall innerhalb des erhaltenen architektonischen Schinkelwerks. Dies betrifft sowohl den Schinkelschen Anteil am Entwurf als auch den Erhaltungszustand der Bauten. Dennoch ist ihre Anlage innerhalb des klassizistisch geprägten Ortes ein bemerkenswertes Beispiel der preußischen Bautätigkeit im Rheinland. Auffällig ist Schinkels Bestreben, die sich gegenüberstehenden, konfessionell unterschiedlichen Kultbauten stilistisch zu unterscheiden, denn für gewöhnlich nahm der Architekt eine solche Differenzierung beim Kirchenbau nicht vor. AB

Literatur

Eva Brües: Karl Friedrich Schinkel: Die Rheinlande (Karl Friedrich Schinkel-Lebenswerk, Bd. 12). Berlin 1968.

Evangelische Kirchengemeinde Büderich (Hg.): Bilder einer Kirche. Die evangelische Kirche Büderich. Büderich 2001.

NORDDEUTSCHLAND (NIEDERSACHSEN, BREMEN, HAMBURG, SCHLESWIG-HOLSTEIN)

In dem Gebiet der nordwestlichen Bundesländer hat Schinkel nicht gewirkt, lediglich für Hamburg konnte er zwei Entwürfe liefern, die aber nicht verwirklicht wurden. Er stand jedoch mit der Baukunst des Nordens – im Gegensatz zu der in Süddeutschland – in Verbindung und hat sie stark geprägt. Schinkel durchreiste das Gebiet nur einmal, als er 1816 mit Ehefrau und ältester Tochter von der Reise nach den Vereinigten Niederlanden zurückkehrte.

Das Gebiet des heutigen Niedersachsen bestand zu Schinkels Wirkungszeit im Wesentlichen aus dem Königreich Hannover, dem Herzogtum Braunschweig und dem Großherzogtum Oldenburg, benannt jeweils nach ihrer Haupt- und Residenzstadt. Bremen und Hamburg waren Stadtstaaten. Schleswig gehörte zu Dänemark, Holstein zum Deutschen Bund, wurde aber in Personalunion vom dänischen König regiert. Entsprechend dieser staatlichen Struktur entwickelten sich seinerzeit in diesem Gebiet Zentren der Baukunst.

Große Beziehungen zu Schinkels Werk bestehen in **Braunschweig**, wo am Burgplatz das von einem Berliner Architekten errichtete Verlagshaus Vieweg 1800–1805 (früher David Gilly zugeschrieben, heute Heinrich Gentz diskutiert) am nachdrücklichsten den Stil repräsentiert, der auch den frühen Schinkel prägte. Der ursprünglich als Maler ausgebildete Peter Joseph Krahe (1758–1840) schuf mit seinem Haus »Salve Hospes« (1805–08) das vermutlich beste Haus des Klassizismus in Braunschweig, das sehr deutliche Unterschiede zum Berliner Klassizismus zeigt. Der Obelisk auf dem Löwenwall (1822) ist ein weiteres wichtiges Werk Krahes. In Braunschweig reüssierte schließlich Carl Theodor Ottmer (1800–1843), der einst in Berlin an der Bauschule studierte, dort mit dem Bau des Königsstädtischen Theaters auf sich auf-

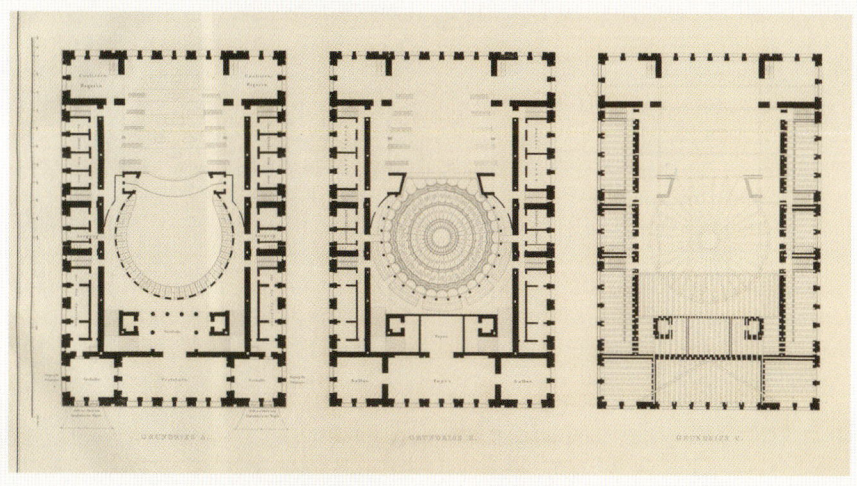

Hamburg, Schauspielhaus. Grundriss (Sammlung Architektonischer Entwürfe, 1828)

Hamburg, Schauspielhaus. Perspekt. Proszenium / Außenperspektive
(Sammlung Architektonischer Entwürfe, 1828)

merksam machte und 1827 beim Bau der Singakademie Schinkel ausstechen konnte. 1829 wurde er zum Braunschweiger Hofarchitekt ernannt. Von 1831–38 konnte er mit dem Residenzschloss sein Hauptwerk schaffen, in dem er viele Stilentwicklungen des Klassizismus durchspielte (der bemerkenswerte Bau wurde nach Kriegsbeschädigung 1960 abgerissen). Die Villa Bülow in der Celler Straße (1839) und das Haus Wilhelmstorwall 29 von 1841 legen ebenso Zeugnis vom Können des Braunschweigers ab wie sein letztes Werk, der alte Bahnhof (1843–45, umgenutzt erhalten).

Die Residenzstadt **Hannover** entwickelte sich zu einem Zentrum der Baukunst unter Georg Ludwig Friedrich Laves (1788–1864), der 1814 zum Hofarchitekten berufen wurde und dieses Amt über den langen Zeitraum eines halben Jahrhunderts und der Regentschaft von vier Königen bekleiden konnte. Er begann diese Dienstzeit mit einer dreijährigen Frankreich- und Englandreise. Die dort betriebenen Studien ließ er 1817–35 in den Umbau des heute als Landtag dienenden Leineschlosses einfließen.

Von seinem architektonischen Können künden heute noch der 1818/19 gebaute Bibliothekspavillon in Herrenhausen, das Palais Wangenheim (1829-33), sein eigenes Wohnhaus Friedrichswall 5 (1822) und die Villa Rosa in der Glockseestraße 1 (1830). Ein Bezug zu Schinkel und der Berliner Baukunst besteht bei seinen späteren Bauten. Besonders das 1842–47 nach dem Tod Königin Friederikes gebaute Mausoleum in Herrenhausen weist starke Bezüge zum Charlottenburger Mausoleum auf, was nicht verwundern soll, war Friederike doch Schwester der Königin Luise. Entsprechend wurden hier die Sarkophage bei Rauch in Auftrag gegeben, der sie in Anlehnung an die Berliner Werke gestaltete. Der stärkste Bezug zum Schinkelschen Werk besteht aber im Hannoverschen Hoftheater, der heutigen Oper. Dieses 1848–52 errichtete Prachtgebäude ist ein direkter Nachfolgebau des Schauspielhauses auf dem Gendarmenmarkt, umgesetzt in einer reicheren Formensprache. Interessant ist, dass der hier eingeführte Rundbogenstil offenbar von Schinkels in den Architektonischen Entwürfen veröffentlichtem Theaterentwurf für Hamburg abgeleitet wurde. Damit wurden also gewissermaßen zwei Schinkeltheater kombiniert.

Mit Laves oder Schinkel hat die bisweilen als »Schinkelbau« bezeichnete katholische Ludwigskirche in **Celle** (1835–38) wenig zu tun. Sie ist ein Bau des Lüneburger Stadtbaumeisters J. A. D. Spetzler und nach Dehio nur »möglicherweise durch einen Entwurf K. F. Schinkels beeinflusst«.

Das dritte Zentrum der Baukunst im heutigen Niedersachsen war **Oldenburg**. Dieses war seit 1773 wieder selbständig und 1815 zum Großherzogtum erhoben worden. Unter den Herrschern Peter Friedrich Ludwig (reg. 1785–1829) und Paul Friedrich August (reg. 1829–1853) wurde das Stadtbild der kleinen Residenz völlig neu definiert. Tätig waren hier der aus Berlin stammende Carl Heinrich Slevogt (1784[?]–1832) und Heinrich Strack d.Ä. (1801–1890, nicht zu verwechseln mit dem 1805 geborenen Berliner Architekten gleichen Namens). Strack war in Kopenhagen ausgebildet und brachte als Schüler Chr. Fr. Hansens entsprechend neue Baukunst-Bestrebungen mit. Unter den sehr zahlreichen Bauten Oldenburgs seien herausgehoben das Prinzenpalais (1821–26), das Cavalierhaus (1839) sowie die als Pendants konzipierten Gebäude von Regierung und Peter-Friedrich-Ludwig-Hospital (1830–50).

Hamburg entwickelte sich bereits Ende des 18. Jahrhunderts zu einem Zentrum der Baukunst. Es stand in engster Beziehung zu Holstein, denn die Landhäuser, die Senatoren und Kaufleute sich bauen ließen, lagen damals außerhalb der Stadt. Holstein stand seinerseits aufs engste mit der Akademie in Kopenhagen in Verbindung. Christian Frederik Hansen (1756–1845), in Kopenhagen geboren und ausgebildet, wurde 1784 königlich dänischer Bauinspektor von Holstein und hatte dieses Amt für 20 Jahre inne. Mit seinem Neffen Matthias Hansen gestaltete er ganze Straßenzüge des heutigen Hamburger Stadtgebietes um, wie die Palmaille in Altona. Für den Anfang des 19. Jahrhunderts setzte er die architektonischen Maßstäbe.

Eine wichtige Architektenpersönlichkeit der folgenden Generation war Franz Gustav Joachim Forsmann (1795–1878). Dieser stand in Verbindung mit Carl Ludwig Wimmel (1786–1845), der in engem Bezug zu Schinkel und dessen Umfeld stand. Wimmel stammte aus Berlin und war Sohn eines Maurermeisters, der am Brandenburger Tor, der Neuen Wache und später noch am (Alten) Museum in Berlin mitgewirkt hatte. Der junge Wimmel lernte das Zimmererhandwerk 1802-05 bei Steinmeyer, also zu der Zeit, als Schinkel für Steinmeyer das Haus in der Friedrichstraße baute bzw. mit Steinmeyers Sohn auf Italienreise war. Wimmel studierte kurz bei Carl Gotthard Langhans, ging 1806 nach Hamburg, wo er bei Lange studierte, und vollendete 1809/10 seine Studien bei Weinbrenner in Karlsruhe. Nach einer vierjährigen Italienreise kehrte Wimmel nach Hamburg zurück, wo er Stadtbaumeisteradjunkt wurde. Er schuf hochbedeutende Bauten für Hamburg, darunter mit Forsmann das Johanneum anstelle des abgerissenen Domes (1837–1840) und die Börse (1837–41). 1841 wurde Wimmel Leiter des Hamburger Bauamtes, seine neue Position begann er mit einer langen Dienstreise nach England.

Mit Hamburg ist Schinkel durch zwei Entwürfe verbunden. Zum einen schuf er auf Anfrage der Stadt den Entwurf zum Theater am Kalkhof. Es ist ein sehr eleganter Entwurf, den er äußerlich wie einen Palazzo kubisch einfasste und durch einheitliche Pfeiler-Bogen-Stellungen entsprechend des »Agoranomion« gliederte. Der Bau wurde nicht verwirklicht, sondern ein sehr viel bescheideneres Haus von Wimmel. Der zweite Auftrag zum Entwurf erging an Schinkel vom Kaufmann Martin Johann Jenisch (d. J.), der 1828 den herrlichen Besitz vom Baron Vogt gekauft hatte. Jenisch beauftragte zunächst Forsmann, dessen Entwurf wurde aber abgelehnt. Schinkels Entwurf

Hamburg-Othmarschen, Landhaus Jenisch. Perspektivische Ansicht

sagte ihm zu und er ließ ihn mit Modifizierungen durch Forsmann ausführen. Die Veränderungen Forsmanns waren indes derart gravierend, dass der bestehende Bau nicht mehr als »Schinkelbau« bezeichnet werden kann.

Besucht hat Schinkel Hamburg nur auf der Dienstreise durch die Altmark und Vorpommern 1835. Er sah dabei noch das alte Hamburg vor der Brandkatastrophe von 1842, nach der die Innenstadt gemäß dem Plan von Alexis de Chateauenuf völlig neu strukturiert wurde. Damals entstand eine spezifisch hamburgische Architektur, die beeinflusst war von der durch Schinkel entwickelten Baukunst. Namentlich setzte sich nun auch hier die Sichtziegelbauweise durch.

In Schleswig-Holstein steht Schinkels Name mit dem Alten Friedhof in **Flensburg** in Verbindung. Denn hier befinden sich zwei Grabmale, die mittelbar »Schinkel-Werke« sind, da sie von der Königlich Preußischen Eisengießerei nach bereits vorhandenen Entwürfen ausgeführt wurden. Das eine ist das Grabmal Andreas Christiansen († 1829), ein neugotischer Gusseisen-Baldachin mit eingestelltem Kreuz – der ursprüngliche Guss war für das Denkmal des Prinzen Leopold von Hessen-Homburg im Park von Schloss Fischbach (Karpniki) in Schlesien geschaffen worden. Das andere Grabmal ist das der Familie Schmidt in Form eines gusseisernen korinthischen Monopteros auf hohem gestuften Sockel. Dieses wurde ursprünglich für Veronika Röstel († 1813) in Landsberg an der Warthe (damals Brandenburg) geschaffen und seit 1819 im Katalog der Eisengießerei angeboten. Die Kapelle des Friedhofs mit ihrer geometrisch-schlichten Gliederung wurde 1810–13 von Axel Bundsen gebaut und ist ein Hauptwerk des Klassizismus in Schleswig Holstein.

Nördlicher finden sich Schinkels architektonische Spuren nur noch in **Oslo**. Der norwegische Architekt Christian Grosch hatte die dortigen Bauten der Universität zu erstellen. Seine Entwürfe sandte er Schinkel mit der Bitte um Rat. Schinkel nahm einige Korrekturen vor und gab Kommentare ab, die den Entwurf verbesserten und auch eingearbeitet wurden. Damit entstand zwar kein weiterer »Schinkelbau«, aber ein weiteres Einflussgebiet der Schinkelschen Bauprinzipien – und dies dürfte Schinkel selbst auch wichtiger gewesen sein.

Italienische Landschaft mit Villa für Peter Beuth, Zeichnung von Schinkel, o. J.

Ortsregister

Aachen
– Elisenbrunnen **213–216**
– Kongressdenkmal **217–219**
Aachen, Theater 209
Alexisbad, Teepavillon 46
Althaldensleben, Doppelkirche 47
Alt-Langsow, Schul- und Bethaus 11
Annenwalde, Kirche 11
Antonin, Jagdschloss/Mausoleum **121–123**
Arnsberg, Kirche 209

Bad Lauchstädt, Kursaal **56–57**
Bärwinkel, Wirtschaftshof **26–27**
Balster (s. Bialy Zdroj)
Baltisk (Pillau), Leuchtturm 99
Basdorf, Kirche 11
Behlendorf, Wirtschaftshof **26–27**
Biała Piska (Bialla), Kirchturm 86
Bialla (s. Biala Piska)
Biały Zdrój (Balster), Kirche 67
Birnbaum (s. Międzychód)
Bischmisheim, Kirche **192–194**
Bischofsburg (s. Biskupiec)
Biskupiec (Bischofsburg), Kirche 86
Bolesławiec (Bunzlau), Denkmal **149–150**
Bonn
– Anatomie 209
– Grabmal Niebuhr **210–212**
– Universitätssternwarte 209
Borzechowo (Bordzichow), Kirche 80
Brandenburg, Dom Bd. 1, 150
Braniewo (Braunsberg), Ev. Kirche **96–98**, 145
Braunsberg (s. Braniewo)
Braunschweig
– Alter Bahnhof 228
– Haus »Salve Hospes« 227
– Haus am Wilhelmstorwall 228
– Obelisk 227
– Residenzschloss 228
– Verlagshaus Vieweg 227
– Villa Bülow 228
Breitenstein (s. Dobino)
Brietzig (s. Brzesko)
Brodnica (Strasburg), Kirche 79
Bromberg (s. Bydgoszcz)
Brzesko (Brietzig), Kirchturm 67
Büchel, Kirche 180
Büderich (s. Wesel-Büderich)
Buckow, Schloss Bd. 1, 153
Buk, Kirche **131–133**
Bunzlau (s. Bolesławiec)
Bydgoszcz (Bromberg), Regierungsgebäude 79
Bystrzyca Kłodzka (Habelschwerdt), Ev. Kirche **154–155**

Celle, Ludwigskirche 229
Chwalimie (Wallachsee), Kirche 67
Coburg, Ehrenburg **188–190**
Cottbus, Spremberger Turm 11
Crossen an der Oder (s. Krosno Odrzańskie)
Cybowo (Gutsdorf), Kirche 67
Czaplinek (Tempelburg), Kirche **71–73**
Człuchów (Schlochau), Schlosskapelle 80

Danzig (s. Gdańsk)
Danzig-Ohra (s. Gdańsk-Orunia)
Dedelow, Gruftbau 11
Dennewitz, Denkmal **39–40**
Dietrichshof (s. Straszewo)
Dobino (Breitenstein), Kirche 67
Dobre Miasto (Guttstadt), Kirche **91–93**
Döbern, Kirche 169
Dresden, Altstädtische Wache **174–176**
Dresden, Denkmal Friedrich August I. 169
Dürrenuhlsdorf, Kirche 169/170

233

Ortsregister

Edersleben, Kirche   47
Elsnig, Kirche   170
Erfurt, Barfüßerschule   180
Feldheim, Kirche   11
Fischbach (s. Karpniki)
Flatow (s. Złotów)
Flensburg
– Grabmal Christiansen   230
– Grabmal Schmidt   230
Frauenwald, Kirche   180
Garlitz, Kirche   11

Gaski (Gonsken), Kirche   86
Gdańsk (Danzig), Gymnasium   **83–84**
Gdańsk-Orunia (Danzig-Ohra), Kirche   80
Gehren, Kirche   180
Gimritz, Kirche   47
Giżycko (Lötzen), Kirche   86
Gleissen (s. Glisno)
Glienicke, Kirche   11
Glisno (Gleissen), Kirche   **141–143**
Glogau (s. Głogów)
Głogów (Glogau), Rathaus   148
Gnesen (s. Gniezno)
Gniezno (Gnesen), Ev. Kirche   **119–120**
Gölsdorf, Grabmal Alberthal   **41–42**
Görlitz, Kaisertrutz   Bd. 1, 148
Gonsken (s. Gaski)
Gorzów Wielkopolski (Landsberg),
    Grabmal   137
Granitz, Jagdschloss   63/64
Gransee, Luisendenkmal   **14–15**, 51
Grodziec (Gröditzberg), Kirchturm   148
Gröditzberg (s. Grodziec)
Großbeeren
– Denkmal   **39–40**
– Kirche   6/7, **38**
Großenhagen (s. Tarnowo)
Groß-Mangelsdorf, Kirchturm   47
Großmutz, Kirche   11
Groß Stürlack (s. Sterławki Wielkie)
Grünbach, Kirche   191
Grünberg (s. Zielona Góra)
Grumbach, Kirche   199
Gumbinnen (s. Gusev)
Gusev (Gumbinnen), Salzburger Kirche   99
Gutsdorf (s. Cybowo)
Guttstadt (s. Dobre Miasto)

Habelschwerdt (s. Bystrzyca Kłodzka)
Halle, Moritzburg   Bd. 1, 153
Hamburg
– Börse   229
– Jenisch-Haus   229/230
– Johanneum   229
Hannover
– Bibliothekspavillon   228
– Landtag   228
– Mausoleum Herrenhausen   228
– Oper   228
– Palais Wangenheim   228
– Villa Rosa   228
– Wohnhaus am Friedrichswall   228
Harkerode, Kirche   47
Heilsberg (s. Lidzbark Warmiński)
Heudeber, Kirche   47

Insterburg (s. Tschernjachowsk)

Jeżewo, Kirche   79
Joachimsthal, Kirche   11

Kamenz (s. Kamieniec Ząbkowicki)
Kamieniec Ząbkowicki (Kamenz),
    Schloss   **156–158**
Kamieniec Ząbkowicki (Kamenz),
    Klosterkirche   Bd. 1, 148
Kap Arkona, Leuchtturm   **65–66**
Karpniki (Fischbach), Denkmal   148
Kastel, Klause   **200–203**
Kastel, Klause   Bd. 1, 148
Katy Wrocławskie (Kanth), Kirche   148
Kirschseiffen, Kirchturm   209
Klein-Leistikow (s. Lestkowo)
Klein-Mangelsdorf, Kirche   47
Klein Oels (s. Oleśnica Mała)
Klein Zölling (s. Solniki Małe)
Koblenz, Schloss Stolzenfels   **204–206**
Koblenz, Schloss Stolzenfels   Bd. 1, 153
Koblenz, St. Florian   Bd. 1, 151
Kobulten (s. Kobułty)
Kobułty (Kobulten), Kirche   86
Köln, Dom   Bd. 1, 147
Köslin (s. Koszalin)
Kokocko, Kirche   79
Kolberg (s. Kołobrzeg)
Kołobrzeg (Kolberg), Dom   Bd. 1, 149

Kołobrzeg (Kolberg), Rathaus **74–76**
Kórnik (Kurnik), Schloss **124–127**
Kostrzyn (Küstrin), Marienkirche
  Bd. 1, 151
Koszalin (Köslin), Denkmal 67
Krajenka (Krojanke), Kirche 110
Krangen, Kirche 11
Krojanke (s. Krajenka)
Krosno Odrzańskie (Crossen an der Oder),
  Kirche 137
Krummöls (s. Oleszna Podgórska)
Krzemień (Kremmin), Kirche 67
Krzeszowice, Kirche **166–168**
Kuhlhausen, Kirche 47/48
Kunersdorf, Grabmal 11/12
Kurnik (s. Kórnik)
Kwidzyn (Marienwerder), Gymnasium 80

Landsberg (s. Gorzów Wielkopolski)
Lautenburg (s. Lidzbark)
Legnickie Pole (Wahlstatt), Kloster 148
Leipzig
– Motherby-Denkmal 170
– Portal des Augusteums **172–173**
Lestkowo (Klein-Leistikow), Kirche 67
Letschin, Kirchturm **16–18**
Lidzbark (Lautenburg), Kirche 86
Lidzbark Warminski (Heilsberg), Kirche
  94–95
Liebenwalde, Kirche 12
Löbnitz, Kirchturm 48
Lögow, Gutshaus 12
Lötzen (s. Giżycko)
Lützen, Denkmal Gustav Adolf **52–53**, 55

Magdeburg
– Gesellschaftshaus 46
– Nicolaikirche **60–62**
Malapane (Ozimek), Kirche **162–163**
Malbork (Marienburg) Bd. 1, 148
Malbork (Marienburg), Deutschordens-
  burg 80
Marienborn, Blumensalon 45
Marienburg (s. Malbork)
Marienwerder (s. Kwidzyn)
Mehlsack (s. Pieniężno)
Meseritz (s. Międzyrzecz)
Mettlach, Alter Turm Bd. 1, 148

Mettlach, Brunnen **195–196**
Międzychod (Birnbaum), Kirche
  111–113, 136
Międzyrzecz (Meseritz), Kirche/Pfarr-
  häuser **144–146**
Mikolajki (Nikolaiken), Kirche 86
Minden, Denkmal Schwichow 209
Müncheberg, Kirchturm **28–29**, 140
Mysłakowice (Zillerthal-Erdmannsdorf)
  151–153

Neindorf, Schloss 45/46
Neuastenberg, Kirche 209
Neuhardenberg
  Kirche/Grabmal Hardenberg **19–22**
– Schloss **23–25**
Niederpleis, Kirche 209
Nienhagen, Kirche 48
Nikolaiken (s. Mikolajki)

Oberhonnefeld, Kirche 199
Ohra (s. Gdańsk-Orunia)
Oława (Ohlau)
– Schlosskirche 148
– Rathaus 148
Oldenburg
– Cavalierhaus 229
– Peter-Friedrich-Ludwig-Hospital 229
– Prinzenpalais 229
– Regierung 229
Oleśnica Mała (Klein Oels), Mauso-
  leum 148
Oleszna Podgórska (Krummöls) 148
Orneta (Wormditt), Kirche 86
Oslo, Universität 230
Ostromecko (Ostrometzko), Herren-
  haus 79
Ostrometzko (s. Ostromecko)
Ottweiler, Kirche 191
Owinsk (s. Owinska)
Owińska (Owinsk), Schloss **116–118**
Ozimek (Malapane), Kirche **162–163**

Pasewalk, Nikolaikirche Bd. 1, 151
Peckelsheim, Kirche 209
Peterhof, Kapelle **105–108**
Petzow
– Kirche **43–44**
– Schloss 12

Pieniężno (Mehlsack), Kirche   87
Pillau (s. Baltisk)
Prester, Kirche   48/49
Przysiersk, Kirche   79
Pyritz (s. Pyrzyce)
Pyrzyce (Pyritz), Ottobrunnen   **68–70**

Racibórz (Ratibor), Gericht   **164–165**
Radzieje (Rosengarten), Kirche   87
Rambin, Prövenerhaus   64
Ratibor (s. Racibórz)
Reszel (Rössel), Kirche im Deutschordensschloss   87
Rheinberg, Alter Turm   Bd. 1, 148
Rössel (s. Reszel)
Rogoziniec (Rogsen), Kirche   137/138
Rogsen (s. Rogoziniec)
Rosengarten (s. Radzieje)
Rüdersdorf-Kalkberge, Portale des von Reden- und Heinitzkanals   12
Ruthnick, Kirche   13

Saalfeld (s. Wöhlsdorf)
Saarbrücken, Friedhofskapelle   191
Sargstedt, Kirche   49
Saupsdorf, Kirche   170
Schäpe, Kirche   13
Schiffmühle, Chausseehaus   13
Schlochau (s. Człuchów)
Schmiegel (s. Śmigiel)
Schwemsal, Kirche   49
Seelow, Kirche   13
Seifersdorf, Schloss   117
Sipnewo (s. Sypniewo)
Słońsk (Sonnenburg), Kirchturm   **139–140**
Śmigiel (Schmiegel), Ev. Kirche   **128–130**
Solniki Małe (Klein Zölling), Kirche   138
Sommerschenburg, Grab- und Denkmal Gneisenau   **58–59**
Sonnenburg (s. Słońsk)
Sowjetsk (Tilsit), Postgebäude   99
Spremberg, Kirche   13
Sterławki Wielkie (Groß Stürlack), Kirche   87
Sternberg (s. Torzym)
Stolzenfels (s. Koblenz)

Strasburg (s. Brodnica)
Straszewo (Dietrichshof), Kirche   79/80
Straupitz, Kirche   **30–33**, 98, 145
Sypniewo (Sipnewo), Herrenhaus   110
Szczytna (Rückers), Schloss   148

Tarnowo (Großenhagen), Kirche   67
Teltow, Kirchturm   **34–35**
Tempelburg (s. Czaplinek)
Thorn (s. Toruń)
Tilsit (s. Sowjetsk)
Toruń (Thorn), Ev. Kirche   **81–82**, 95
Torzym (Sternberg), Kirche   138
Tschernjachowsk (Insterburg), Denkmal   **100–102**
Tuchel (s. Tuchola)
Tuchola (Tuchel), Kirche   79

Vettin, Kirche   13

Wahlstatt (s. Legnickie Pole)
Wallachsee (s. Chwalimie)
Weimar, Goethezimmer   **181–182**
Werftpfuhl, Chausseehaus   13
Wesel, Denkmal Schill   **220–222**
Wesel-Büderich, Kirchen   **223–226**
Wielbark (Willenberg), Kirche   **88–90**
Willenberg (s. Wielbark)
Wittenberg, Baldachin des Lutherdenkmals   **50–51**
Wöhlsdorf, Denkmal Louis Ferdinand   **183–184**
Woitz (s. Wojcice)
Wojcice (Woitz), Kirche   **159–161**
Wollstein (s. Wolsztyn)
Wolsztyn (Wollstein), Kirche   **134–136**, 145
Wuthenow, Kirche   13

Xanten, Dom   Bd. 1, 149
Zeitz, Grabmal Delbrück   **54–55**
Zielona Góra (Grünberg), Gefängnis   138
Zilly, Kirche   49
Zittau
– Johanniskirche   **177–178**
– Rathaus   171
Złotow (Flatow), Kirche   113, **114–115**

Bildnachweis

akg-images / Bildarchiv Monheim   173, 176, 178, 189
akg-images / Schütze/Rodemann   33
akg-images / Christian Alder   52
Arco Digital Images   206
Judith Bartel, Aachen   218
Jörg Bätz   210
Volkmar Billeb, Berlin   12, 15, 27, 29, 35r., 37
bpk / Kupferstichkabinett, SMB / Jörg P. Anders   186, 205, 232
bpk / Nationalgalerie, SMB / Jörg P. Anders   64
Eginhard Brandt, Wesel   224
Wenzel Brentjes, Wesel   225
Buchholz, Magdeburg   60, 61
epd-bild / Steffen Schellhorn   51
Armin Fischer, Wesel   221, 222
Arne Franke, Berlin   158
M. Fröde, Bischmisheim   193, 194
Konstantin Gastmann, Berlin   58, 59
Werner Geisler, Berlin   20, 22, 66
Manfred Hamm, Berlin   39, 40, 44
Ingrid Harks-Hanke, Berlin   72, 113, 117, 129, 133, 137, 140r., 142u., 145u.
Gunther Hartmann / Historische Kuranlagen und Goethe-Theater Bad Lauchstädt GmbH   57
Hartmann / Wissenschaftliches Bildarchiv für Architektur   21
Haus Schlesien, Königswinter / Stephan Kaiser   150
Thomas Helms, Schwerin   69u., 75
Markus Hilbich, Berlin   41
Helga Holz, Berlin   18
Peter Iwers, Essen   215
Fredy Keller, Schönberg (Belgien)   199
Klassik Stiftung Weimar Museen   182o., 182m.

Rudolf Klein, Schoden   202, 203
Agnieska Zablocka-Kos und Jerzy Kos, Wroclaw   127, 152, 153u., 163
Rolf Kups, Zilly   48
Wojtek Lis, Wolsztyn   135u.
Kinga Matuszak, Gniezno   119
Muzeum w Raciborzu / Marek Krakowski   165u.
Peterhof State Museum   107
Plansammlung der Universitätsbibliothek der Technischen Universität Berlin   9, 10, 31, 32, 106, 108, 122o., 122u., 125, 126, 170, 171, 175, 198, 214, 227, 228
Marcin Plóciennik   123
Regionalny Osrodek Badan i Dokumentacji Zabytków w Gdansku / Tomasz Blyskosz   84
Johannes Schley, Marl (Heimatkreis Flatow)   115o.
Staatsarchiv Coburg, Plansammlung   190
Stadt Zittau   177
Stiftung Preußische Schlösser und Gärten Berlin-Brandenburg   2, 147
Stiftung Schloß Friedenstein Gotha, Fotothek   179
Stiftung Schloss Neuhardenberg / Toma Babovic   24, 25
Villeroy & Boch, Mettlach   195
Mieczyslaw Wielieczko, Olsztyn   92, 95u., 98
Christel Wollmann-Fiedler, Berlin   46, 55, 183

Reproduktionen aus:
Schinkel Lebenswerk Mark Brandenburg
– Abb. 139 (Foto: Hans-Herbert Möller, Berlin)   16
– Abb. 137 (Foto: Kupferstichkabinett, SMB)   17

Bildnachweis

- Abb. 116 (Foto: Kupferstichkabinett, SMB) 35l.
- Abb. 140 (Foto: Kupferstichkabinett, SMB) 36
- Abb. 222 (Foto: Kupferstichkabinett, SMB) 140l.
- Abb. 198 (Foto: Kupferstichkabinett, SMB) 142o.

Schinkel Lebenswerk Pommern
(Foto: Kupferstichkabinett, SMB)   69o.

Schinkel Lebenswerk Provinzen Ost- und Westpreußen und Großherzogtum Posen
Abb. 272   78o.
Abb. 275   78u.
Abb. 209   81
Abb. 212 (Foto: Hillert Ibbeken)   82
Abb. 57   83
Abb. 347 (Foto: Hillert Ibbeken)   88
Abb. 343   89o.
Abb. 346   89u.
Abb. 286   91
Abb. 197   95o.r.
Abb. 368   97u.
Abb. 369   97o.
Abb. 89   101
Abb. 276   109
Abb. 404   112o.
Abb. 406 (Foto: Hillert Ibbeken)   112u.
Abb. 283   115u.
Abb. 437   120
Abb. 377   128
Abb. 337   132
Abb. 383   135o.
Abb. 392   145o.
Abb. 401 (Foto: Hillert Ibbeken)   146

Schinkel Lebenswerk Schlesien
- Abb. 138   151
- Abb. 139   153o.
- Abb. 114 (Foto: Kupferstichkabinett, SMB)   154
- Abb. 115r   155
- Abb. 57   157o.
- Abb. 78 (Foto: Nationalmuseum Breslau)   157u.
- Abb. 116   159
- Abb. 117   160
- Abb. 109r. (Foto: Kupferstichkabinett, SMB)   162
- Abb. 85 (Foto: Kupferstichkabinett, SMB)   165o.

Schinkel Lebenswerk Ausland, Abb. 15 (Foto: Staatsarchiv Krakau)   167

Schinkel Lebenswerk Die Rheinlande (Fotos: Kupferstichkabinett, SMB)   201, 207

Schinkel Lebenswerk Die Rheinlande (Foto: Dombauarchiv Köln)   208

Hillert Ibbeken/Elke Blauert (Hg.), Karl Friedrich Schinkel. Das architektonische Werk heute. Stuttgart/London 2001, Abb. 293 und 185   161, 168

Gottfried Riemann/Christa Heese, Karl Friedrich Schinkel: Architekturzeichnungen, Berlin 1996, 2. Aufl., Tafel 23 (Foto: Kupferstichkabinett, SMB / H.P. Treuholz) und Tafel 22   63, 211

Michael Snodin (Hg.): Karl Friedrich Schinkel. A Universal Man, London 1992, 2. Aufl. (Foto: Nationalgalerie, SMB) 103

Karl Friedrich Schinkel. Architektur, Malerei, Kunstgewerbe, Ausstellung der Verwaltung der Staatlichen Schlösser und Gärten, Schloß Charlottenburg, und der Nationalgalerie SMPK, Berlin 1981, Abb. 72 (Foto: Staatsarchiv Hamburg) 230

Literatur

Die Literatur zu Schinkel ist fast unübersehbar.

Schinkel-Schrifttum (bearb. v. P. O. Rave), in: Schrifttum der Deutschen Kunst 1935, Beiheft, S. 1-16, gibt eine erste Bibliographie. Ausführliche Überblicksbibliographien finden sich in den Ausstellungskatalogen

Karl Friedrich Schinkel 1781 – 1841, Ausstellung im Alten Museum. Berlin 1980;

Karl Friedrich Schinkel. Werke und Wirkungen, Ausstellung im Martin-Gropius-Bau Berlin. Berlin 1981,

Michael Snodin, (Hg.): Karl Friedrich Schinkel. A Universal Man. New Haven/ London 1991

Karl Friedrich Schinkel hat die Publikation seines Schaffens selbst begonnen: Sammlung architektonischer Entwürfe, enthaltend theils Werke, welche ausgeführt sind, theils Gegenstände, deren Ausführung beabsichtigt wurde. 28 Folgen, Berlin 1819-40; zweite, erweiterte Ausgabe Potsdam 1841–1845. Nachdrucke Chicago 1981 und Nördlingen 2005 (2. Ausgabe von 1841).

Der Versuch einer Gesamtdarstellung von Schinkels Schaffen findet sich seit 1939 in dem von Paul Ortwin Rave begründeten, von Margarete Kühn weitergeführten »Lebenswerk«, das bisher in 19 Bänden vorliegt:

Hans Kania: Potsdam. Staats- und Bürgerbauten. Berlin 1939

Günther Grundmann: Schlesien. Berlin 1941

Paul Ortwin Rave: Berlin I (Bauten für die Kunst, Kirchen, Denkmalpflege). Berlin 1941 (Repr. 1981)

Johannes Sievers: Bauten für den Prinzen Karl von Preußen. Berlin 1942

Paul Ortwin Rave: Berlin II (Stadtbaupläne, Straßen, Brücken, Tore, Plätze). Berlin 1948 (Repr. 1981)

Johannes Sievers: Die Möbel. Berlin 1950

Hans Vogel: Pommern. Berlin 1952

Johannes Sievers: Bauten für die preußischen Prinzen. Berlin 1954

Johannes Sievers: Die Arbeiten von Karl Friedrich Schinkel für Prinz Wilhelm, späteren König von Preußen. Berlin 1955

Hans Kania und Hans-Herbert Möller: Mark Brandenburg. Berlin 1960

Paul Ortwin Rave: Berlin III (Bauten für Wissenschaft, Verwaltung, Heer, Wohnbau und Denkmäler). Berlin 1962 (Repr. 1981)

Eva Börsch-Supan: Die Rheinlande. München/ Berlin 1968

Ludwig Schreiner: Westfalen. München/Berlin 1968

Goerd Peschken: Das architektonische Lehrbuch. München/Berlin 1979

Margarete Kühn (Hg.): Ausland, Bauten und Entwürfe. München/Berlin 1989

Reinhard Wegner: Die Reise nach Frankreich und England im Jahre 1826. München/Berlin 1990

Ulrike Harten: Karl Friedrich Schinkel. Die Bühnenentwürfe. Überarb. von Helmut Börsch-Supan und Gottfried Riemann. München/Berlin 2000

Literatur

Zusammenfassende weiterführende Darstellungen sind:

Barry Bergdoll: Karl Friedrich Schinkel. Preußens berühmtester Baumeister. München 1994

Erik Forssman: Karl Friedrich Schinkel. Bauwerke und Baugedanken. München/Zürich 1981

Andreas Haus: Karl Friedrich Schinkel als Künstler: Annäherung und Kommentar. München/Berlin 2001

Klaus Jan Philipp: Karl Friedrich Schinkel. Späte Projekte. Stuttgart/London 2000

Gottfried Riemann und Christa Heese: Karl Friedrich Schinkel. Architekturzeichnungen. Berlin 1991

Eva Börsch-Supan: Die Bauten in den ehemals preußischen Provinzen Ost- und Westpreußen und Großherzogtum Posen. München/Berlin 2003

Helmut Börsch-Supan/Gottfried Riemann (Hg.): Die Reisen nach Italien 1803–05 und 1824. München/Berlin 2006